Liebe Leserin, lieber Leser

In den vergangenen 20 Jahren haben wir 99 Ausgaben von GEO*EPOCHE* über zahlreiche Themen der Geschichte produziert. Darunter waren Hefte über das Heilige Land und den Islam; über das chinesische Kaiserreich, das Imperium Romanum und das British Empire; über die Germanen, die Völker Amerikas und über Afrika; über das Mittelalter und den Zweiten Weltkrieg – eine Übersicht mit den bisher erschienenen Titelseiten sehen Sie auf Seite 6.

Doch noch nie hat die Redaktion ein Heft wie das vorliegende gemacht: das alle diese Themen aufgreift (und noch einige weitere dazu). Aber dies ist die Nummer 100, und sie erscheint zum 20. Jubiläum von GEO*EPOCHE* – und da fanden wir, dass 20 Geschichten aus 20 Jahrhunderten die angemessene Dimension sind.

Zudem wollten wir uns damit in gewisser Weise auch selbst übertreffen: In der ersten Ausgabe zogen wir 1999 eine Bilanz des 2. Jahrtausends. Im Heft zum 10. Geburtstag erzählten wir von der Welt im Jahr 1000. Nun also spannen wir den Rahmen noch weiter, präsentieren eine Reise um den Globus durch die letzten zwei Jahrtausende, und das auf mehr als 200 Seiten – ein nie da gewesener Umfang.

Die folgenden 20 Geschichten erzählen unter anderem von der effizientesten Funktionselite der Antike und vom Alltag in einer Germanensiedlung, von einer frühen Republik norddeutscher Bauern und dem vielleicht verhängnisvollsten Jahr der Historie, von einer chinesischen Jahrtausenderfindung und von einer Naturkatastrophe, an der ein Weltbild zerbrach.

Zur Rückschau auf die vergangenen 20 Jahre gehört freilich noch mehr: Vor allem sind die drei weiteren Heftreihen zu nennen, die die Redaktion im Lauf der Zeit entwickelt hat und die bestimmte Aspekte der Geschichte auf ganz eigene Weise beleuchten (siehe Seite links). GEO*EPOCHE* EDITION stellt die großen Zeitalter der Kunstgeschichte vor, GEO*EPOCHE* PANORAMA präsentiert die Welt von gestern vor allem in Fotos, und GEO*EPOCHE* KOLLEKTION lädt dazu ein, die besten unserer historischen Reportagen noch einmal in neuer Kombination nachzulesen.

Es hat uns großen Spaß gemacht, die Ihnen vorliegende, so besondere Ausgabe zu produzieren – und ich hoffe, das überträgt sich auf Sie.

Noch ein paar Zeilen in eigener Sache: Ich habe GEO*EPOCHE* vor 20 Jahren mit einem kleinen Team gegründet – und nehme nun das Jubiläum zum Anlass, mich in den Ruhestand zu verabschieden. Es war eine großartige Zeit. Ich danke Ihnen für Ihre Aufmerksamkeit und Treue. Bleiben Sie uns gewogen.

Herzlich Ihr

MICHAEL SCHAPER

1999 ERSCHIEN die erste Ausgabe von GEO*EPOCHE* über »Das Millennium«, zum zehnten Geburtstag entstand ein Heft über »Die Welt im Jahr 1000«

Das Redaktionsteam von GEO**EPOCHE**

In den vergangenen 20 Jahren hat die GEO*EPOCHE*-Redaktion fast das gesamte Spektrum der Menschheitsgeschichte behandelt: von der Steinzeit bis zu den Terroranschlägen des 11. September 2001, von den Pharaonen bis zu Maos China. Rund 2000 Geschichten wurden produziert, die Vergangenes minutiös rekonstruieren und es sinnlich und spannend schildern. Viele Gründe für eine Geburtstagsfeier also – zu der wir unsere Leser herzlich einladen.

Folgen Sie uns auf Facebook, Instagram und Twitter

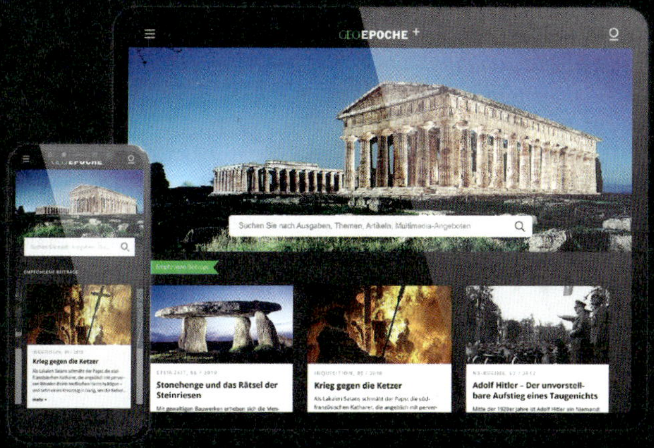

Die Biografie der Menschheit – in einer digitalen Bibliothek: GEOEPOCHE +. Lesen Sie mehr dazu auf Seite 204.

Von Karl dem Großen bis zum Fall der Berliner Mauer: die Geschichte der Deutschen in einer vierbändigen Serie in GEOEPOCHE KOLLEKTION

Gewinnen Sie einen Besuch in der Redaktion von GEOEPOCHE

Zum Jubiläum verlost GEOEPOCHE unter allen teilnehmenden Abonnenten zehn Mal einen Besuch in der Redaktion für jeweils zwei Personen – schauen Sie hinter die Kulissen des Produktionsalltags. Am 28. Februar 2020 begrüßen wir die Gewinner und deren Begleitung in unseren Räumen in Hamburg (die An- und Abreise erfolgt auf eigene Kosten).

Mitmachen ist ganz einfach: Senden Sie bis zum 31. 12. 2019 eine E-Mail mit dem Stichwort: „Redaktionsbesuch" an *redaktionsbesuch@geo.de* mit Angabe Ihrer Kontaktdaten (Vor- und Nachname, Straße, PLZ, Ort, Telefon). Oder Sie schicken uns eine Postkarte an: Gruner + Jahr GmbH, Redaktion GEOEPOCHE, Stichwort: „Redaktionsbesuch", 20588 Hamburg. Die Gewinner werden am 15. 1. 2020 benachrichtigt.

Blick hinter die Kulissen: GEOEPOCHE öffnet den Gewinnern für einen Tag die Türen der Redaktion

Teilnahmebedingungen: Teilnehmen dürfen nur Abonnenten von GEOEPOCHE (auch jene, die noch bis zum 31. Dezember 2019 ein Abonnement abschließen). Die Gewinner werden per Losverfahren unter allen Einsendungen ermittelt. Der Rechtsweg ist ausgeschlossen. Es gilt deutsches Recht. Mitarbeiter des Verlags Gruner + Jahr und deren Angehörige dürfen nicht teilnehmen. Einsendeschluss ist der 31. 12. 2019. Hinweise zum Datenschutz: www.geo.de/datenschutz.

DIE

DER GESCHICHTE

2. Jh.

1. Jh.

DAS GEHEIMNIS DER MACHT
Männer wie Pertinax sind verantwortlich für den Erfolg Roms – als hochgebildete Funktionselite. **Seite 28**

DIE MENSCHHEIT IM JAHR 1
Eine Reise um die Erde offenbart, wie unterschiedlich man um Christi Geburt lebt, herrscht, glaubt. **Seite 12**

6. Jh.

12. Jh.

KAMBODSCHA
Im Dschungel Südostasiens errichten die Khmer den größten Sakralbau der Erde. **Seite 118**

EIN VERHÄNGNISVOLLES JAHR
Als 536 n. Chr. ein Vulkan ausbricht, verdunkelt eine Aschewolke die halbe Welt und bringt Schrecken, Hunger und Krankheit. **Seite 70**

15. Jh.

JAN VAN EYCK
In seinen Werken zeigt der flämische Maler wie keiner zuvor die Realität. Und die Einzigartigkeit des Menschen. **Seite 140**

18. Jh.

ERDBEBEN VON LISSABON
Eine beispiellose Katastrophe mit Zehntausenden Toten lässt Gläubige und Gelehrte an Gott zweifeln. **Seite 160**

Nr. 100

Inhalt

Die Welt seit dem Jahr 1

Sie erreichen die GEO*EPOCHE*-Redaktion online auf Facebook und Instagram oder unter *www.geo.de*

9. *Jh.*

CHINA
Im modernsten Land der Welt wird der Buchdruck populär, eine folgenreiche Entwicklung. **Seite 92**

10. *Jh.*

AL-ANDALUS
Auf der Iberischen Halbinsel erwächst ein Reich, in dem Muslime, Christen und Juden friedlich zusammenleben. **Seite 98**

WARSCHAUER GHETTO
In ihren Tagebüchern berichten zwei polnische Juden vom Leiden und Sterben unter den nationalsozialistischen Besatzern. **Seite 186**

20. *Jh.*

Die WELT *seit dem* JAHR 1

DIE GEBURT JESU MARKIERT DEN BEGINN DER ABENDLÄNDISCHEN ZEITRECHNUNG – UND DEN AUFBRUCH IN DIE WOHL DYNAMISCHSTE EPOCHE DER MENSCHHEITSGESCHICHTE. MIT DEM JAHR 1 N. CHR. ALS AUSGANGSPUNKT BELEUCHTEN DIE FOLGENDEN 20 BEITRÄGE IN JEDEM JAHRHUNDERT JEWEILS EIN BESONDERES EREIGNIS – ODER STELLEN ENTWICKLUNGEN IN EINEN GRÖSSEREN ZUSAMMENHANG. ES IST EINE REISE UM DIE WELT: IN 20 GESCHICHTEN UND 20 JAHRHUNDERTEN.

Die MENSCHEN *im* JAHR 1

Mittelamerika und Germanien, Rom und Jerusalem, China und die Sahara: Die Menschen des Jahres 1 n. Chr. leben zwar zur gleichen Zeit, doch es wirkt, als trennten ihre Kulturen Jahrhunderte. Eine Weltreise

TEXT: *Mathias Mesenhöller*

DIE PYRAMIDEN von Meroe im heutigen Sudan künden noch immer von der Machtfülle ihrer Erbauer, den hohen Beamten, Königen und Königinnen des Reiches Kusch. Im Jahr 1 regiert hier vermutlich ein Herrscherpaar Seite an Seite, denn in der Hochkultur am Oberlauf des Nil entscheidet oft die weibliche Linie, wer Thronfolger wird

Das Jahr, das man später das Jahr 1 nach Christus nennen wird, ist in China das Metall-Hahn-Jahr im 45. Zyklus. Für den Geschichtsschreiber Titus Livius ist es das Jahr 754, gerechnet ab der Gründung der Stadt Rom. Gebildete Griechen leben im ersten von vier Jahren der 195. Olympiade. Und nahöstliche Kaufleute datieren ihre Verträge mit dem Jahr 313 – nach der Zählung eines längst untergegangenen Reiches.

Die Zeitrechnungen der Menschen im Jahr 1 n. Chr. gehen so weit auseinander wie ihre Mythen und Glaubensvorstellungen, Gewohnheiten und Geschichten.

Wer in diesem Jahr zu einer Reise um die Welt aufbräche, träfe auf eine ungeheure Menge Götter und auf geheiligte Herrscher, darunter weiße Männer wie schwarze Frauen. Der Reisende würde auf genügsame Naturvölker stoßen und auf moderne Metropolen, auf Weltreiche und Stammeshäuptlinge, auf gerissene Kapitalisten, geniale Erfinder, archaische Blutrituale und politische Massenhinrichtungen, auf wagemutige Seefahrer, kriegerische Nomaden und friedliche Bauern.

Er würde Menschen begegnen, die in unterschiedlichen Epochen leben. Deren Alltag Welten auseinanderliegt, auch wenn Kontakte und Austausch bereits zunehmen, die Menschheit beginnt zusammenzurücken.

Noch aber ist beispielsweise der 15. Oktober des Jahres 1 für die mittelamerikanischen Maya der 1137428. Tag, seit die Götter die Welt erschufen. Und für die Juden der 10. Tag des Monats Tischri: der Tag, an dem sie Jom Kippur begehen. Das Fest der Buße und Versöhnung mit Gott. Es ist der höchste Feiertag im jüdischen Kalender.

Und damit Teil einer Tradition, aus der eines Tages jene Zeitrechnung hervorgehen wird, die heute fast der ganzen Welt als Standard dient.

NAZARETH GALILÄA

Ein Dorf von 400 Seelen am Ende der Welt. Hütten aus Stein, isoliert mit Stroh, Lehm oder Dung. Eine Wasserquelle, einige Kornspeicher, Töpferwerkstätten. Auf den umliegenden Hügeln Getreide, Ölbäume und Wein. In einem der besseren Häuschen wohnen der Baumeister Josef und seine Frau Maria mit ihren Kindern, darunter der vielleicht vierjährige Jeschua.

Dieser Name bedeutet im Aramäischen, der Verkehrssprache des Nahen Ostens, „Gott hilft“, und er ist weit verbreitet. Denn viele hoffen auf Gottes Hilfe im Heiligen Land, das unter Not und Armut leidet, unter habgierigen Beamten und harten, einheimischen Herren, die von Gnaden des römischen Kaisers regieren.

Eben erst haben dessen Legionen einen großen Aufstand in der Region erstickt – und anschließend 2000 Rebellen ans Kreuz geschlagen. Anders als mit Terror sei diesem Volk nicht beizukommen, meint Quinctilius Varus, Roms Statthalter im benachbarten Syrien.

Doch die Gewalt in Judäa endet nicht. Eiferer rufen zur Empörung gegen Roms Steuern; Räuber und Meuterer plündern und morden im Namen der Freiheit; Hungrige verwüsten in ihrer Verzweiflung ganze Ortschaften.

Die Atmosphäre ist hitzig, überspannt. Propheten verkünden das nahe Weltende – oder die Ankunft des Messias, der Gottes Volk befreien wird, Juda wieder groß machen. Dann endlich werde Frieden sein, ein jeder unter seinem Feigenbaum sitzen, vor seinem Weinstock.

So oder ähnlich wird es auch Jeschua dereinst lehren, der künftige Prediger, der noch ein kleiner Junge in Nazareth ist. Dem aber bestimmt ist, als Jesus Christus eine der bedeutendsten Gestalten der Geschichte zu werden.

Spätere Anhänger werden seine Geburt zum Mittelpunkt ihrer Geschichtsschreibung machen – zu jenem Moment, der das Jahr 1 „nach Christus“ vom ersten der rückwärts zählenden Jahre „vor Christus“ trennt (ein Jahr 0 gibt es nicht). Allerdings unterlief jenem mittelalterlichen Mönch, der diese Tradition begründete, angesichts widersprüchlicher und unzuverlässiger Angaben in der Bibel ein Fehler: Er setzte die Geburt des Messias zu spät an. Der historische Jeschua kam wahrscheinlich bereits irgendwann zwischen den Jahren 6 und 4 v. Chr. zur Welt.

Auch haben seine Eltern wohl nie in einem Stall in Bethlehem übernachtet oder sind nach Ägypten geflohen, wie es die Bibel berichtet; beide Schilderungen greifen vermutlich nur Prophezeiungen im Alten Testament auf.

Die Umstände der ersten Lebensjahre Jesu notiert kein Mensch, weshalb auch. Kaum jemand außerhalb der

Familie nimmt die Geburt des Handwerkersohnes wahr. Ohnehin liegt Nazareth gleich doppelt am Rand: Jerusalemer Juden blicken herab auf das abgelegene Galiläa. Sie selbst wiederum bewohnen von Rom aus gesehen ein halbbarbarisches Grenzland der zivilisierten Welt.

MEROE AFRIKA

Bereits außerhalb dieser Welt, südlich der römischen Provinz Ägypten, liegt Meroe. Die Stadt am Oberlauf des Nil im Sudan ist das Zentrum des geheimnisvollen Königreiches Kusch, in dem oft auch Frauen an die Macht gelangen – und sogar Truppen in den Krieg führen.

Seit Jahrtausenden schon steht Ägypten in engem Kontakt mit dem Sudan. Die Pharaonen haben dort Söldner für ihre Armeen angeworben, haben mit den Nachbarn Handel getrieben, sie aber auch immer wieder bekriegt, unterworfen und als Arbeitskräfte eingesetzt, ihre reichen Goldminen ausgebeutet und den Zugang zu den Handelswegen ins Innere Afrikas genutzt.

Dann aber schwand die Macht der Pharaonen. Das Reich Kusch jedoch erstarkte (seine Könige übernahmen für kurze Zeit sogar die Regierung über ganz Ägypten).

Ab etwa 270 v. Chr. befreite sich Kusch schließlich auch kulturell aus der Vorherrschaft der Ägypter. Die Schreiber und Steinmetze, die zuvor die Hieroglyphen und Sprache aus dem Pharaonenland im Norden benutzt hatten, verfassten nun Inschriften auf Meroitisch.

Seit einigen Jahrhunderten gibt bei der Thronfolge wohl die mütterliche Linie den Ausschlag, muss der König Sohn einer „Königsschwester" sein – einer jener Frauen, die ihre Herkunft von den Schwestern eines mythischen Urahnen der Dynastie herleiten können.

Kurz vor der Zeitenwende erlangen die ersten dieser angesehenen Frauen selbst Regierungsmacht, lassen Tempel bauen, treten in den Reliefs gleichberechtigt neben den Königen auf. Als Zeichen ihres Standes tragen sie ein Diadem, aus dem eine goldene Uräus-Schlange ragt, die mythische Beschützerin der Herrschenden. Außerdem sind sie geschmückt mit goldenen Armreifen und Siegelringen, mit Federkrone und farbenfrohen Gewändern.

Bunt ausgemalte Reliefs zeigen sie als üppige Machthaberinnen, die mit erhobenem Schwert ihre um Gnade bettelnden Feinde erschlagen.

Eine der Regentinnen befehligt denn auch Meroes Truppen persönlich im Kampf, greift selbst mit Bogen und Lanze ins Gefecht ein. Als um das Jahr 25 v. Chr. römische Legionen von Ägypten her in ihr Land einfallen, zermürbt sie die Invasoren in einem mörderischen Ringen, schlägt sie zurück und zwingt Rom einen vorteilhaften Frieden ab. Der Name der Königin ist unbekannt; ein griechischer Geschichtsschreiber nennt sie nur bei ihrem Titel Kandake und beschreibt sie als „mannhaftes Weib".

Gemessen an der Macht des Reiches Kusch ist die Hauptstadt nicht groß. Vielleicht ein paar Tausend Menschen leben in Meroe. Anders als die Metropolen Europas und Asiens erstreckt sich die Stadt jedoch breit in die Fläche; es gibt weder hohe Häuser noch enge Gassen.

Etwas außerhalb liegen Dutzende steil aufragende Pyramiden – die Grabstätten der Könige und Königinnen sowie ihrer vornehmsten Adeligen. Es gibt im Sudan mehr solcher Totenstätten als in Ägypten.

Die Stadt der Lebenden hingegen ist eine Wirtschaftsmetropole. In Meroe finden die Karawanen der Fernkaufleute Schutz und Erholung, die Ägypten mit dem äthiopischen Hochland verbinden, den westafrikanischen Niger mit Arabien und den Seewegen nach Indien.

Neben dem Handel blüht die Industrie. Öfen verarbeiten das in Kusch reichlich vorkommende Eisenerz: Etwa mit Blasebälgen wird Luft in hüfthohe Brennkammern geleitet und facht ein glühendes Gemisch aus Erz und Holzkohle an, bis sich bei 1200 Grad Celsius teigweiches Eisen und flüssige Schlacke voneinander trennen.

Das dafür in großer Menge erforderliche Holz ist vorhanden, da sich um diese Zeit noch weite Wälder um Meroe erstrecken. Zwischen den Baumgruppen liegt Savanne, durch die Elefanten und Nashörner streifen, Löwen, Gazellen. Jäger aus der Stadt bringen vor allem Antilopen und Warzenschweine als Beute heim.

In Nähe der Tempel graben Bauern große Reservoirs, in die sie die während der Regenzeit von Hügeln herabströmenden Bäche leiten. So können sie selbst in den trockenen Perioden Felder wässern und Vieh tränken.

VÖLLIG ISOLIERT VOM REST DER WELT leben die Menschen Amerikas, abgetrennt durch zwei gewaltige Ozeane. Die Maya in Guatemala etwa kennen keine Metallwerkzeuge – erschaffen aber dennoch eine beeindruckende Hochkultur: Bis auf 70 Meter erhebt sich in der Stadt El Mirador dieser einst üppig verzierte Sakralbau

Lange Zeit wird es den Königen und Königinnen von Meroe gelingen, Kusch zu verteidigen. Im Lauf des 4. Jahrhunderts n. Chr. aber werden Angreifer aus einem weiter südöstlich entstandenen Reich ihre Kapitale erobern. Die Stadt wird aufgegeben, verfällt. Sand überweht die Reste, die Pyramiden, zwischen denen sich einzelne Akazien ansiedeln und hohes, raues Halfagras.

Auch die Sprache der ehemaligen Bewohner geht unter. Ihre Hieroglyphen sind zwar seit mehr als 100 Jahren entschlüsselt, doch was die aus den Schriftzeichen gebildeten Wörter bedeuten, weiß heute niemand mehr.

BARYGAZA INDIEN

Wer von Meroe zu einem Hafen am Roten Meer zieht, kann im Spätsommer von dort aus binnen sechs oder acht Wochen mit dem Monsun nach Osten segeln, bis er eine flache Bucht erreicht, in die die Narmada mündet – einer der heiligen Ströme Indiens. Riffe, Tiden und Verwirbelungen erschweren die Einfahrt. Deshalb führen Lotsenboote ankommende Segler durch die Strömungen und Untiefen, nehmen die fremden Schiffe notfalls ans Tau und schleppen sie mit Ruderkraft knapp 50 Kilometer flussaufwärts: zu den Hafenbecken der Stadt Barygaza.

Hier liegen indische Dreimaster neben arabischen Seglern, deren Planken nicht vernagelt, sondern aneinandergenäht sind, und schweren griechische Schiffen, die Söldner an Bord haben, um Piraten abzuwehren.

In Barygaza werden Silber und Glas umgesetzt, rote Korallen, Öl, Wein, Leinen, Weihrauch und edle, weiße Araberhengste. Sowie Gewürze, Baumwolle, Seidenstoffe, Elfenbein, exotische Tiere, kostbare Hölzer.

Viele Waren, die von hier aus nach Arabien, Afrika und Europa verladen werden, stammen aus Sri Lanka, Vietnam, Java oder China. Unsichtbar spannt sich über das Meer ein dichtes, fein verästeltes Netz aus Handelsrouten. Für Luxusgüter – aber auch für Alltagswaren, irdenes Geschirr, Getreide, Textilien, Salz, Metalle.

Nicht selten überwinden einzelne Fernhändler große Distanzen auf dem Meer; meist aber legen Kaufleute jeweils Teilabschnitte zwischen lokalen oder regionalen Märkten zurück, kleine Krämer, Gelegenheitsspediteure.

Und sie nutzen eine Vielfalt an Transportmitteln. In Barygaza landen hochseetaugliche Segler von der Malaiischen Halbinsel an, die weit über 100 Tonnen Fracht fassen. Im Golf von Bengalen kreuzen Katamarane, vor Sri Lanka Auslegerkanus. Auf den Philippinen sind kleine Boote verbreitet, deren Hülle aus abgedichteter Rinde oder einem Bambusgeflecht besteht. Vor Chinas Küsten verkehren Dschunken mit hohem Bug und Heck – und wagemutige Polynesier ziehen bereits seit Langem in Auslegerbooten durch die weite Inselwelt Ozeaniens. Zuweilen nutzen sie für ihre Fahrten ins Offene sogar Einbäume.

Verlässliche Navigationsinstrumente gibt es kaum. Doch kennt ein erfahrener Kapitän wichtige Küstenlinien seines Reviers, natürliche und menschengemachte Wahrzeichen. Er versteht es, sich am Stand der Sterne zu orientieren, vermag verschiedene Regionen des Ozeans an der Farbe des Wassers, den Fischarten zu unterscheiden, örtliche Anzeichen für aufziehendes Unwetter zu erkennen. Als Proviant wird er lebendige Schildkröten mitführen, Salzfleisch, fermentierten Fisch, Obst.

In diesem ausgedehnten Handelsnetz ist Indien eine riesige Kammer voller Schätze aller Art, begehrt bei reichen Konsumenten in ganz Eurasien – und zugleich dank seiner zahlreichen Häfen eine Drehscheibe des Austauschs zwischen den Enden der bekannten Welt. Zudem führen alte Handelswege vom Norden des Subkontinents zu den Routen der Seidenstraße, jenen Karawanenpfaden zwischen China und Syrien, die die zweite große Trasse des Interkontinentalhandels bilden.

Aber auch die Nachfrage in Indien selbst ist groß: Das Land ist in viele, oft miteinander verfeindete Fürstentümer aufgeteilt, deren Herrscher importierten Prunk und fremde Genüsse lieben. Kaufleute stehen daher in hohem Ansehen und unter dem Schutz der Mächtigen.

Das liegt auch am Buddhismus, der sich ab dem 3. Jahrhundert v. Chr. in Indien ausbreitet. Denn die Mönche dieser Glaubensrichtung sind undogmatisch, heißen Zinsen, Handel und Reichtum gut, wirtschaften in ihren Klöstern wohl auch selbst mit gestifteten Ländereien und Waren, etwa Lampenöl oder Parfum – und verheißen Kaufleuten und Seefahrern in Not himmlischen Beistand.

Bald entstehen vermehrt Klöster entlang der Handelsrouten sowie in Hafenstädten. Der Buddhismus folgt den Kaufleuten, umgekehrt nutzen Kaufleute die Klöster als Anlauforte. Nicht wenige buddhistische Händler ziehen in die Ferne und siedeln sich dort an. Wahrscheinlich bilden einige von ihnen bereits kurz nach Christi Geburt eine kleine buddhistische Diaspora im bevölkerungsreichsten Land der Erde: China.

CHANG'AN CHINA

Eine Bürokratie ist die Herrschaft der Schreibstube. Des Plans. Einer zentral lenkenden Vernunft. Ihr dient ein Großteil der rund 250 000 Einwohner Chang'ans, der Hauptstadt Chinas unter der Herrschaft der Han-Dynastie. Entweder als Beamte – oder indirekt, indem sie kochend, waschend, putzend für das Wohlergehen dieser Elite sorgen.

Die Staatsdiener stammen aus allen Schichten. Sie werden als sehr begabte, integre junge Männer von Bürgen empfohlen, teils vom Kaiser persönlich ausgewählt; viele haben Chang'ans Verwaltungshochschule absolviert.

Beamte leiten die neun Ministerien, 83 Kommandanturen und fast 1600 Kreise des Reiches sowie die darunter angesiedelten Distrikte. Sie werden zentral eingesetzt, erhalten ein festes Gehalt in bar und Naturalien, können aber auch jederzeit wieder abberufen werden. Und sie sind eingeschworen auf *ein* Ziel: Ordnung. Harmonie.

Möglichst nichts im Staat der Han soll unkontrolliert wuchern, sich ergeben, so wie es halt kommt. Sondern alles ist planmäßig zu entwickeln.

Geistiges wie Dingliches, Neues wie Altes soll sich einem großen Ganzen fügen: So lautet der Auftrag des Himmels an den Kaiser – und so lautet der Auftrag des Kaisers an seine Diener.

Deshalb formuliert und überwacht der Beamtenapparat Standards für das riesige Reich. Einheitliche Schriftzeichen werden gebraucht, auch wenn die Menschen unterschiedliche Dialekte sprechen. Es gelten gemeinsame Maße und Gewichte, Normen bis hin zum Achsstand von Karren. Die Verwaltungsexperten führen Aufsicht über Bewässerungssysteme und Wasserwege, halten die Preise wichtiger Konsumgüter stabil.

Kaum etwas, über das sie nicht Berichte anfordern: das Wetter, die Gesundheit der Zugtiere, den Stand der Rattenplage und der Erntemengen. Sie zählen die Bevölkerung und kommen im Jahr 2 n. Chr. zu dem Ergebnis, dass 57 671 400 Menschen im Reich der Mitte leben.

Systematisch sorgen die Staatsdiener dafür, dank verbesserter Anbaumethoden die Erträge zu steigern, innovative Fertigungsweisen und Erzeugnisse wie etwa Papier und wertvolle Keramik zu verbreiten. Sie kontrollieren die Produktion von Eisen, Werkzeugen, Salz.

Und sie führen die staatlichen Unternehmen, die auch jenen Stoff herstellen, der so begehrt ist, dass er zuweilen ganze Armeen ersetzt, wenn er als Gabe Angreifer besänftigt und wilde Völker zu zahmen Konsumenten macht. Eines Stoffs, den die Barbaren der Steppe schätzen, aber auch indische Weise sowie Aristokraten im fernen Rom, ja sogar die gallischen Kelten: Seide.

Bereits seit dem 3. Jahrtausend v. Chr. ziehen chinesische Züchter Raupen aus den Eiern eines unscheinbaren, pelzigen Falters. Sie halten die Tiere in beheizten Häusern, füttern sie mit gehackten Blättern aus eigens angelegten Maulbeerbuschpflanzungen. Nach etwa einem Monat scheiden die Raupen einen klebrigen Faden aus, in dem sie sich einspinnen und verpuppen.

Ist der Kokon fertig, werfen Arbeiter ihn in kochendes Wasser. Die Larve stirbt, der Klebstoff des Gespinstes löst sich. Der Hunderte Meter lange Faden wird von Hand abgewickelt, mit anderen Fäden verzwirbelt, in komplizierten Verfahren gesponnen und verwoben.

Am Ende steht ein Stoff, wie es keinen zweiten gibt. Sinnlich glatt und seltsam kühl ist er, lässt sich prachtvoll färben – und löst beim Betrachter eine geradezu magisch anmutende Lust aus, ihn anzuschauen, zu berühren, sich darin einzuhüllen, damit auszustaffieren. Ihn zu besitzen.

Besitz, Genusssucht, Gier: So rational erdacht und durchkonstruiert Chinas Herrschaftsapparat auch ist, so unreguliert sind die Machtspiele an seiner Spitze.

In den weitläufigen, sich über mehrere Quadratkilometer erstreckenden Palastanlagen von Chang'an herrscht ein fortwährendes Intrigenspiel zwischen verschiedenen Clans, ehrgeizigen Einzelnen, den Eunuchen im persönlichen Stab des Kaisers, mächtigen Beamten.

Unter den Palästen ermöglicht ein verschachteltes Netz verborgener Gänge geheime Treffen, Konspiration, intrigante Kontakte.

Als im Jahr 1 v. Chr. ein kleiner Junge den Thron erbt, reißt die Kaiserinwitwe die Regentschaft an sich – und überträgt einem Neffen namens Wang Mang die Staatsgeschäfte. Der lässt den jungen Kaiser vergiften, um selbst auf den Thron zu gelangen.

14 Jahre herrscht Wang Mang. Er versucht, allen Grundbesitz zu verstaatlichen, den Sklavenhandel zu unterbinden, drangsaliert die Kaufleute. Diese Kombination aus Machtgier und Reformeifer endet schließlich im Chaos blutiger Aufstände. Im Jahr 23 n. Chr. wird der Usurpator von Rebellen getötet.

Die Dynastie der Han kehrt auf den Thron zurück. Und prägt das Land weiterhin so stark, dass ethnische Chinesen sich bis heute „Han" nennen.

35 000 ZUSCHAUER fasst dieses römische Amphitheater aus dem 3. Jahrhundert in Nordafrika. Um die Zeitenwende erstreckt sich das Imperium Romanum über drei Kontinente, prägen die Römer mit ihrer hocheffizienten Verwaltung und schlagkräftigen Armee den Alltag von Millionen Menschen rund ums Mittelmeer – im Guten wie im Schlechten

EL MIRADOR MITTELAMERIKA

Der breite Gürtel an Handelsrouten, in dem die Menschen in Europa, Asien und Afrika über weite Distanzen Güter und Ideen austauschen, endet im Osten ebenso wie im Westen an schier endlosen Wasserflächen: dem Atlantischen und dem Pazifischen Ozean.

Zwar ist griechischen und römischen Gelehrten schon seit Langem klar, dass die Erde eine Kugel ist, und sie folgern daraus, dass ein wagemutiger Kapitän von Europa aus auch in westlicher Richtung nach Indien segeln könnte – sofern nicht unbekannte Erdteile und Zivilisationen den Weg versperren. Doch die Unwägbarkeiten scheinen wohl zu groß, andere Ziele lohnender. Amerika bleibt deshalb (wie auch Australien) von dieser frühen afro-eurasischen Globalisierung unberührt.

Mehr als 15 000 Jahre liegt es zurück, dass Menschen während der letzten Eiszeit über eine Landbrücke zwischen Asien und Alaska auf den Doppelkontinent gelangen konnten. Später erwärmte sich das Erdklima, der Meeresspiegel stieg um über 100 Meter an und trennte die Auswanderer vom Rest der Menschheit. Und mit ihnen die Flora und Fauna beider Welten.

Um die Zeitenwende kultivieren die Amerikaner deshalb Früchte, die kein Kaiser in Chang'an, kein Magnat in Rom je zu sehen bekommt: Kartoffeln, Tomaten, scharfe Chilis, Avocados, Erdnüsse, Maniok, Papaya, Kakao und Kürbisse. Vor allem aber: Mais.

Das nahrhafte Getreide sichert das Überleben der Menschen, die den Mais denn auch eine Gnade der Götter nennen. Mehr noch: Einst sollen die Himmlischen aus Mais und Blut die ersten Menschen geformt haben.

So erzählt es jedenfalls der Schöpfungsmythos der Maya – jener Völkergruppe, die in Mittelamerika über Jahrhunderte eine bedeutende Hochkultur entwickelt.

Die Maya schreiben kunstvolle Hieroglyphen. Ihre astronomischen Kenntnisse sind umfassend und genau; ihre Steinmetze und Maler erschaffen opulente Reliefs und Wandgemälde, unheimliche Gottheiten, anrührend lebendige Miniaturen aus dem Alltag.

Dennoch bleibt ihre Zivilisation steinzeitlich. Bronze und Eisen sind unbekannt. Werkzeuge werden ebenso wie Speerspitzen und die Stacheln an Kriegskeulen aus Feuerstein oder Obsidian geschlagen, dem Vulkanglas.

Der Ackerbau ist ertragreich, das Land dicht besiedelt. Die Menschen leben in Hütten aus Rutengeflecht und Strohdächern. Noch vor Sonnenaufgang heizen die Frauen den Herd an, bereiten aus Mais-Tortillas und Bohnen das Frühstück. Dann hüten sie die Kleinkinder, schaffen Wasser heran, pflegen den Garten und verarbeiten die Ernte, töpfern, weben, versorgen Enten und Puten.

Die Männer nehmen die gerollten Tortillas mit zur Feldarbeit, zum Fischen, zur Jagd auf Tapire, Gürteltiere, Affen, pflegen die Bienenstöcke. Für die meisten besteht das Leben aus harter Schufterei bis zur Abenddämmerung.

Von Zeit zu Zeit aber versammeln sie sich in Dampfbädern aus Lehmziegeln, gießen Wasser über heiße Steine, reinigen Körper und Geist. Oder begehen ein Fest mit üppigem Mahl, Musik, berauschendem Tabak sowie einer Art Met aus Honig und einer vergorenen Rinde.

Ihre großen Häuptlinge und Priester leben in Städten, von denen einige viele Tausend Einwohner zählen. Eine der mächtigsten ist El Mirador auf der Halbinsel Yucatán in Guatemala (der Name ist spanisch; die ursprüngliche Maya-Bezeichnung hat sich verloren).

Gesichert hinter einer hohen Mauer liegen Häuser, Werkstätten und Paläste um offene Plätze; Straßen und Gassen gibt es wenige. Alles überragen zwei Tempelpyramiden, deren oberste Plateaus sich 55 und 70 Meter hoch erheben und prächtig verziert sind mit riesigen, bunt bemalten Göttermasken aus Gips.

Zehntausende Fronarbeiter können die Herrscher von Mirador heranbefehlen, um solche Monumente zu errichten, in Knochenarbeit mit einfachen Werkzeugen. Die Männer bringen das Material auf Barken über Kanäle heran, schleppen es auf Lasttragen weiter, rollen es möglicherweise auf Baumstämmen – denn das Rad ist im Prinzip zwar bekannt, findet aber kaum Verwendung: Die meisten großen Säugetiere, die sich als Zugvieh abrichten ließen, sind hier zum Ende der Eiszeit ausgestorben. (Erst die Spanier werden wieder Pferde einführen.)

Miradors Macht erstreckt sich über ein Territorium von mehr als 5000 Quadratkilometern. Feste, mit einer Art Zement gedeckte Straßen führen strahlenförmig von der Stadt durch künstlich bewässerte Felder, Sümpfe und Buschland zu unterworfenen Nachbarstädten: zugleich Handelsrouten, Aufmarschwege und Herrschaftsgesten.

Die meisten Kriege sind kurze, überfallartige Feldzüge. Ziel ist selten die Vernichtung des Gegners; meist geht es darum, ihn zu demütigen und so das eigene Ansehen zu steigern, Tribute zu erzwingen, Gefangene zu machen. Die gefassten Feinde werden in die eigenen Reihen übernommen, versklavt – oder geopfert.

Vornehme Kriegsgefangene müssen oft zu einem Ballspiel mit einer schweren Gummikugel gegen die Sieger antreten. Ein Wettkampf, wie er sonst zum Vergnügen stattfindet. Hier aber stehen die Gewinner schon vorher fest: Dieses Spiel soll lediglich den Ausgang der Schlacht in ritueller Form wiederholen und bekräftigen.

Anschließend werden die Unterlegenen den Göttern als Opfer dargebracht. Meist, indem der triumphierende Herrscher ihnen mit einer Axt oder einem Messer den Kopf abtrennt. Manche Häuptlinge tragen die Schädel der geopferten Gegner als Schmuck am Gürtel.

Doch weder den Häuptlingen von Mirador noch einem anderen Herrscher gelingt es je, die Städte und Völker der Maya in einem Großreich zu vereinen. Vielmehr lösen sich die Zentren und Vormächte ab; selbst mächtige Gemeinwesen verschwinden zuweilen ganz.

Wohl im 2. Jahrhundert geht El Mirador unter, vermutlich weil es mit seiner wachsenden Bevölkerung Böden und Wälder der Umgebung überstrapaziert hat. Andere Städte treten an seine Stelle – über viele Jahrhunderte. Die mächtigen Großreiche der Inka in den Anden und der Azteken im mexikanischen Becken entstehen, während in den übrigen Regionen Amerikas eher Clans, Dörfer und Stämme das Bild beherrschen.

Bis fast alle diese Gemeinschaften von der gleichen Katastrophe ereilt werden: der Ankunft der Europäer.

KALKRIESE GERMANIEN

Zwischen oft lichten, teils hohen Wäldern liegen im Weserbergland etliche kleine Siedlungen. Erstrecken sich Äcker, durch Zäune oder niedrige Wälle abgegrenzt vom Grund des Nachbarn. Ihre Besitzer reißen den Boden mit Hakenpflügen auf, um Gerste und Emmer zu säen, Saubohnen, Lein, aus dessen Samen sie Öl pressen.

Die Menschen sammeln Knöterich und Beeren, wilden Sellerie und Bucheckern. Auf die Jagd hingegen gehen sie kaum je – sie halten sich Schafe und Milchkühe. Braucht das Vieh Schutz, kommt es bei den Haltern im Wohnstallhaus unter, aufgereiht mit dem Hintern über einer Mistrinne im Mittelgang.

Jede Hausgemeinschaft webt, flicht, töpfert. Schnitzt aus Holz und Knochen Nützliches und Zierrat. Versteht sich auf Zimmerei und Wagenbau. Hemden, Hosen und Mäntel sind aus selbst gesponnener Wolle oder Leinen. Auf sein Handwerk spezialisiert ist meist nur der Schmied.

Die Wehrfähigen besitzen eine Lanze, einen Schild, ein langes Messer – Waffen, die möglichst wenig von dem wertvollen Eisen erfordern. Helme und Leibschutz mögen, wenn überhaupt vorhanden, aus Leder sein.

Es ist eine Welt der Knappheit: Ihre bronzenen, bunt emaillierten Spangen, die das Gewand zusammenhalten, legen die Frauen wohl nur zu besonderen Anlässen an, ähnlich wie die Männer ihre Felle. Städte sind unbekannt, der Handel ist geringfügig, es gibt wohl Pfade und zuweilen Bohlenwege im Sumpfland, aber keine Straßen.

Wie alle Germanensiedlungen zwischen Maas und Weichsel, südlichem Skandinavien und Böhmischem Becken sind die Dörfer des Weserberglandes vielleicht frei, doch arm und rückständig. Das Leben der Menschen ist so ganz anders – einfacher – als in den hochzivilisierten römischen Provinzen jenseits des Rheins.

Indes verläuft zwischen diesen beiden Kulturen selten eine scharfe Grenze – vielmehr durchdringen beide oft einander. Einen solchen Übergangsraum des Kontakts und der Vermischung bildet auch das Land zwischen Weser und Rhein.

Nach ersten erfolgreichen Vorstößen legen die Römer hier um die Zeitenwende rund ein Dutzend befestigte Städte und große Kastelle an, häufig umgeben von Feldern. Doch kaufen die Proviantmeister auch germanisches Vieh und Getreide zu. Vielerorts sind die Beziehungen gut, bestehen Bündnisse mit den Stämmen, ja rufen streitende Clans die Römer als Vermittler an. Germanen dienen in der römischen Armee, steigen zu Offizieren auf, erlangen das Bürgerrecht.

Es gibt einen gewissen Export von Fellen und Bernstein in das Imperium; umgekehrt liefern die Römer rot glänzende Keramik, Gläser, Silbergefäße.

Zwar erscheinen den Römern Germaniens raues Klima, die Moore, der üppige Wald abweisend, ja unheimlich. Dennoch erwägt die Führung des Imperiums, aus der Region eine Provinz zu machen, um sie, wie schon so viele andere, mit Gütern, Annehmlichkeiten, Fortschritt an sich zu binden – zu kolonisieren. Zu zivilisieren.

Da kommt es im Jahr 9 n. Chr. zur Katastrophe.

Möglicherweise setzt Roms Statthalter, der gerade erst nach Norden versetzte Quinctilius Varus, auf eine ähnliche Strategie der Härte wie einige Jahre zuvor in Judäa; vielleicht aber ist er auch zu vertrauensselig.

Jedenfalls wird er das Opfer eines germanischen Verbündeten namens Arminius. Dieser Fürstensohn und bewährte Offizier, Führer der berittenen Hilfstruppen

INDIEN IST UM DAS JAHR 1 als Umschlagplatz für Waren aus Fernost und Europa zwar verbunden mit einem Großteil der Erde, doch der Alltag der meisten Menschen, ihre Glaubenssätze und Rituale – hier ein Buddha gewidmetes Monument aus vorchristlicher Zeit – folgen (wie fast überall) immer noch ganz den eigenen Regeln und Traditionen, kaum beeinflusst von den Ereignissen und Entwicklungen anderer Weltgegenden.

vom Stamm der Cherusker beim römischen Heer, spekuliert möglicherweise auf ein eigenes, unabhängiges Königreich außerhalb des Imperiums. Jedenfalls überredet er seine Männer zur Meuterei – und etliche Stämme zum Aufstand gegen Rom.

Vermutlich bei Kalkriese am Rande des Weserberglands lockt Arminius seinen Vorgesetzten Quinctilius Varus in eine Falle. Tage und Nächte zieht sich der Kampf. Drei Legionen gehen unter, mehr als 15 000 Mann. Ein Massaker – und der Auftakt zu einem in der Folge fast zehn Jahre währenden Gemetzel.

Denn Rom antwortet auf die Schmach mit frischen Truppen. Sengend, plündernd, mordend nehmen sie fürchterliche Rache an den Weilern und Höfen östlich des Rheins. Statt einer Provinz entsteht ein Friedhof.

Doch auch der römische Blutzoll ist hoch. Im Jahr 16 n. Chr. ziehen sich die Legionen zurück. Fortan werden die Führer des Imperiums versuchen, die barbarischen Fürsten und Stämme gegeneinander auszuspielen, sie in dauerhafter Fehde miteinander zu halten. Germanien bleibt frei. Aber auch arm und rückständig.

ROM IMPERIUM ROMANUM

Rund eine Million Menschen leben in der größten, reichsten, glamourösesten Stadt der Welt. Menschen aus dem ganzen Imperium: aus der Tiberstadt selbst und aus dem übrigen Italien; zudem zugewanderte Levantiner, Kelten, Juden, Afrikaner. Aristokraten und Bettler, Unternehmer, Künstler, ein Heer von Sklaven.

Tag für Tag drängen sie sich durch die Straßen und Gassen. Kutschen und Reitpferde sind in der Enge verboten. Dennoch bilden sich oft Fußgängerstaus.

Der Lärm ist infernalisch. Tritte, Rufe, Geschwätz mischen sich mit dem Hämmern, Sägen, Schleifen von Werkstätten und Baustellen. Invaliden betteln. Straßenmusikanten blasen Trompeten, schlagen Handtrommeln und Kastagnetten. Johlender Beifall für einen Gaukler.

Erst während der Nacht dürfen die Fuhrleute in die Stadt, liefern Lebensmittel an, Baumaterial, Güter aller Art. Ohne Unterlass poltern und kreischen ihre eisenbeschlagenen Räder über das Pflaster.

Es gibt keinen Genuss, keinen Überfluss, den Geld in Rom nicht kaufen könnte: arabische Düfte, indische Gewürze, chinesische Seide, Perücken aus dem Haar blonder Germaninnen, dressierte Affen.

An den Türpfosten von Buchhandlungen hängen Listen und Ansichtsexemplare der Papyrusrollen mit satirischen, wissenschaftlichen, historischen oder poetischen Texten, die im Inneren zu erwerben sind (zuweilen nicht autorisierte, schlampig abgeschriebene Kopien).

Auf den Sklavenmärkten sind Hausdiener, Ammen, exotische Prostituierte und Gladiatoren zu haben, griechische Gelehrte, ausgebildete Unternehmensverwalter.

Nicht wenige Sklaven erhalten von ihren Besitzern zum Lohn für gute Dienste irgendwann die Freiheit. Anschließend kommen manche von ihnen als Bauunternehmer, Geldverleiher, Reeder selbst zu Reichtum, denn sie sind oft mehrsprachig, hart und geschickt. Die Wohlhabenden unter ihnen geben in Villen voller griechischer Kunst große Gesellschaften mit Musikanten, erlesenen Speisen, teuren Weinen.

Eine populäre Massenunterhaltung sind die Zirkusspiele. Mörderische Wagenrennen, blutige Gladiatorenkämpfe, Hetzjagden auf wilde Tiere, grausam inszenierte Hinrichtungen begeistern Männer und Frauen, Sklaven wie Lohnarbeiter und Senatoren. Aber auch schlüpfrige Theateraufführungen und opulent ausgestatteter Klamauk finden ihr Publikum.

Die Römer sehen diese subventionierten Vergnügen als ihr selbstverständliches Recht an – ebenso wie regelmäßige Getreidezuteilungen und gelegentliche Geschenke in Öl oder Geld durch die Reichen und Mächtigen an die Bedürftigen.

Und von niemandem erwarten sie mehr Großzügigkeit als von dem Mann, der hoch über allen anderen steht. Dessen Standbilder einen rundlichen Kopf und athletischen Torso im üppigen Prunkharnisch zeigen.

Dem Imperator Augustus.

Mit Schlachtenglück und List, aber auch massenhaftem politischen Mord und ruchloser Propaganda hat Augustus nach der Ermordung Gaius Julius Cäsars im Jahr 44 v. Chr. die Bürgerkriege beendet, die über Generationen den römischen Staat erschüttert hatten.

Nun lässt er sich als Retter und Erlöser verehren, als Halbgott – auch wenn mit seinem Machtantritt die fast 500-jährige Republik de facto untergegangen ist.

Viele Römer zollen ihm dennoch gern Tribut, dankbar für den ersehnten Frieden. Zumal Augustus offiziell nicht mehr beansprucht als den Rang des „Prinzeps“, eines Ersten unter Gleichen. Rein formal besteht die Republik fort, bleiben gewählte Beamte und der Senat an der Regierung beteiligt.

Für alle, auch den Prinzeps, gelten nach wie vor die allgemeinen Gesetze. Auch sind die Römer keine Untertanen, sondern freie Bürger, genießen Schutz vor Willkürurteilen, vor Folter, dem Kreuz. Unumschränkt herrschen kann der Imperator nicht, aber natürlich verfügt er über die Macht im Staat.

Im Imperium Romanum der Zeitenwende, dieser Schöpfung des Augustus, liegt eine Spannung von Alleinherrschaft und Mitsprache, von Gewalt und Freiheit, von Macht und Recht. Eine Spannung, die Rom an Europas künftige Monarchien weiterreichen wird.

JERUSALEM JUDÄA

Es ist der 10. Morgen des Monats Tischri: Jom Kippur. Das jüdische Fest der Buße und Versöhnung mit Gott.

Mit jedem Grad, den die Sonne hinter dem Ölberg emporsteigt, lässt sie einen weiteren Streifen des strahlend weißen, goldverzierten Tempels der Juden auf dem Felsplateau oberhalb Jerusalems erglänzen.

Der Jerusalemer Tempel ist nicht der wichtigste jüdische Tempel – sondern der einzige. Nur hier opfern die Juden ihrem Gott. Wo auch immer in der Welt ihre Gemeinden sich in Synagogen zum Gebet versammeln, zahlen sie eine Tempelsteuer, die nach Jerusalem gesandt wird und den täglichen Opfer-Gottesdienst dort ermöglicht.

Rund 50 Meter ragt das Heiligtum in die Höhe. Von fern erinnert die Silhouette an einen ruhenden Löwen. Der Schrein bildet das Zentrum einer rund 300 Meter breiten, knapp 500 Meter langen Abfolge von Höfen. Dicht an dicht drängen sich hier die Gäste und Pilger.

Jeder Hof ist enger als der vorhergehende und einer exklusiveren Gruppe vorbehalten. Zuerst müssen die Nichtjuden hinter einer Barriere zurückbleiben. Dann die Frauen, im vorletzten Hof auch die meisten jüdischen Männer. Diejenigen, die ein Opfertier bringen, übergeben es nun weiß gekleideten Priestern.

Nur sie dürfen den letzten Sektor betreten, trennen dort den Tieren zeremoniell die Halsader auf, versprengen ihr Blut. Anschließend tragen sie die Gabe eine Rampe zu einem großen, von Ruß und Blut bedeckten Altar empor und verbrennen das Opfer, je nach Art und Anlass ganz oder zum Teil. Ausschließlich rituell gereinigten Priestern ist es erlaubt, unter einem goldenen Weinstock mit metergroß herabhängenden Reben hindurchzuschreiten – das Innere des Schreins selbst zu betreten.

Und am Ende steht es nur noch einem einzigen Mann zu, dem Hohepriester, sich in das mit einem doppelten Vorhang aus schwerem, buntem Tuch abgetrennte Allerheiligste vorzuwagen – und auch nur einmal im Jahr: an Jom Kippur, wenn er um Vergebung der Sünden für sich und sein Volk bittet.

Dazu verbrennt er Weihrauch und versprüht dann mit acht Bewegungen des Zeigefingers das noch warme Blut eines Ochsen und einer Ziege aus einer Schüssel.

Während des Rituals steht der religiöse Führer der Juden allein in einem leeren Raum, dessen kahlen Felsboden eine dicke Staubschicht bedeckt.

Allein – mit Gott.

Denn dieses düstere, schmucklose Gemach ist Gottes Wohnung auf Erden: eines unsichtbaren, bildlosen Weltenherrschers, dessen Name nicht ausgesprochen werden darf. Hier gewährt oder verweigert er sein Heil.

Von diesem Fels im Zentrum des Tempels aus hat der Legende nach seine Schöpfung ihren Ausgang genommen. Hier ist der Mittelpunkt von allem: des Tempels, Jerusalems, Judäas, des Kosmos. Der Nabel der Welt.

Bald aber wird sich der Glaube an einen einzigen, unsichtbaren Gott auch außerhalb des Judentums verbreiten. Und mit ihm der Glaube an einen absoluten Mittelpunkt der Welt. Nicht nur räumlich.

Sondern auch in der Zeit.

Anlass wird der kleine Junge sein, der im fernen Nazareth über die staubigen Straßen läuft.

Mit Anfang 30 wird er sich von seiner Familie lossagen, ein Leben als Wanderprediger beginnen. Jeschua wird eine radikale Theologie des Friedens und der Liebe verkünden, der Freiheit von den alten, in Gesetzlichkeit erstarrten, erkalteten Riten. Und dafür als Aufrührer am Kreuz sterben.

Seine Jünger aber werden berichten, der Gekreuzigte sei auferstanden. Sie werden seine Botschaft weitertragen, sich vom Judentum lösen, werden nach und nach auch Heiden überzeugen, ihren vielen Göttern zu entsagen, zunächst im mächtigen Römischen Reich, später auf allen Kontinenten. Und so den Glauben an den einen einzigen Weltenherrscher globalisieren.

Und nicht zuletzt werden die Gefolgsleute Christi irgendwann im Mittelalter die Geburt des Messias zum Ausgangspunkt ihrer Zählung der Jahrhunderte nehmen.

Angefangen mit der Geburt eines Knaben in einem fernen, ärmlichen Winkel einer überbordend vielfältigen Welt. ◊

ER IST DIE VERKÖRPERUNG des kompetenten, loyalen und effizienten Elitebeamten: Publius Helvius Pertinax, Sohn eines ehemaligen Sklaven, steigt immer weiter auf in der Verwaltung des Imperium Romanum. Schließlich wird er sogar in höchste Ämter berufen

Das Geheimnis der MACHT

Nicht die Legionen allein sichern die Größe des Imperium Romanum, sondern knapp 900 hochgebildete Männer, die das Reich organisieren und den Willen der Kaiser bis in den letzten Winkel tragen. Einer von ihnen: Publius Helvius Pertinax, dessen Karriere keine Grenzen kennt

TEXT: *Cay Rademacher*

R

Roms Weltreich wird, so sollte man glauben, von den Schwertern seiner Legionen zusammengehalten. Denn die Tiberstadt hat vom 4. vorchristlichen Jahrhundert an nach und nach ganz Italien militärisch erobert und mächtige Zivilisationen unterworfen: Karthago, Athen und die anderen Griechenstädte, schließlich sogar Ägypten. Auch scheinbar undurchdringliche Länder sind unter das römische Joch gezwungen worden, Gallien etwa, Germanien, Britannien.

Im 2. Jahrhundert n. Chr. steht das Imperium im Zenit seiner Macht. Es reicht vom portugiesischen Cabo da Roca bis zur Mündung des Araxes ins Kaspische Meer, von England bis zum Nil bei Assuan – eine Ausdehnung über 59 Längen- und 31 Breitengrade.

6,25 Millionen Quadratkilometer Landfläche, verteilt auf drei Kontinente. Das Mittelmeer ein römisches Binnengewässer. Mehr als 40 Provinzen und das italienische Mutterland. Etwa 2000 Städte und 80 Millionen Untertanen.

Rund 400 000 Soldaten stehen im Reich: 28 Legionen sowie Hilfstruppen und Kriegsflotten an den Küsten.

Dennoch liegt das Geheimnis von Roms Macht nicht in den Legionen. Das Gebiet des Imperium Romanum erstreckt sich über die Territorien von mehr als 30 heutigen Staaten, darunter Marokko und Algerien, Serbien und Rumänien, die Türkei und Syrien, Israel und Jordanien. Heute regieren Präsidenten, Kanzler, Diktatoren diese Länder, dazu Hunderte Minister, Tausende Spitzenbeamte und Richter.

Roms Kaiser ist dagegen Regierungschef, Oberbefehlshaber, höchster Richter und oberster Priester in einer Person. Im Imperium wird die wichtigste Nachricht ebenso wie die schwerste Fracht bloß mit der Muskelkraft von Mensch und Tier bewegt – oder vom Wind, der die Segel der Schiffe füllt. Nachrichten, die heute binnen Sekunden den Adressaten erreichen, Menschen und Waren, die in wenigen Stunden an ihr Ziel kommen, sind in der Antike Tage oder Wochen unterwegs.

Doch wo heute Tausende hochqualifizierte Bürokraten amtieren, sind es im Römischen Reich nur knapp 900 Männer: rund 600 kommandierende Offiziere im Heer sowie 260 hohe Magistrate, welche die Provinzen und die Bürokratie leiten.

Das ist das eigentliche Mysterium Roms: dass eine winzige Funktionselite ein solches Riesenreich regieren kann.

Wie ist es möglich, dass ein einzelner Herrscher mit ein paar Helfern seinen Willen am Rhein ebenso wie am Euphrat durchsetzen kann? Woher weiß er, wie viel Getreide in Ägypten geerntet, wie viele Tonnen Zinn in Wales abgebaut werden? Wer warnt ihn vor räuberischen Nomaden in Marokkos Wüste und kriegslüsternen Stämmen jenseits der Donau? Wie erfahren die Einwohner in Kappadokien vom neuesten kaiserlichen Gesetz, und wie setzt der Kaiser seine Gerichtsurteile in Jerusalem durch?

Die Legionen haben dieses Reich erobert und beherrschen es militärisch – welche Macht aber hält es zusammen?

°

VIELLEICHT VERKÖRPERT niemand Roms Mysterium besser als ein Mann bescheidenster Herkunft, dessen Namen heute nur noch ein paar Althistoriker kennen: Publius Helvius Pertinax.

DIE FUNKTIONSELITE des Imperiums setzt weniger auf Rituale – hier ein Tier- und Trankopfer – sondern auf bürokratische Vernunft (Szene von der Trajanssäule in Rom)

Er wird am 1. August 126 n. Chr. bei Alba Pompeia geboren, südlich von Turin. Sein Vater ist ein früherer Sklave, der es mit einer Wollfilzmanufaktur zu Wohlstand gebracht hat. Pertinax wird die spektakulärste Karriere machen, zu der es in der Geschichte Roms kommt.

Sein Lebensweg, seine Leistungen, sein Schicksal zeigen, wer Rom wirklich zusammenhält: eine Führungsschicht kluger, ehrgeiziger, wenn nötig brutaler, ganz und gar entwurzelter Männer. Die vielleicht erste globale Elite überhaupt.

Pertinax hat als Sohn eines ehemaligen Sklaven weder Prestige noch mächtige Freunde; dafür aber besitzt er eine gute Schulbildung. Der junge Mann wird *grammaticus*, Lehrer für Sprache und Literatur. Jahrelang wirkt er wohl in seiner Heimat, und vermutlich lernt er einflussreiche Männer kennen.

Denn durch die Fürsprache von Gönnern gelingt dem knapp 35-Jährigen um das Jahr 160 eine spektakuläre Wende: Er darf als Offizier und vom Kaiser ernannter Ritter in die Legion eintreten. Pertinax wird zum Kommandeur einer Kohorte ernannt, zum Anführer einer 500 Mann starken Militäreinheit.

Damit wechselt er nicht allein das Metier – sondern auch seine Stellung in Roms streng hierarchischer Gesellschaft.

Ganz oben steht der Kaiser. Unter ihm amtieren 600 Senatoren, zumeist Abkömmlinge der mächtigsten Familien der einstigen Republik. Es sind Männer, die mindestens eine Million Sesterzen besitzen (ein Leibgardist des Kaisers verdient 2500 Sesterzen im Jahr) und deren Familien seit Generationen die wichtigsten Posten unter sich verteilen: Statthalter der größten Provinzen, Inhaber der obersten Verwaltungsämter.

Den höchsten Rang unterhalb der Senatoren nehmen die rund 20 000 Männer ein, die der Kaiser zu *equites* ernannt hat, zu Rittern: Sie stammen aus Händler-, Bankiers-, Großgrundbesitzerfamilien, jeder mindestens 400 000 Sesterzen reich. (Der Vater von Pertinax muss ihm also bei dessen Aufnahme in die Legion zumindest dieses Vermögen mitgegeben haben.)

Die Ritter stellen das Personal der mittleren Beamtenschaft, die niedrigen Offiziere und Verwaltungsfachleute. Und wer einem gnadenlosen Ausleseprozess standhält, kann irgendwann in die Elite der Mächtigen aufsteigen.

Auch Pertinax eröffnet sich diese Chance, als er zum Ritter ernannt wird und daraufhin jahrelang als *praefectus cohortis* dient. 270 dieser Posten gibt es im Reich, etwa als Truppenführer bei Kriegszügen oder auf Grenzposten. Wer sich die ersten drei Jahre derart bewährt, dass die Vorgesetzten zufrieden sind, darf im Militär weiter aufsteigen und als Tribun eine Legion kommandieren. Am Ende seiner zehnjährigen Dienstzeit kann ein Ritter den Rang eines *praefectus alae milliariae* erlangen. Doch davon gibt es gerade mal neun im Reich. Nur ein Bruchteil der Ritter kommt so weit.

Und nach der Militärzeit können diese wenigen Ex-Präfekten hohe Magistrate in den Provinzen werden, manchmal gar Aufgaben eines Statthalters übernehmen.

Der Preis für eine solche Karriere ist neben der jahrelangen Auslese: Heimatlosigkeit. Publius Helvius Pertinax etwa führt sein erster Posten als Präfekt einer Kohorte nach Syrien.

Dort liegt eine der bedeutendsten unter den mehr als 40 Provinzen des Imperiums. Die sind unterschiedlich groß, sie werden unterschiedlich verwaltet, nicht einmal die Steuern sind gleich.

Zu den reichsten zählen Africa proconsularis (das heutige Tunesien) und Asia (der westliche Teil Kleinasiens); zu den größten Aegyptus und Hispania Tarraconensis (ein erheblicher Teil Spaniens), zu den kleinsten Alpes Graiae und Alpes Poeninae – Regionen

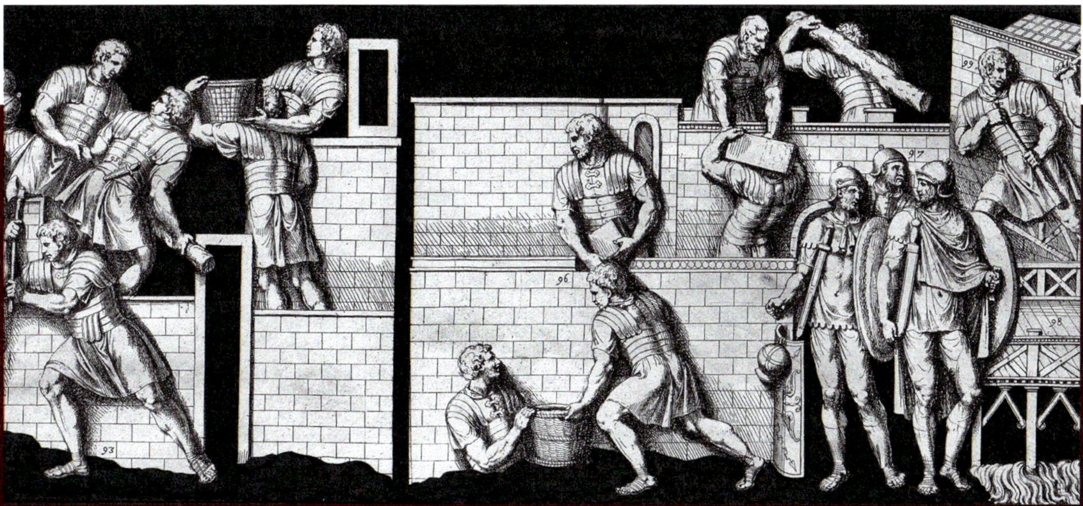

SYSTEMATISCH festigen die Römer in den Provinzen ihre Macht, errichten Tempel, Foren, Brücken, Städte. Und Straßen, die Lebensadern des Reiches

in der Schweiz und in Frankreich, in denen strategisch wichtige Pässe liegen.

Manche Provinzen haben natürliche oder künstlich geschaffene Grenzen, den Hadrianswall in Britannien etwa oder das kleinasiatische Taurus-Gebirge, andere verlaufen im Irgendwo: Die nordafrikanischen Territorien erstrecken sich so weit in die Sahara, wie sich die Römer dort hineinwagen.

Im Osten – von Griechenland bis Ägypten – haben die Römer alte Zivilisationen unterworfen. Hier übernehmen sie die bestehende Verwaltung. Ehemalige Königsstädte werden zu Provinzkapitalen, die Steuern ziehen oft die gleichen lokalen Beamten auf die gleiche Art und Weise wie zuvor unter den einheimischen Herrschern ein, die örtlichen Verwalter bleiben.

So ist Ägypten wie schon unter den Pharaonen in Gaue unterteilt, die örtlichen Würdenträgern unterstehen. In Judäa bleibt der Hohepriester lange Zeit noch Herr des religiös und wirtschaftlich bedeutenden Tempels zu Jerusalem. In Athen oder Ephesus regieren sich die griechischen Stadtbürger wie seit eh und je selbst. Und als Kaiser Trajan 106 n. Chr. das Nabatäer-Reich in Jordanien annektiert, setzt er dort einen Statthalter in die Hauptstadt Petra, benennt das Reich in „Provinz Arabia“ um – und ändert ansonsten wenig.

Im Nordwesten hingegen schaffen die Römer eine neue Infrastruktur. In Gallien etwa, wo zuvor halb „barbarische“ Stämme geherrscht haben, gründen sie den Zentralort Lugdunum (Lyon), eine klassisch römische Stadt mit Forum, Thermen, Tempeln, Theatern.

Eisen, Blei, Gold und Silber werden in den gallischen Provinzen gefördert und verarbeitet. Lugdunum, der Emporkömmling unter den antiken Städten, ist auch der Sitz des *procurator ferrariarum*, des Aufsehers über alle Bergwerke und Hütten (zudem werden dort bald mehr Münzen geprägt als irgendwo sonst im Imperium außerhalb Roms).

Doch ob Osten oder Westen: Roms Offiziere und Beamte sind fast nie in der Provinz geboren, in der sie wirken. Die Kaiser verwirbeln ihre Männer durch das Reich. So kann niemand dort, wo er verwurzelt war, eine lokale Macht aufbauen, die dem Herrscher gefährlich werden könnte.

°

DIE EINZELHEITEN der Reise von Publius Helvius Pertinax sind nicht überliefert, aber sicher ist, dass sich der angehende Präfekt schon bald auf den mehr als 2700 Kilometer langen Weg von Ligurien nach Syrien macht.

> Ohne sie wäre der **KAISER** nichts

Er reist, zumindest für einen Teil der Strecke, auf den Straßen Roms. Dutzende Fernrouten (sowie zahllose kleinere Wege) durchziehen das Imperium. Rund 100 000 Kilometer misst das Netz dieser sechs bis 14 Meter breiten, häufig mit Stein gepflasterten Straßen, die durch alle Provinzen führen.

Nach jeder römischen Meile (gut 1500 Metern) zeigt ein Stein am Wegesrand die zurückgelegte Distanz an.

Es sind vor allem Angehörige der Legion, die beim Straßenbau schuften – denn der Bau soll die Männer in Friedenszeiten beschäftigen: Soldaten, die sich langweilen, sind Soldaten, die leicht meutern. Dafür zahlt der Kaiser einen hohen Preis; zwischen 100 000 und 500 000 Sesterzen kostet eine Meile.

In diesem komplexen Netz verbindet etwa die Via Aurelia über die Via Aemilia Scauri die Stadt Rom mit Ligurien, der Heimat von Pertinax. Dort mündet die Via Aurelia in die Via Iulia Augusta, die über Nicaea (Nizza) bis nach Arelate (Arles) führt. In Arles beginnt die Via Domitia, die nach Nemausus (Nîmes) und bis in die Pyrenäen reicht – von wo aus dann Straßen die spanischen Provinzen erschließen.

Ständig wird ergänzt, erweitert, verbessert. So beginnt schon Kaiser Augustus um die Zeitenwende damit, an allen Straßen Rasthöfe anzulegen, in denen die Reisenden und ihre Tiere kostenlos übernachten. Auf vielen Stationen stehen Wagenbauer bereit, kümmern sich zudem Tierärzte um das Vieh.

Auch die meisten späteren Herrscher bauen und bauen. Trajan etwa verbindet Syrien über eine neue Straße durch die von ihm eroberte Provinz Arabia mit dem Roten Meer. Sein Nachfolger Hadrian lässt eine nach ihm benannte Route vom Ostufer des Nil quer durch die Wüste bis zum Hafen Berenike am Roten Meer anlegen und Raststätten in der Einöde errichten sowie Wachtürme, deren Besatzungen Reisende vor Raubüberfällen schützen sollen.

Pertinax wird von Ligurien aus vermutlich ins süditalienische Brundisium reisen. Denn dort fahren regelmäßig Fähren über die Adria – schnelle *biremen*, Galeeren mit zwei Reihen Ruderern an jeder Seite, die in 24 bis 48 Stunden Dyrrhachion und Apollonia im heutigen Albanien anlaufen. Von dort aus führt die Via Egnatia bis nach Byzanz, von wo es auf verschiedenen Routen durch die Türkei Richtung Syrien weitergeht.

MERITOKRATIE: Kaiser Trajan ist im Jahr 98 n. Chr. der erste von mehreren Kaisern, die nicht wegen ihrer Abstammung, sondern wegen ihrer Fähigkeiten erwählt werden. Es ist die erfolgreichste Ära des Imperiums

Eigentlich muss Pertinax, obwohl er Legionär ist, wie jeder andere Bürger die Straßen auf eigene Kosten benutzen: Er müsste für sein Reittier selbst aufkommen oder zu Fuß gehen sowie an manchen Wegstrecken Maut bezahlen.

Doch durch irgendeinen Trick – die Einzelheiten kennt man nicht – benutzt er den *cursus publicus* (den „staatlichen, schnellen Lauf"). Augustus hat dieses Nachrichten- und Transportsystem eingeführt. Per Edikt zwang er alle Städte des Imperiums, Reisenden im kaiserlichen Auftrag Wagen, Pferde, Maultiere oder Esel gegen eine gesetzlich festgelegte Entschädigungszahlung bereitzustellen. Auf diese Weise ist ein Reisender nun von Ort zu Ort mit immer neuen Karren und frischen Tieren unterwegs. Die vom Staat gezahlte Ausgleichssumme ist allerdings so gering, dass die betroffenen Gemeinden mit den Reisenden meist Verluste machen.

Erhalten sind die Dokumente eines Rechtsstreits zwischen Anosa und Antimacheia in der heutigen Türkei: Die beiden Orte liegen etwa gleich weit von einem berühmten Marmorsteinbruch entfernt. Sie müssen für den Transport des Marmors Ochsenkarren für den Cursus publicus stellen – und führen 37 Jahre lang einen Prozess darum, wer auf welchem Straßenabschnitt für den Transport des edlen Steins und das Futter für die Ochsen zu sorgen hat. Am Ende entscheidet der Kaiser: Jede Gemeinde muss die Hälfte aufbringen.

Der Cursus publicus ist für Boten gedacht, die Nachrichten überbringen, für wichtige Fracht (Kisten mit Steuergeldern aus den Provinzen, Waffen für die Legionen, Bären für die Zirkusarena oder eben Marmor für kaiserliche Bauten) sowie für höchste Würdenträger; Statthalter etwa reisen so in die Provinz.

Dafür werden *diplomata* ausgestellt: mit dem kaiserlichen Tonsiegel versehene Papyri oder Holztäfelchen, auf denen unter anderem aufgeführt ist, wer reist, wo das Ziel ist, wie viele Wagen und Tiere der Reisende beanspruchen darf. Sogar ein Ablaufdatum ist genannt, damit jemand, der einmal ein Diplom erhalten hat, nicht für immer kostengünstig auf Roms Straßen unterwegs ist.

Pertinax hat kein Anrecht auf so ein Diplom – und fast an seinem Ziel, in Syriens Provinzhauptstadt Antiochia, fällt dies einem Offiziellen auch auf, schreibt ein antiker Chronist. Und so muss der angehende Kohortenführer den Rest der Strecke bis zu seiner Legion an der syrischen Grenze zu Fuß zurücklegen.

Wie lange er von Ligurien bis Syrien unterwegs ist? Ochsengespanne, die bis zu 500 Kilogramm Fracht transportieren dürfen, schaffen zwölf Kilometer am Tag. Fußgänger wie Pertinax kommen täglich 30 bis 40 Kilometer weit, von Maultieren oder Eseln gezogene Karren sind kaum schneller, Berittene schaffen 60 bis 80 Kilometer – und auf kurzen Strecken sogar bis zu 300 Kilometer, falls sie unterwegs ihre Tiere wechseln können.

Auf diese Weise braucht ein Reiter für die 158 Kilometer römischer Straße von Mainz nach Köln zwölf Stunden. Von Rom nach Carnuntum (Österreich) ist er elf Tage unterwegs. Ein Ziel im Nahen Osten ist von Italien aus sicherlich erst nach Wochen zu erreichen.

Das mag lang klingen. Doch es bedeutet: Pertinax ist eben noch Lehrer in Ligurien – und wenige Monate später Kommandeur an der syrischen Grenze.

Das ist ein Teil von Roms Geheimnis: Der Kaiser kann ehrgeizige Männer zum Dienst begeistern. Und er kann sie in dann doch unfassbar kurzer Zeit quer durchs Reich schicken. Wo auch immer im Imperium etwas vorfällt: Der Herrscher entsendet seine Beamten und Soldaten binnen Kurzem dorthin.

Pertinax jedenfalls bewährt sich offenbar in der Legion – denn er macht eine Karriere, die noch heute staunen lässt. Er erhält erste Ehrungen und wird im Jahr 165 als Militärtribun zur 6. Legion nach Britannien versetzt; von Syrien muss er mehr als 3500 Kilometer weit ins nordenglische York reisen.

Wieder ist er unterwegs, diesmal vermutlich größtenteils mit dem Schiff. Römische Segler, die Fracht und Passagiere gleichzeitig aufnehmen, erreichen eine Spitzengeschwindigkeit von fünf bis sechs Knoten (knapp zehn km/h). Eine Reise von Alexandria bis Italien durch das östliche Mittelmeer dauert mindestens neun Tage, die Weiterfahrt bis Gibraltar durch das westliche Mittelmeer noch einmal eine Woche.

Seefahrt ist billig. Eine Tonne Fracht kostet, so überliefert es ein in Stein gehauenes Preisedikt aus dem Jahr 301, auf dem Landweg pro Meile 50 Denare, auf dem Wasser hingegen nicht einmal zwei. Allerdings fahren viele Schiffe nicht im Winter, wenn Stürme über das Mittelmeer toben.

Der tyrannische Kaiser Caligula etwa schickt im Jahr 40 n. Chr. einen Drohbrief an den Statthalter von Syrien, doch das Schiff seines Boten wird drei Monate lang durch einen Sturm aufgehalten. In der Zwischenzeit wird der Herrscher ermordet, neue Boten bringen diese Nachricht in alle Provinzen und überholen den anderen. So erfährt Syriens Statthalter erst vom Ende Caligulas – und erhält danach, wie eine Nachricht aus dem Totenreich, durch den verspäteten Boten noch dessen Drohung.

PERTINAX ERREICHT die Provinz Britannia wohl problemlos und zieht zum Hadrianswall, der Nordengland vom Land der Pikten trennt: eine gut 117 Kilometer lange Aufschüttung mit Kasernen, Wachttürmen, Toren.

Dienst in Nebel und Regen. Wie wird sich der Mann aus dem warmen Ligurien fühlen, er ist ja inzwischen fast 40 Jahre alt? Will er fort? Sitzt er erge-

DIE RÖMER SPANNEN die Eliten der unterworfenen Völker für ihre Zwecke ein – und herrschen so besonders effizient

JEDE BESIEGTE VÖLKERSCHAFT leistet Abgaben. Allerdings sind die oft so moderat, dass der Unmut gegen Rom klein bleibt

DANK ÜBERLEGENER TECHNIK, etwa in der Schifffahrt, können Versorgungsgüter besonders schnell transportiert werden

ben die Dienstzeit ab wie ein Sträfling seine Haft? Oder liebt er das Abenteuer im exotisch fernen Norden?

In einer Kaserne am Hadrianswall haben sich viele jener etwa postkartengroßen Holztäfelchen erhalten, die im Norden (wo Papyrus rar ist) als Zettel genutzt wurden. Die Verfasser schreiben mit Tinte, die meisten Römer können lesen und schreiben. (Auch Schreibübungen sind auf den Tafeln erhalten.)

Wenig verwunderlich, dass es auf den Tafeln, die alle um das Jahr 100 n. Chr. verfasst werden, vor allem um militärische Themen geht. Da meldet etwa der Offizier Clodius Super seinem Vorgesetzten, dass ein Soldat nach Rückkehr aus Gallien Tuniken und Umhänge für gut befunden habe – vielleicht ist dieser Kamerad ein Quartiermeister, der für die Ausrüstung verantwortlich ist. Clodius bittet den Vorgesetzten darum, einige dieser Kleidungsstücke für die Soldaten seiner Truppe bereitzustellen.

Doch zuweilen haben auch private, beinahe anrührende Schreiben die Zeiten überdauert. „Zum 11. September, Schwester, sende ich Dir meine herzlichste Einladung zu meiner Geburtstagsfeier", schreibt etwa eine Claudia Severa an ihre Freundin Sulpicia Lepidina. Die Absenderin erwähnt die beiden Gatten (vermutlich Soldaten am Hadrianswall) sowie ihren kleinen Sohn.

Der größere Teil der Tafel von Claudia Severa ist in der geübten Handschrift eines professionellen Schreibers gehalten – möglich, dass sie und ihr Mann Aelius einen Sekretär als Bediensteten hatten. Am Ende jedoch sind die persönlichsten Zeilen („Schwester, meine liebste Seele") in anderer Handschrift verfasst, wohl von der Absenderin selbst – was ein Hinweis darauf ist, dass im Imperium Frauen ebenso wie Männer die Schrift beherrschen.

Für Pertinax sind derartige Details nicht überliefert. Routineanfragen wie Bitten um Kleidung wird er sicherlich zu Dutzenden erhalten. Er ist wahr-

ORGANISATOR: Hadrian, der Nachfolger Trajans, inspiziert ruhelos das Imperium, sichert dessen Grenzen in Germanien und Britannien gegen die Barbaren und stellt Verwaltung sowie Heer neu auf

scheinlich inzwischen verheiratet und hat zwei Kinder. Gut möglich, dass er und seine Gattin ein geselliges Leben führen und Freundschaften knüpfen – Verbindungen, die womöglich nur wenige Jahre halten, denn irgendwann kommt die nächste Versetzung.

Pertinax bewährt sich auch am Hadrianswall. Er zählt am Ende der Zeit dort zu jenen Rittern, die es auf den nächsthöheren Militärposten schaffen: 167 wird er als *praefectus alae* nach Moesia superior entsandt, eine Provinz auf der südlichen Seite der Donau.

Der Strom war lange Zeit Roms Nordostgrenze. Doch Trajan, der größte Eroberer auf dem Kaiserthron, hat weite Territorien am jenseitigen Ufer annektiert. Zwischen 103 und 105 n. Chr. schlugen seine Legionäre dafür eigens eine Brücke über die Donau, die des Kaisers Lieblingsarchitekt Apollodor von Damaskus entworfen hatte. (Von ihm stammen auch die Trajansmärkte und das Trajansforum in Rom.)

Vielleicht nutzte Apollodor die Gunst eines zufällig besonders trockenen Jahres und ließ zwischen dem heutigen Serbien und Rumänien die ungewöhnlich wenig Wasser führende Donau durch einen Kanal umleiten. Im trockengelegten Flussbett errichteten Legionäre 20 Pfeiler aus Steinen, Ziegeln und Mörtel – von denen heute noch Überreste einzelner Pfeiler erhalten sind.

Auf die Fundamente setzten Soldaten eine Brücke aus Holzfachwerk. Vermutlich waren einzelne Abschnitte zuvor an Land zusammengezimmert und anschließend auf die Pfeiler gesetzt worden. Am Ende schütteten Soldaten den Umleitungskanal wieder zu, und die Donau floss zurück in ihr altes Bett.

Es war, weitab von allen Metropolen, die Brücke mit der größten Spannweite, die Menschen bis dahin gebaut hatten: 1070 Meter lang, gut 15 Meter breit, 45 Meter hoch.

Diese Weite würde ein Jahrtausend lang nicht übertroffen werden.

Für Pertinax beginnt an der Donau ein wahrer Karrierewirbel: Im Jahr 167 n. Chr. ist er noch Offizier in Moesia superior, bereits zwölf Monate später wird er erstmals ziviler Beamter und verwaltet als Prokurator die Via Aemilia zwischen Piacenza und Rimini, ist für die Getreideversorgung auf dieser wichtigen Straße zuständig. Im Jahr darauf ist er wieder Militär und eilt als *praefectus classis* von Germanien zur Colonia Claudia Ara Agrippinensium, also ins heutige Köln. Dort kommandiert er die auf dem Rhein kreuzende Flussflotte.

Überall entstehen Abbilder ROMS

In Mainz sind in Sedimenten fünf Wracks solcher Rhein-Boote aus der Spätantike geborgen worden – neben vier Mannschaftstransportern auch ein Patrouillen-Boot: der Rumpf aus Eichenholz 21,5 Meter lang, nur 2,79 Meter breit und einen Meter hoch. Ein flaches, schmales, schnelles Gefährt mit Rudern und einem Segel. So können die Soldaten selbst gegen die Strömung und nahe am Ufer die Rheingrenze überwachen.

Auch das ist ein Geheimnis von Roms Macht: überlegene Technik. Pertinax muss, soweit man weiß, nie eine Flussschlacht schlagen. Dennoch sind die Einwohner der Grenzstadt von ihm so beeindruckt, dass sie ihm eine Ehreninschrift widmen: eine große Steintafel, auf der zu seinem Ruhm seine bisherige Karriere Station für Station aufgelistet ist. (Sie wird 1959 im rheinischen Brühl gefunden und ist eines der besten Zeugnisse seines Lebenswegs.)

°

WIEDERUM KAUM zwölf Monate später wechselt Pertinax erneut zurück ins Zivilleben – und von Köln ins rumänische Sarmizegetusa. Als Prokurator ist er dort für die Steuern der Provinzen Dakien und Moesia superior verantwortlich.

Roms Finanzsystem ist chaotisch: Jede Provinz hat ihr eigenes Regelwerk, das oft auf vorrömische Zeiten zurückgeht. Zudem genießen manche Städte besondere Steuerprivilegien, andere hingegen müssen Sonderabgaben leisten, wenn sie etwa bei Thronwirren den falschen Kaiserkandidaten unterstützt haben und vom siegreichen Herrscher anschließend bestraft werden.

Die meisten Provinzbewohner zahlen Kopfsteuern, in Syria etwa jeder Mann ab 14 Jahren und jede Frau ab zwölf, bis zum 65. Geburtstag.

Um das sicherzustellen, werden die Untertanen regelmäßig im Zensus gezählt – die berühmteste Volkszählung ist die von Judäa, die die biblische Geschichte überliefert. „Zu jener Zeit ordnete der römische Kaiser Augustus an, dass alle Bewohner des Römischen Reiches in Steuerlisten erfasst werden sollten“, schreibt der Evangelist Lukas über die Zeit von Jesu Geburt. Nach seiner Version machen sich Joseph und Maria auf den Weg nach Bethlehem, um sich für die Kopfsteuer registrieren zu lassen.

Steuern zahlen Untertanen auch auf den Ertrag ihres Landes (oft zehn Prozent, nur in Italien ist man davon befreit) sowie dann, wenn sie einen Sklaven verkaufen (vier Prozent Umsatzsteuer)

WICHTIGE NACHRICHTEN – hier die Unterwerfung eines Feindes – gelangen mit Hilfe eines Botensystems zügig durch das ganze Reich

und wenn sie ihn freilassen (fünf Prozent des geschätzten Wertes). Steuern zahlen sie bei Erbschaften (fünf Prozent) und manchmal zu außergewöhnlichen Gelegenheiten, etwa Thronjubiläen.

Für die Verwaltung der Provinzkasse, dem *fiscus*, unterstehen Pertinax als Buchhalter und Kassierer Sklaven, die dem Kaiser gehören und als zuverlässig gelten. Der Ex-Präfekt ist inzwischen ein gemachter Mann: Als Finanzprokurator verdient er 200 000 Sesterzen jährlich.

Doch es sind militärische Taten, mit denen Pertinax kurz darauf allerhöchste Bewunderung erlangt: Er vertreibt die ins Reich einfallenden Markomannen.

Der Herrscher dieser Jahre – der als Philosophenkaiser gerühmte Mark Aurel – sieht in Pertinax einen geschickten Befehlshaber mitten in einer Krisenzeit und erhebt seinen Vielzweckbeamten um 171 n. Chr. in den Senatorenstand.

Der Sohn eines ehemaligen Sklaven gehört nun zur Elite der Elite, zu den 600 mächtigsten, angesehensten Männern des Imperiums. (Und nebenbei beweist die Erhebung, dass sein Vermögen inzwischen mindestens eine Million Sesterzen betragen muss.)

Der Kaiser beruft ihn an die Spitze einer Legion. Pertinax muss nun jahrelang in Raetia und Noricum in der Alpenregion gegen einfallende Germanen kämpfen, später dann gegen einen aufständischen Statthalter in Syrien.

Erst im Jahr 176 kehrt in dieses ruhelose Leben zum ersten Mal so etwas wie Ruhe, zumindest eine Atempause ein: Pertinax wird nun selbst Statthalter.

Auf diesem Posten ist er der oberste Herrscher einer Provinz: Regierungschef, Truppenbefehlshaber, höchster Richter. Überdies wird Pertinax von Mark Aurel zum Statthalter gleich dreier benachbarter Provinzen ernannt: Moesia superior und inferior sowie Dakien.

Das Zusammenfassen dreier Territorien ist ungewöhnlich und nur vorübergehend, weil die Donauprovinzen nach den Kriegen wieder aufgebaut werden müssen. Üblich hingegen ist, dass der Kaiser auf die reiche Erfahrung seines Kandidaten zurückgreift – Statthalter werden oft in Provinzen entsandt, die sie im Lauf ihrer Karriere bereits kennengelernt haben.

Mark Aurel empfängt Pertinax in persönlicher Audienz und gibt ihm, wie jedem neu ernannten Gebietsvorsteher, vertrauliche *mandata* mit. In diesen Dienstvorschriften sind wichtige Informationen über die jeweilige Provinz zusammengefasst: etwa über dort stationierte Truppen, die Bodenschätze und über wichtige Mitarbeiter. Zudem gibt der Kaiser seinem Vertreter vor Ort die Politik detailliert vor.

Von Gaius Plinius Caecilius Secundus, den Trajan um 110 n. Chr. zum Statthalter von Pontus et Bithynia an die türkische Schwarzmeerküste beruft, sind mehr als 70 Briefe bekannt, die er an seinen Oberherrn schreibt.

Aus ihnen lässt sich schließen, wie präzise die Anweisungen des Kaisers sein können: Trajan ordnet beispielsweise an, wie Plinius in der Provinz am Schwarzen Meer mit der noch winzigen und kaum bekannten Sekte der Christen umgehen solle – und befiehlt ihm, deren Versammlungen zu verbieten.

Zudem ist jeder Statthalter an Verbote gebunden: So darf er in seiner Provinz weder Geschäfte machen noch Kredite geben oder nehmen. Er darf dort kein Land kaufen, seine Provinz nicht eigenmächtig verlassen, nicht mit Völkern jenseits der Grenzen eigenmächtig Kriege beginnen oder die bei ihm stationierten Truppen verstärken, und er darf keine Steuern erhöhen. Kurz: Er soll in der Provinz wie ein kleiner Kaiser herr-

NICHT NUR über das Meer, sondern auch über die großen Flüsse, etwa den Rhein oder die Donau, schicken die Beamten des Imperiums ihre Transporte

schen, aber doch Werkzeug des eigentlichen Machthabers bleiben, er soll sich mit den Untertanen weder einlassen noch auf eigene Faust irgendeine Politik betreiben, die zu Unruhen führen könnte. Regelmäßig muss er Rechenschaftsberichte nach Rom senden.

Dafür darf er seine Frau, die Kinder, Sklaven, Verwandte und Freunde mitnehmen. Er kann auf eigene Verantwortung Experten einstellen – von Plinius etwa ist bekannt, dass er einen Offizier, den er seit 20 Jahren kennt, als Berater anheuert. Andere Statthalter nehmen sogar Dichter und Gelehrte auf, so sind der römische Lyriker Catull und der griechische Historiker Polybios mit Gönnern in ferne Provinzen gereist.

°

PERTINAX TRIFFT in seiner Provinz auf ein gut organisiertes *officium*: einen Verwaltungsstab, in dem einige Dutzend Soldaten und frühere Sklaven als Schreiber, Boten oder Buchhalter arbeiten.

Die obersten Aufgaben eines Statthalters sind: Ruhe halten und Geld eintreiben. Pertinax wird vor allem die Grenze im Auge behalten; Spione oder Händler werden ihm berichten, ob sich Stämme etwa zu Kriegszügen sammeln.

In so einem Fall müsste er durch Boten so rasch wie möglich die Zentrale in Rom alarmieren. Entdeckt er Unruhestifter, darf er selbst durchgreifen, und zwar drastisch. Das heute bekannteste Gerichtsverfahren ist das des Präfekten von Judäa, Pontius Pilatus, der direkt dem Statthalter von Syrien untersteht. Er fürchtet, dass der predigende Jesus von Nazareth einen Aufstand auslösen könnte – und lässt ihn deshalb nach kurzem Prozess ans Kreuz schlagen.

Dabei kooperiert Pilatus mit dem jüdischen Hohepriester Kajaphas (der Jesus anzeigt). Die römischen Provinzverwalter arbeiten, wo möglich, mit lokalen Würdenträgern zusammen. Denn die Priester einheimischer Kulte sowie Stammesführer und Politiker in den Städten sind die besten Verbündeten Roms.

Über ihre kommunalen Belange aber können sie nicht frei entscheiden: Aus dem Stadtgesetz von Irni in der Provinz Hispania Baetica (Südspanien) etwa lässt sich ablesen, dass größere Anleihen vom Vertreter des Kaisers genehmigt werden müssen, um Fehlplanungen und Misswirtschaft zu vermeiden.

Dennoch wird in den Provinzen gebaut wie im Rausch: Städte entstehen am Reißbrett, Tausende Straßenkilometer, riesige Brücken, Tempel, Foren, Theater. Man muss sich das Imperium als gewaltige Baustelle vorstellen.

So steht in Tolbiacum (Zülpich), der ersten Raststätte für Reisende auf dem Weg von Köln nach Trier, neben der Herberge und Ställen eine Therme, deren Becken mit heißem, lauwarmem und kaltem Wasser gefüllt sind. Drei im Keller installierte Bronzekessel werden von Bediensteten auf unterschiedliche Temperaturen erhitzt, Leitungen mit Wasserhähnen versorgen die Becken. Ein Viertel As kostet Männer der Eintritt – eine Kupfermünze im Wert von einer Sechzehntel Sesterze. Frauen zahlen das Doppelte (weshalb auch immer), für Soldaten und Kinder ist er gratis.

Bis heute ist es ein Rätsel, wie das Wasser in Zülpich ankam: Die Anlage steht auf dem höchsten Hügel der Stadt. Schöpften Tiere oder Menschen pausenlos aus tiefen Brunnen das Nass hinauf? Oder wurde selbst dieses Provinzbad mit einer der größten technischen Errungenschaften Roms versorgt: einem Aquädukt, einer Brücke für Wasser?

Die Stadt Nîmes etwa wird über ein gut 50 Kilometer langes Bauwerk aus einer Quelle in den Cevennen mit Frischwasser beliefert. Rund 25 Zentimeter Gefälle hat diese Leitung auf einen Kilometer, niemand kann heute mehr sagen, wie Ingenieure sie berechnet und gebaut haben.

Mehr noch: Auf der gesamten Strecke fällt die Leitung gleichmäßig ab, nur in Kurven vor Bergkuppen ist die Neigung geringer, damit der Druck im Bogen nicht zu sehr ansteigt – immerhin rauschen mehr als 30 Millionen Liter Wasser pro Tag durch die Rinne.

Die Wasserleitung überspannt das Tal des Flusses Gard in einer 360 Meter langen und 50 Meter hohen Aquäduktbrücke – der Pont du Gard ist die höchste bis heute erhaltene der Antike. (Die längste Wasserleitung im Reich ist die von Karthago: 132 Kilometer.)

21 000 Kubikmeter Stein von 50 400 Tonnen Gewicht setzen Arbeiter in drei Bogenreihen übereinander zusammen, bis auf die oberste Ebene ohne Mörtel: Die Steine sind derart geschickt behauen, dass sie sich allein durch ihr Eigengewicht am Platz halten. Noch heute zeigen sie Markierungen der Steinmetze, etwa FRS II – *fronte sinistra II*, „Vorderseite links, zweiter Stein".

Die Männer schuften auf hölzernen Gerüsten, die mit den Steinreihen wachsen, denn bestimmte Blöcke ragen ein wenig aus den anderen heraus, so dass man auf ihnen Balken abstützen kann.

Als der Pont du Gard fertig ist, werden die Gerüste demontiert, die hervorragenden Steine jedoch bleiben – daher können zukünftige Reparateure einfach wieder Gerüste anbringen. Etwa 1000 Arbeiter, so schätzen Historiker, sind am Pont du Gard beschäftigt. Binnen fünf Jahren ist sie fertiggestellt.

°

TROTZ DIESER TEUREN Bauvorhaben in den Provinzen fließen noch immer große Summen an Steuergeldern von der Peripherie in die Zentrale nach Rom. Die Münzen werden in Truhen auf Karren transportiert und von bis zu vier Ochsen gezogen. Soldaten bewachen das Geld. Aus der Spätantike hat sich ein Gesetz erhalten, das bis zu 275 Kilogramm Gold und eine halbe Tonne Silber pro Wagen erlaubt – so sind die Transporte relativ schnell unterwegs.

Dabei sind die Bürger der Provinzen keine ausgebeuteten Untertanen. Rom übernimmt nach der Eroberung oft bereits bestehende ältere Abgabensysteme – und senkt die Steuern. In Kappadokien (Türkei) etwa um 50 Prozent.

Auch das ist ein Geheimnis von Roms Stabilität: Dank des Kaisers finden viele Menschen Arbeit, genießen frisches Wasser und bezahlbaren Luxus in Thermen – und zahlen dennoch mancherorts nur noch halb so viel Steuern wie zuvor. Wer wird da an einen Aufstand denken?

Für die meisten Untertanen in den Provinzen ist Roms Statthalter ansonsten vor allem eines: ihr oberster Richter. Ob Mord oder Diebstahl – der Mann des Kaisers spricht das Urteil.

Er muss beispielsweise auch entscheiden, wer der Vormund eines verwaisten Kindes wird. Und selbst wenn ein Herr einen Sklaven freilässt und sich später darüber beschwert, dass der Freigelassene ihn nicht „respektvoll" genug behandele, gerät diese Meldung ins Officium und letztlich auf dem Schreibtisch des Statthalters. Er verhandelt die Fälle entweder in der Provinzhauptstadt oder in kleineren Gemeinden – und verbringt daher etwa ein Viertel seiner Zeit auf Reisen innerhalb seiner Provinz.

Um 210 n. Chr. nimmt in Ägypten ein Statthalter während eines dreitägigen Besuchs in der Bezirkshauptstadt Arsinoe insgesamt 1804 Petitionen entgegen. Es ist vollkommen unklar, wann und wie er diese Flut bewältigt, doch scheint ziemlich sicher zu sein, dass die meisten Demarchen früher oder später tatsächlich entschieden werden.

Auch das ist ein Geheimnis Roms: Seine Magistrate sind nicht nur extrem kompetent, sondern auch unfassbar fleißig.

Die **AUSLESE** ist gnadenlos

°

PERTINAX MUSS einer dieser Männer sein, denn er erweist sich immer wieder auch als guter Bürokrat. Im Jahr 180 wird er als Statthalter nach Syrien versetzt. Fünf Jahre darauf ist er Gebietsvorsteher in Britannien.

Und 187 n. Chr., zweieinhalb Jahrzehnte nach Beginn seiner Karriere, darf er – endlich! – das erste Mal im Zentrum des Imperiums dienen: in Rom.

Als *praefectus alimentorum* verantwortet er die für den Kaiser (inzwischen Mark Aurels Sohn Commodus) vielleicht wichtigste Aufgabe: die große Zahl der Bedürftigen zu versorgen.

Jeder Herrscher weiß, dass Unruhen direkt vor den Toren des Kaiserpalastes auf dem Palatin viel gefährlicher sind als Unruhe in fernen Provinzen.

Das aus kaiserlichen Kassen für die Armen subventionierte Getreide wird vor allem in Ägypten und den fruchtbaren Ebenen Nordafrikas angebaut.

Ein Amtskollege von Pertinax handelt Transportverträge mit den *navicularii* aus, den Reedern und Kapitänen,

MENTOR: Kaiser Mark Aurel wird zum wichtigsten Förderer von Publius Helvius Pertinax. Er erhebt ihn in den Senatorenstand, macht ihn zum Kommandeur einer Legion und zum Provinzstatthalter

die die hochseetüchtigen Segler für den Transport stellen. Er bezahlt den Reedern nicht nur einen Teil der Frachtkosten, sondern bietet auch Steuererleichterungen sowie Subventionen für den Bau großer Schiffe.

Mehr als eine Woche sind die Frachtsegler etwa von Alexandria aus unterwegs, sie reisen im Geleitzug. *Naves tabellariae* fahren voraus, schnelle Botenschiffe, die in Rom die baldige Ankunft eines Konvois melden. (Manchmal senden Bürger aus den Provinzen auf diesem Weg auch private Briefe nach Italien. Der Philosoph Seneca etwa erwähnt in einem Schreiben, dass er sie mit diesen Spezialtransportern schickt.)

Ostia ist Roms Hafen, eine Stadt an der Tibermündung mit Dutzenden Thermen und Tempeln, mit mehrstöckigen Mietskasernen, einem Theater, dem Forum und mehr als 800 Läden, Werkstätten, Gasthäusern und Bäckereien.

Weil im ersten nachchristlichen Jahrhundert der Hafen versandete, ließen die Kaiser kurzerhand ein neues Hafenbecken nördlich von Ostia anlegen und ermöglichten so einen raschen Aufstieg der Stadt. Trajan erweiterte den neuen Landeplatz um ein sechseckiges Becken, das noch heute zu erkennen ist.

In Ostia entladen Träger zu den Zeiten von Publius Helvius Pertinax den Weizen in große *horrea* – Speicherhäuser mit besonders aufwendig gemauerten Böden, die verhindern sollen, dass Feuchtigkeit aus dem Erdreich die kostbare Fracht verdirbt.

Die Navicularii haben ihre Büros an einem Forum, einem großen Platz, auf dem zahlreiche Handelsgesellschaften vertreten sind. Der Boden des Marktes ist mit Mosaiken geschmückt, die vor allem Schiffe, Tiere, Lastenträger oder Leuchttürme darstellen.

Über die Via Ostienses bringen Transportleute den Weizen schließlich auf Maultierkarren nach Rom.

Ein anderes Grundnahrungsmittel lässt bis heute die gewaltigen Mengen erahnen, die römische Händler herbeischaffen. Die Schiffe der Navicularii bringen auch Olivenöl aus Spanien nach Ostia, von wo aus es auf Booten den Tiber hoch getreidelt wird.

Geschätzt 20 Millionen Liter Olivenöl werden im kaiserlichen Rom eingeführt – pro Jahr. Es wird in Amphoren von rund 70 Liter Fassungsvermögen transportiert. Diese Gefäße nehmen auch andere Waren auf, Weizen etwa oder Wein. Wenn sie einmal entleert sind, kann man sie in der Regel wiederverwenden – nur nicht bei Olivenöl, mit dem sich die tönernen Gefäße dann voll gesogen haben.

Also werden die leeren Amphoren aus Spanien, einmal in Rom entladen, dort zerschlagen, die Scherben am Tiberufer zu einem sorgfältig geschichteten Berg aufgehäuft (und von Arbeitern regelmäßig mit Kalk bestreut, gegen den Gestank der ranzigen Ölreste).

Noch heute hat diese antike Müllhalde – der Mons Testaceus, der „Scherbenberg" – einen Umfang von 1000 und eine Höhe von 30 Metern.

Etwa 53 Millionen Amphoren sind hier weggeworfen worden.

Kaiser Lucius Aurelius Commodus, 35 Jahre jünger als Pertinax, ist exzentrisch und misstrauisch, ein Herrscher, der den Senat offen verachtet und sich lieber mit Gladiatoren und anderen Günstlingen abgibt. Doch selbst unter diesem Tyrannen geht es mit der Karriere des Publius Helvius Pertinax weiter voran. 188 n. Chr. wird der inzwischen über 60-Jährige zum Statthalter von Africa proconsularis berufen und residiert fortan in Karthago (Tunesien).

Im Jahr darauf kehrt er als *praefectus urbi* nach Rom zurück, als Stadtpräfekt, verantwortlich für die Sicherheit in der Kapitale. Zudem vertritt er den Kaiser in den Fragen der Rechtsprechung. Der Praefectus urbi steht auf einer Stufe mit dem Prätorianerpräfekten, dem Hauptmann der Leibgarde, und gehört zu den höchsten Staatsdienern im Reich.

Jetzt hat Pertinax nur noch einen Mann über sich. Den Kaiser.

Commodus regiert in diesen Jahren immer größenwahnsinniger – er lässt sogar Rom nach sich in Colonia Lucia Aurelia Nova Commodiana umbenennen. Und es wird gefährlich, in seiner Nähe zu weilen. Vermeintliche Gegner lässt er ebenso ermorden wie enge Gefolgsleute, etwa seinen Prätorianerpräfekten.

Schließlich sammeln sich Verschwörer am Kaiserhof. Am letzten Tag des Jahres 192 (an dem viele Prätorianer feiern und betrunken sind) wird Commodus von einem gedungenen Mörder erwürgt, den einige Höflinge geschickt haben.

Gehört auch Pertinax zu ihnen?

Ein möglicher Hinweis darauf entstammt der „Historia Augusta", einem spätantiken Geschichtswerk (das unter Historikern allerdings als nicht immer zuverlässig gilt).

Demnach hat Pertinax „die Komplizenschaft nicht vermieden, als ihm die Verschwörer ein Mitwirken am Komplott anboten." Eigentlich kann man diese unklare Formulierung nur so verstehen: Einige Männer am Hof haben sich verschworen und Pertinax irgendwann eingeweiht – und der macht mit.

Er wird jedenfalls noch in der Nacht des Mordes von den nach vollbrachter Tat eilig zusammengerufenen Prätorianern zum neuen Herrscher auserkoren. Damit die Soldaten loyal sind, verspricht er ihnen eine Prämie von 12 000 Sesterzen pro Mann, ein beinahe fünffaches Jahresgehalt.

Der Sohn eines ehemaligen Sklaven, der Soldat und Beamte, der mehr als 30 Jahre lang in Italien und gut einem halben Dutzend Provinzen auf drei Kontinenten diente, der Zehntausende Kilometer auf Pferderücken, Segelschiffen oder zu Fuß gereist ist, der dabei niemals länger als drei Jahre am gleichen Ort verweilte, ist nun ganz oben angekommen.

Publius Helvius Pertinax, Imperator Augustus, Kaiser von Rom.

°

„ER WAR EIN STATTLICHER alter Mann mit langem Bart und nach hinten gebürstetem Haar. Sein Körper war etwas korpulent, aber seine Haltung königlich. Er war ein Mann mit mittelmäßigem rednerischen Talent." So beschreibt die „Historia Augusta" den Kaiser auf dem Gipfel der Karriere.

Aber das ist bloß das Äußere. Wähnt sich Pertinax nun am Ziel seiner Wünsche? Ist er ein Mann maßlosen Ehrgeizes, der es tatsächlich zum Herrn der Welt gebracht hat?

Oder erschaudert er vor der Verantwortung? Ist Pertinax eher zufällig von Verschwörern zum Kaiser ausgerufen worden: weil er halt als Stadtpräfekt die Nummer zwei der Hierarchie ist und es kaum jemand anderen gibt, der so viel Regierungserfahrung hat wie er?

In der „Historia Augusta" wird er als „geizig" und „nahezu bösartig" beschrieben. Andererseits betont der Verfasser die Bescheidenheit des neuen Kaisers: „Er wollte abdanken und sich ins Privatleben zurückziehen, und er wollte nicht, dass seine Kinder im Palast großgezogen werden."

Und vielleicht kommt das der Wahrheit näher: Pertinax ist eher gegen seinen Willen auf den Thron gelangt. Als er dann doch den Purpur annimmt, agiert er zurückhaltend, ein lebenslanger Funktionär eher als ein geborener Herrscher. Und für diesen Mangel an Glanz wiederum schmähen ihn die Zeitgenossen und sagen ihm Übles nach.

In jedem Fall arbeitet Pertinax weiter extrem viel. Zahllose Berichte, Urteile, Anträge, Petitionen prasseln auf ihn ein. Von Gaius Plinius Caecilius Secundus, seinem Vertreter an der Schwarzmeerküste, ist bekannt, dass er ausführliche Berichte an den Kaiser schickt, vermutlich etwa alle zwei Wochen. Sollten alle Statthalter so gewissenhaft sein, erhält Pertinax jetzt täglich zwei bis drei Berichte aus den Provinzen, an 365 Tagen im Jahr.

Dazu die Rapporte seiner Spitzenbeamten in Rom, etwa des Stadtpräfekten. Nachrichten von der Finanzverwaltung. Berichte von Leitern der Steinbrüche und Bergwerke. Entwürfe für Gesetze. Verträge mit anderen Reichen. Manche Ratsherren reisen extra aus der Provinz an und ersuchen beim Kaiser persönlich um Baugenehmigungen für bestimmte Vorhaben in entlegenen Gemeinden irgendwo im Imperium.

Nun herrscht er über **ALLE**

Heutzutage lässt sich die Fülle an Dokumenten, die Rom produziert, nur noch dank einiger Funde von Archäologen erahnen. Im syrischen Dura Europos etwa ist eine Kohorte stationiert, 500 Soldaten. Die Korrespondenz des lokalen Kommandeurs zwischen Juli und Dezember 216 hat die Zeiten überdauert: 57 Schreiben der Militärverwaltung. 57 Schreiben in sechs Monaten für 500 Mann ... Allein die mehr als 400 000 Soldaten des Reichs müssen also einen unfassbaren Aktenberg anhäufen.

Kaiserliche Boten bringen die Befehle und Gesetze in die Provinzen. Zwar haben viele ein Diplom des Cursus publicus bei sich und dürfen damit unterwegs in den Rasthöfen nächtigen, doch ist es nur Überbringern von besonders eiligen Nachrichten erlaubt, erschöpfte Pferde gegen neue zu tauschen.

Diese berittenen Eilboten werden sicherlich auch eingesetzt, um allen Provinzen den Herrscherwechsel von Commodus auf Pertinax mitzuteilen. Von Trajan ist bekannt, dass die Nachricht von seiner Thronbesteigung binnen 28 Tagen bis ins obere Ägypten gedrungen ist.

Oft sind es Prätorianer oder Legionäre, die sich aufs Pferd schwingen. Der Dienst ist bei den Männern beliebt, denn viele verbinden solche Aufträge mit privaten Reisen. Ein ägyptischer Papyrus verrät, dass manche Soldaten ihren Offizieren Bestechungsgelder zahlen, um eingeteilt zu werden.

Als Kaiser hat Pertinax zudem den Befehl über eine ganz besondere Truppe: die *frumentarii*, die Boten- und Geheimdiensteinheit des Herrschers.

Diese für besondere Aufgaben als Kuriere, Polizisten und Agenten eingesetzten Legionäre sind in Rom in der Kaserne *castra peregrina* auf dem Caelius stationiert. Auch in manchen anderen Städten gibt es offenbar Frumentarii, so in Ostia und Ephesus.

Sie sind die Männer für schmutzige Aufträge: Sie öffnen fremde Briefe, spionieren Gegner des Herrschers aus, begehen in seinem Auftrag womöglich sogar Morde (belegt ist das nicht, bei einer Geheimpolizei auch kein Wunder).

In Mainz etwa wird im 3. Jahrhundert der Ratsherr Dativius Victor den Bürgern der Stadt einen Ehrenbogen stiften, ein bis heute erhaltenes, prachtvoll geschmücktes Denkmal. Fertiggestellt wird das Monument von seinen beiden Söhnen, die sich in der Inschrift ebenfalls verewigen lassen – und einer, Victorius Ursus, bezeichnet sich dabei als „Frumentarius". Was er aber genau macht, weiß heute niemand mehr.

In Rom selbst sind auf dem Caelius höchstens 100 Frumentarii kaserniert. Das ist nach heutigen Maßstäben unglaublich wenig; beim BND etwa sind 6500 Menschen beschäftigt, die CIA hat mehr als 21 500 Mitarbeiter.

Am Ende scheint es, als sei die Kaiserwürde für Publius Helvius Pertinax ein Karrieresprung zu viel. Der Mann, der über Jahre in fast jeder Region des Reiches glänzend gearbeitet hat, scheitert am Ende ausgerechnet in der Kapitale.

Es sind weder langsame Boten noch zu wenige Geheimpolizisten, die ihm zum Verhängnis werden, und ganz sicher hat er nicht zu wenig Erfahrung – vielleicht ist es eher so, dass er *zu viel* Erfahrung angesammelt hat.

Denn unter dem tyrannischen Commodus sind die Finanzen des Reiches eingebrochen: Pertinax übernimmt einen Staat, der beinahe zahlungsunfähig ist. Der in vielen Dienstjahren gestählte Verwalter muss daher als Erstes die Staatskasse sanieren.

Er kürzt unter anderem die Ausgaben für den Hof um die Hälfte und nimmt außerdem Gelder mit der Versteigerung von Luxusgegenständen aus dem Privatbesitz seines Vorgängers Commodus ein.

Dennoch zahlt er den Soldaten wohl zunächst nur die Hälfte der versprochenen Sesterzen aus. Und das ist ein tödlicher Fehler.

Am Abend des 28. März 193 rotten sich einige Prätorianer im Palast zusammen. Es ist ein spontaner Protest ohne Hintermänner, ohne Verschwörer. Pertinax tritt den Meuterern unbewaffnet entgegen. Worte fliegen – und auf einmal zieht ein jähzorniger Prätorianer das Schwert und sticht den Kaiser nieder.

Ein Dritteljahrhundert hat Publius Helvius Pertinax auf fast allen wichtigen Posten gedient, die Rom zu bieten hat. Als Kaiser aber hat er sich nur genau 87 Tage halten können.

Doch trotz seines schmählichen Endes verkörpert der Sohn eines früheren Sklaven all das, was Rom ausmacht und zusammenhält.

Er ist gebildet, ehrgeizig, arbeitsam. Ein Mann, der keine Heimatstadt mehr kennt, sondern dem das Imperium selbst zur Heimat geworden ist. Ein Mann, der sich widerspruchslos von Syrien nach England versetzen lässt. Der heute eine Straße verwaltet, morgen die Rheinflotte kommandiert und übermorgen die Versorgung der Bedürftigen in der Millionenstadt Rom organisiert.

Als Kaiser bleiben ihm nur drei MONATE

Erfahren als Offizier wie als Verwalter. Ein Mann, der lokale Kulte und Gepflogenheiten auf dem Balkan ebenso kennt wie in Italien, in Nordafrika wie in Britannien. Der das Riesenreich erlaufen hat, der auf unzähligen Kilometern und während unzähliger Reisetage Großstädte und Dörfer, Häfen und Kasernen, Flüsse und Wüsten mit eigenen Augen gesehen, der dort gegessen und geschlafen hat.

Das ist das Geheimnis Roms. Eine kleine, kompetente, in der Regel hochloyale Funktionselite dient dem Kaiser: Männer, die man überall und jederzeit für jeden Einsatz abkommandieren kann.

Es mögen wenige sein – aber da sie so flexibel sind, ist immer jemand dort, wo man ihn braucht. Diese Führungsschicht nutzt ein Netz aus Fernstraßen und Schiffsverbindungen. Sie kooperiert mit lokalen Politikern und Priestern – und hat keine Scheu, Geheimagenten in jede Ecke des Reiches zu entsenden.

Droht Widerstand gegen Rom und den Kaiser, erfahren diese fast 900 Lenker des Imperiums es rasch durch Boten – und können Truppen, Geld, Vorräte dorthin senden, wo es brennt. Jeder Widerstand ist lokal, jede Antwort darauf imperial.

So kann der Kaiser überall dort, wo es wirklich wichtig ist, in Übermacht auftreten, obwohl er sich eigentlich nur auf ziemlich wenige Helfer stützt.

Diese Elite hat sich zu Zeiten der Republik eher zufällig und nach und nach herausgebildet, Augustus hat sie dann weiter geformt.

Im Westteil des Imperium Romanum hält seine Herrschaftsform bis ins 5. Jahrhundert stand, bevor sie durch innere Wirren und den zeitgleichen Ansturm vieler fremder Gruppen in der Völkerwanderung kollabiert. Im Ostteil, dem Byzantinischen Reich, behauptet sie sich gar noch Jahrhunderte länger.

Nahezu zeitlos indes ist die Lehre, die sich aus dem Leben des Publius Helvius Pertinax ergibt: Um ein Großreich (oder heute: einen Staat, einen Großkonzern) am Laufen zu halten, braucht es Technik auf dem neuesten Stand, eine engmaschige Infrastruktur, schnelle Kommunikationswege.

Und, vor allem: fähige, loyale Gefolgsleute. ◊

Mitarbeit: Thomas Rost

GEO EPOCHE
Das Magazin für Geschichte

IMPRESSUM

CHEFREDAKTEUR: Michael Schaper
STELLVERTRETENDER CHEFREDAKTEUR: Dr. Frank Otto
ART DIRECTION: Tatjana Lorenz
TEXTREDAKTION: Johannes Teschner (Konzept dieser Ausgabe), Jens-Rainer Berg, Insa Bethke, Dr. Anja Fries, Samuel Rieth
AUTOREN: Jörg-Uwe Albig, Dr. Mathias Mesenhöller
BILDREDAKTION: Christian Gargerle (Leitung), Roman Rahmacher, Jochen Raiß
VERIFIKATION: Lenka Brandt, Olaf Mischer, Alice Passfeld, Andreas Sedlmair
LAYOUT: Eva Mitschke, Jan Schneidereit; Hannah Göppel
KARTOGRAPHIE: Stefanie Peters
CHEF VOM DIENST / SCHLUSSREDAKTION: Dirk Krömer
REDAKTIONSASSISTENZ: Ümmük Arslan; Anastasia Mattern, Thomas Rost (Buchrecherche)
CHEF VOM DIENST TECHNIK: Rainer Droste
HONORARE: Andreas Koseck
GESCHÄFTSFÜHRENDE REDAKTEURIN: Maike Köhler

Verantwortlich für den redaktionellen Inhalt: Michael Schaper

PUBLISHER: Frank Thomsen (Stellvertreter: Toni Willkommen)
PUBLISHING MANAGER: Eva Zaher
SALES DIRECTOR: Franziska Bauske / DPV Deutscher Pressevertrieb

EXECUTIVE DIRECTOR DIRECT SALES: Heiko Hager, G+J Media Sales
Verantwortlich für den Inhalt der Beilagen: Daniela Porrmann – Director Brand Solutions G+J e|MS, Am Baumwall 11, 20459 Hamburg
Es gilt die jeweils gültige Anzeigen-Preisliste unter www.gujmedia.de
MARKETING: Pascale Victoir
HERSTELLUNG: G+J Herstellung, Heiko Belitz (Ltg.), Oliver Fehling

Gruner + Jahr GmbH
Sitz von Verlag und Redaktion: Am Baumwall 11, 20459 Hamburg.
Postanschrift der Redaktion: Brieffach 24, 20444 Hamburg.
Telefon: 040 / 37 03-0
Internet: www.geo.de

Heftpreis: 12,00 Euro (mit DVD: 18,50 Euro)
ISBN: 978-3-652-00854-9; 978-3-652-00848-8 (Heft mit DVD)
ISSN-Nr. 1861-6097

Bankverbindung: Deutsche Bank AG Hamburg, IBAN: DE 30 2007 0000 0032 2800 00, BIC: DEUTDEHH
Litho: 4mat Media, Hamburg
Druck: appl druck GmbH, Senefelderstraße 3–11, 86650 Wemding
Printed in Germany

GEO-LESERSERVICE

FRAGEN AN DIE REDAKTION
Telefon: 040 / 37 03 20 84
E-Mail: briefe@geo-epoche.de
Die Redaktion behält sich die Kürzung und Veröffentlichung von Leserbriefen auf www.geo.de vor.

BESTELLADRESSE FÜR GEO-BÜCHER, GEO-KALENDER, SCHUBER ETC.
Anschrift: GEO-Versand-Service, 74569 Blaufelden
Telefon: +49 / 40 / 42 23 64 27
Telefax: +49 / 40 / 42 23 66 63
E-Mail: guj@sigloch.de

ABONNEMENT- UND EINZELHEFTBESTELLUNG
Online-Kundenservice: www.geo.de/kundenservice
Telefon: 0049 / 40 / 55 55 89 90
Service-Zeiten: Mo–Fr 7.30 bis 20.00 Uhr, Sa 9.00 bis 14.00 Uhr
Postanschrift: GEOEPOCHE Kundenservice, 20080 Hamburg

Preis Jahresabo: 72,00 € (D), 81,00 € (A), 114.00 sfr (CH)
Abo mit DVD: 105,00 € (D), 120,00 € (A), 174.60 sfr (CH)
Studentenabo: 43,20 € (D), 48,60 € (A), 68.40 sfr (CH)
mit DVD: 66,60 € (D), 77,40 € (A), 118.80 sfr (CH)
Preise für weitere Länder auf Anfrage erhältlich

USA: GEO*EPOCHE* is published by Gruner + Jahr GmbH
K.O.P.: German Language Pub., 153 S Dean St, Englewood NJ 07631.
Periodicals Postage is paid at Paramus NJ 07652.
Postmaster: Send address changes to GEO*EPOCHE*, GLP, PO Box 9868, Englewood NJ 07631.
KANADA: Sunrise News, 47 Silver Shadow Path, Toronto, ON, M9C 4Y2, Tel.: +1 647-219-5205, E-Mail: sunriseorders@post.com

Alle Fakten, Daten und Karten in dieser Ausgabe sind vom GEO*EPOCHE*-Verifikationsteam auf ihre Richtigkeit überprüft worden.

FOTOVERMERK NACH SEITEN

Anordnung im Layout: l.= links, r.= rechts, o.= oben, m.= Mitte, u.= unten

TITEL: Horizon International Images Limited/alamy
EDITORIAL: Benne Ochs für GEO*EPOCHE*: 3
JUBILÄUM: Benne Ochs für GEO*EPOCHE*: 4; Gruner + Jahr GmbH: 5 u.
INHALT: Alinari Archives/INTERFOTO: 8 l. o.; Bridgeman Art Library: 8 r. o.; Fine Art Images/Heritage Images/Getty Images: 8 l. m.; digital bearbeitet von Eva Mitschke für GEO*EPOCHE*; Jaroslav Poncar: 8 r. m.; Heritage Images/Fine Art Images/akg-images: 8 l. u., 9 m.; The Trustees of the British Museum/bpk-images: 8 r. u.; National Palace Museum, Taipeh: 9 o.; bpk-images: 9 u.
PROLOG: Horizon International Images Limited/alamy: 10/11
DIE MENSCHEN IM JAHR 1: Bridgeman Art Library: 12/13; age fotostock/alamy: 16/17; René Mattes/hemis/laif: 20/21; Francis Leroy/hemis/ddp-images: 24/25
DAS GEHEIMNIS DER MACHT: bpk-images: 28/29; Pietro Santi Bartoli: Colonna Traiana eretta dal senato, e popolo romano all'imperatore Traiano Augusto nel suo foro in Roma, Rom 1667: 30, 31, 35 (3), 38, 39; Bridgeman Art Library: 33; Alinari Archives/bpk-images: 36; Renato Valterza/Cuboimages/Bridgeman Art Library: 41
TEOTIHUACAN: Universal Images Group/Getty Images: 46/47; iStockphoto/Getty Images: 48/49; Luco Plesse/Getty Images: 50/51; De Agostini/akg-images: 52/53
IM NAMEN DES HERRN: Tim Möller-Kaya für GEO*EPOCHE*: 54–63
DIE BASTION DES GERMANEN: Tim Wehrmann für GEO*EPOCHE*: 64–69; Stefanie Peters für GEO*EPOCHE*: 66
536: De Agostini/akg-images: 70/71; Print Collection/Getty Images: 73; Granger/Bridgeman Art Library: 74; Hulton Archive/Getty Images: 75; Fine Art Images/Heritage Images/Getty Images: 76
Alle digital bearbeitet von Eva Mitschke für GEO*EPOCHE*
MONUMENT DES GLAUBENS: Library of Congress: 78, 80, 82; Culture Club/Getty Images: 81
DER HAMMER DER CHRISTENHEIT: Bridgeman Art Library: 84/85, 91; alamy: 86; Mary Evans Picture Library/picture alliance: 87; Mary Evans Picture Library: 88/89; Stefanie Peters für GEO*EPOCHE*: 90 o.; Classic Image/alamy: 90 u.
Alle digital bearbeitet von Eva Mitschke für GEO*EPOCHE*
IM REICH DES LESENS: National Palace Museum, Taipeh: 92/93, 94/95 o., 96/97; British Library/Bridgeman Art Library: 94/95 u.
ZAUBER DES ISLAM: Bridgeman Art Library: 98/99, 107; Oronoz/Album/akg-images: 100, 102/103; akg-images: 101, 104/105; Privatsammlung: 108; Stefanie Peters für GEO*EPOCHE*: 109
DIE FRAU IM HINTERGRUND: Getty Images: 110/111; Wikimedia Commons: 111; Toni Spagone/alamy: 113, 114/115, 117; Stefanie Peters für GEO*EPOCHE*: 116
ZU EHREN DES GÖTTER: Jaroslav Poncar: 118–126; Stefanie Peters für GEO*EPOCHE*: 127
STURM AUS DEM OSTEN: Bridgeman Art Library: 128/129; Pictures from History/akg-images: 130; University of Edinburgh/Bridgeman Art Library: 131; VISIOARS/akg-images: 132/133
DIE REISE DES GOLDKÖNIGS: Leo & Diane Dillon: 134–139; Stefanie Peters für GEO*EPOCHE*: 137
VAN EYCK: Bridgeman Art Library: 140/141; akg-images: 142/143, 144/145; Erich Lessing/akg-images: 145; Heritage Images/Fine Art Images/akg-images: 146; The National Gallery, London/akg-images: 148
KAMPF UM DIE BAUERNREPUBLIK: Hans Schäufelein/Liszt Collection/akg-images: 150; Antiquariat Felix Lorenz/INTERFOTO: 151, 152 o., 154 u.; Hans Schäufelein/Städel Museum/ARTOTHEK: 152 u., 153, 154/155 o.; Stefanie Peters für GEO*EPOCHE*: 153 o.
KRIEG AN DEN GROSSEN SEEN: Knud Petersen/Kunstbibliothek, SMB/bpk-images: 156, 158, 159
DIE ERSCHÜTTERUNG DER WELT: The Trustees of the British Museum/bpk-images: 160/161, 168; Science Source/akg-images: 162/163; Collectie Spaarnestad/National Archief: 164/165; Tallandier/Bridgeman Art Library: 165 u., 166/167; UIG/Flonline: 169; Privatsammlung: 170
GEBURT EINER MEGACITY: Hulton Archive/Getty Images: 172, 175 o., 177 u., 181; Getty Images: 173, 176 u.; PLA Collection/Museum of London: 174 o.; Royal Photographic Society/Victorian and Albert Museum, London/Getty Images: 174/175 u.; Bettmann/Getty Images: 176 o.; Bridgeman Art Library: 177 l. o.; Peter Jackson Collection/Bridgeman Art Library: 177 m. o.; alamy: 177 r. o.; Roger Viollet/ullstein bild: 178 o.; ullstein bild: 178 u.; Henry Delamotte/Alinari Archives/bpk-images: 179; Reinhold Thiele/Getty Images: 182/183; Universal Images Group/Getty Images: 184; Mary Evans Picture Library/INTERFOTO: 185 l.; National Railway Museum/SSPL/Getty Images: 185 r.
DIE STIMMEN DER VERDAMMTEN: bpk-images: 186 o., 190, 191, 194 m.; Eternal Echos: 186 (2) u.; World History Archives/akg-images: 189 o.; ullstein bild: 189 m.; Knobloch, Ludwig/Bundesarchiv – 1011-134-0782-24: 189 u.; Historic Collection/alamy: 192; Buyenlarge Archive/UIG/Bridgeman Art Library: 193, 194 u.; Shawshots/alamy: 194 o.; The Bilderwelt Collection/Mary Evans Picture Library/INTERFOTO: 197; Archiv Heinrich Hoffmann/Bayerische Staatsbibliothek/bpk-images: 198
EPILOG: Natural Earth, bearbeitet von Stefanie Peters für GEO*EPOCHE*: 200/201
VORSCHAU: Bridgeman Art Library: 207 l.; Toleda Museum of Art: 207 m.; ARTOTHEK: 207 r.

So eine Stadt hat es bis dahin noch nicht gegeben: Im 3. Jahrhundert n. Chr. ist Teotihuacán im heutigen Mexiko das Zentrum einer rätselhaften Hochkultur, deren Elite große Teile Mesoamerikas dominiert, ihre Macht in kolossalen Tempeln demonstriert – und ein grausiges Ritual prägt: Menschenopfer

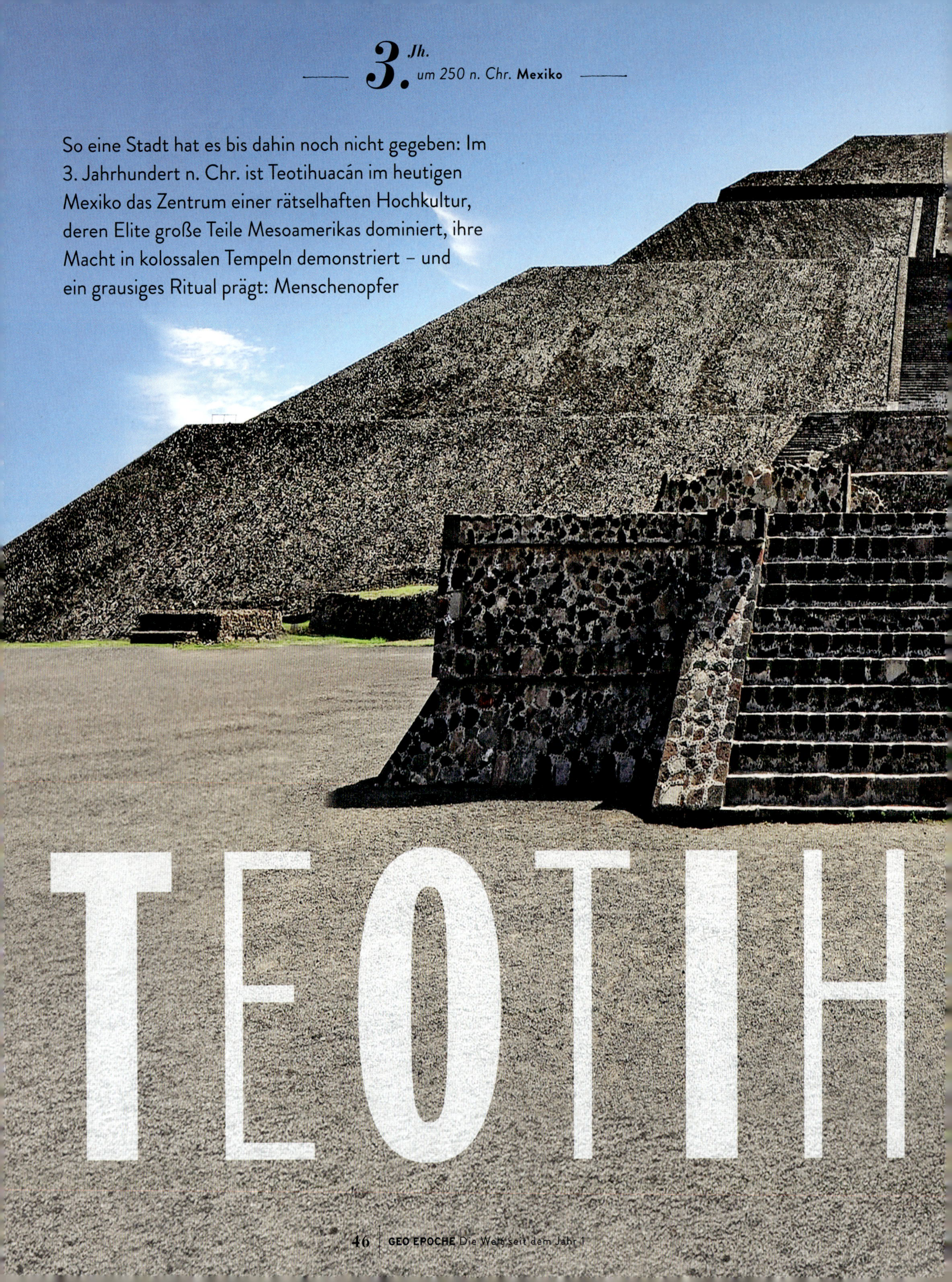

TEOTIH

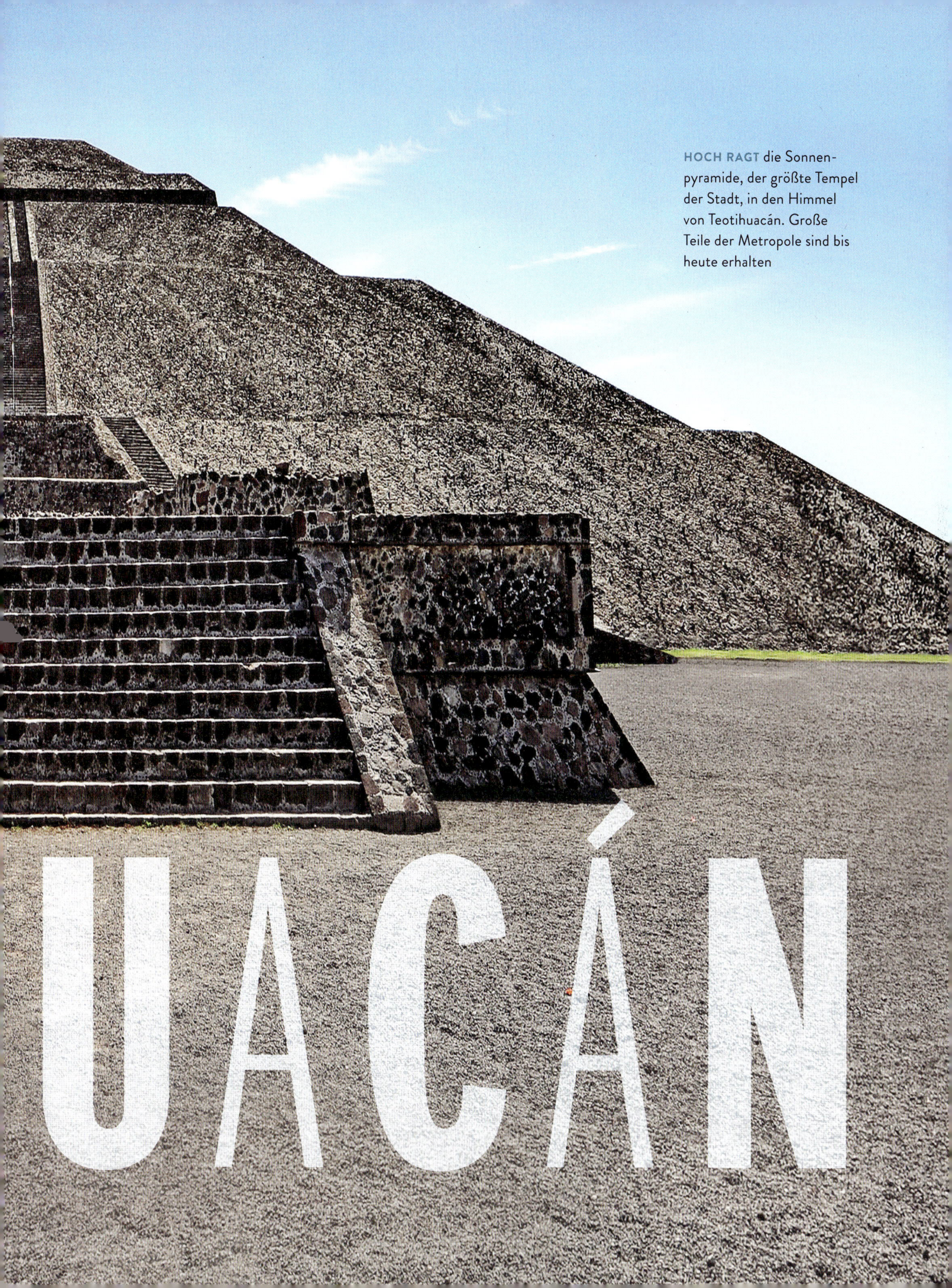

HOCH RAGT die Sonnenpyramide, der größte Tempel der Stadt, in den Himmel von Teotihuacán. Große Teile der Metropole sind bis heute erhalten

UACÁN

TEXT: *Peter Hamburger*

Sie haben alle Gewalt in der Stadt, sie zähmen die Bestien, sie holen die Vögel vom Himmel. Sie können die Wasser umleiten und Berge bauen wie Götter. Sie können Blut fließen lassen. Sie sind die Herrscher von Teotihuacán. Sie regieren im 3. Jahrhundert unserer Zeitrechnung die mächtigste, die größte, die modernste Stadt Amerikas.

Und auch an diesem Tag sollen die Bewohner ihre Macht über Leben und Tod spüren. Sie sollen staunen, sie sollen sich fürchten, sie sollen von Ehrfurcht ergriffen sein. Tausende stehen entlang der mehr als vier Kilometer langen „Straße der Toten", an deren nördlichem Ende ein gewaltiges Bauwerk aufragt: eine Pyramide, die wie ein menschengemachtes Abbild des 3050 Meter hohen Cerro Gordo ist, der sich hinter ihr erhebt und von dem das Leben spendende Wasser kommt, die Fruchtbarkeit.

Demut muss die Massen gelehrt werden, Unterwerfung wird von den Todgeweihten verlangt. An der atemlosen Menge treiben Schergen zwölf Männer vorbei, die ihr Ende erwarten, die Hände auf dem Rücken gebunden. Auch gefesselte Adler trägt man vor die mehr als 50 Stufen der Freitreppe, die zum obersten Plateau der Pyramide führt. Sowie Pumas, Jaguare, Klapperschlangen in Käfigen – die Inkarnationen aggressiver, kriegerischer Bereitschaft.

Es ist nicht das erste Blutopfer, das die Stadtbevölkerung gleich erleben wird. Und es wird nicht das letzte sein.

Das Opfern von Menschen und Tieren gehört zur Teotihuacáns Staatsräson. Es wird zum Ende jedes Bauabschnitts an den kolossalen Monumenten dieses Stadtstaates zelebriert und ist Ausdruck der theokratischen Herrschaft einer Elite, die dereinst für ihre Tempel berühmt werden wird – für Weihestätten, die den Himmel berühren sollen.

Einige der Männer, die prunkvoll gekleidete Priester jetzt der Menge präsentieren, sind wahrscheinlich gefangene Krieger fremder Völker, manche von ihnen noch halbe Kinder.

Die Gottesdiener greifen zu ihren geschwungenen Messern – und schneiden ihren Opfern die Herzen aus den Leibern. Anschließend werden die Gefangenen enthauptet und ihre Körper mit den Kadavern von rund 40 Tieren in einer Grabkammer im Inneren der Pyramide eingeschlossen.

Zwei der Getöteten gehören aber offenbar zur Elite von Teotihuacán und haben sich wohl freiwillig geopfert. Sie tragen, als sie später von Archäologen gefunden werden, Halsketten aus Jadeperlen und Ohrschmuck aus Muscheln, Insignien der Oberschicht. Einer hat eine Jadeperle im Mund.

Die Priester betten diese zwei besonderen Toten in der zentralen Achse der Kammer zur letzten Ehre. Danach ist der Opfergang beendet. Wieder einmal haben die Bewohner Teotihuacáns die Götter gnädig gestimmt. Und konnten die Herrscher der Stadt ihre Ehrfurcht gebietende Macht demonstrieren.

°

TEOTIHUACÁN, um 250 n. Chr.: Was ist das für ein Ort, der sich da auf 2275 Meter Höhe im Zentrum Mexikos erhebt?

Wie seine Bewohner ihn zu dieser Zeit nennen, ist nicht überliefert. Als „Stadt, in der Menschen zu Göttern werden" wird er rund ein Jahrtausend später von den Azteken verehrt, die in den Bewohnern Teotihuacáns wohl höhere Wesen sehen. Die Azteken sind es auch, die der zentralen Magistrale den Namen „Straße der Toten" geben.

Und auch sonst ist das Wissen über Teotihuacán fragmentarisch, ist weitaus weniger über ihr Imperium bekannt als über das der Maya oder der Azteken. Niemand kennt die Sprache der Bewohner, ihre Schrift ist nicht entziffert, ihr Kalendersystem kaum erforscht, nicht ein einziger Herrschername überliefert.

Sicher ist jedoch, dass Teotihuacán nach seiner Gründung um 150 v. Chr. binnen weniger Jahrhunderte zu einer organisierten Großstadt gewachsen ist, wie es sie auf dem Kontinent noch nicht gegeben hat. Zu einer Metropole von ungeheurer Anziehungskraft, zum Zentrum eines Tausende Quadratkilometer großen Herrschaftsgebietes.

Nun, um 250 n. Chr., erreicht allein die Stadt mehr als 20 Quadratkilometer Ausdehnung, ist ihre Einwohnerzahl auf mindestens 60 000 Menschen gestiegen.

In den Jahrhunderten zuvor haben die Einwohner entlang der grob von Nord nach Süd verlaufenden Straße der Toten rund 25 Tempelkomplexe errichtet, darunter die alles überragende Sonnenpyramide: mit einer Seitenlänge von gut 220 Metern und einer Höhe von mehr als 60 Metern eines der größten Bauwerke des präkolumbischen Mexiko.

Lehmziegel füllen das Innere des fünfstufigen Bauwerks mit abgerundeter Kuppe; seine Außenhaut ist mit leuchtend weißem Kalkputz verkleidet.

Auch die Sonnenpyramide ist eine Machtdemonstration, denn allein dass die Herrschenden einen solchen Bau in Auftrag geben konnten, zeigt den Untertanen die Stärke der Elite auf.

Zudem verkörpert der im Süden der Stadt gelegene Bau nach der Vorstellung der Menschen eines der lebenswichtigen Prinzipien des Universums: Er steht für Wärme, Trockenheit, Feuer – und damit für alles Männlich-Kriegerische. Die Mondpyramide im Norden symbolisiert hingegen Wasser, Regen und Fruchtbarkeit, also das weibliche Element.

Der prächtigste Tempel aber, ja vielleicht sogar das Zentrum des teoti-

MYTHISCHE WESEN aus Stein schmücken die »Pyramide der gefiederten Schlange« von Teotihuacán. Hier wurden die meisten Menschen geopfert

huacánischen Universums, ist die Pyramide der gefiederten Schlange, mit einer Grundfläche von 65 mal 65 Metern das drittgrößte Bauwerk der Metropole. Massive, farbig bemalte Steinblöcke verkleiden seine Front, die aus Senkrechten, Schrägen und Plateaus konstruiert ist.

Sechs Treppen führen bis zur obersten Ebene. Sie sind umgeben von dreidimensionalen Schlangenköpfen – von Darstellungen jenes mythischen Reptils, das eine Verbindung von Erde und Himmel verkörpert. Diese Pyramide ist der blutigste Opferplatz der Stadt. Zuweilen sterben hier 20 Menschen an einem Tag, darunter Frauen und Kinder.

Zu Füßen dieser gigantischen Tempelanlagen ist eine Metropole erwachsen, die von ihren Führern in eine strenge Form gezwungen wurde. Wildwuchs kennt die Stadt allenfalls an ihren Rändern. Im Zentrum aber orientieren sich alle Bauten beidseits der Straße der Toten an einem rechtwinkligen Raster, das durch die ungefähr von Ost nach West verlaufende Achse der Sonnenpyramide vorgegeben wird.

Diese Achse ist so ausgerichtet, dass am 12. August und 30. April der Sonnenuntergang genau in ihrer Verlängerung zu sehen ist. Zwischen diesen beiden Daten liegen 260 Tage – und so ist die Anlage der Pyramide und der ganzen Stadt ein Verweis auf den rituellen 260-Tage-Kalender, der in großen Teilen Mesoamerikas neben dem 365-Tage-Sonnenkalender benutzt wird.

Alle Querstraßen zur Straße der Toten und auch der hier kanalisierte Rio San Juan verlaufen parallel zu dieser religiös begründeten Achse.

Die meisten Menschen Teotihuacáns leben in der Umgebung der Tempel in labyrinthischen, steinernen Wohnanlagen, die sie anstelle ihrer früheren Lehmbehausungen errichtet haben.

Von gut drei Meter hohen Außenmauern umgeben, oft nur mit einem einzigen Zugang ausgestattet, ist jeder dieser insgesamt wohl mehr als 1000 zentral gelegenen Hauskomplexe organisiert wie eine kleine Stadt in der Stadt. Die Anwesen bestehen meist aus Basaltstein im Erdgeschoss sowie leichterem Tuff darüber und sind von Flachdächern beschirmt. Zu ihnen gehören Vorhallen, Plätze, Höfe und Tempelplattformen.

Einige der größeren Wohnanlagen sind 3500 Quadratmeter groß, haben 175 Zimmer sowie Abfall-, Vorrats- und Werkstattareale. Hunderte Menschen leben hier, oft Großfamilien oder Handwerkergilden, verrichten ihren Alltag, arbeiten, begraben ihre Toten.

Über Latrinen verfügen diese Hausgemeinschaften zwar nicht (die menschlichen Ausscheidungen werden wahrscheinlich in Gefäßen gesammelt und als Dünger auf die Felder gebracht), wohl aber über ein von Platten überdecktes System aus Abwasserkanälen, tönernen Leitungsrohren und Auffangbecken für Regenwasser.

Viele Außenmauern sind mit Tierskulpturen aus Ton, Travertin und Vulkangestein verziert, die Fassaden oft bemalt, überwiegend in Rot. Die Grundfarbe tragen Handwerker auf den geglätteten und noch feuchten Wandputz auf und ergänzen sie dann mithilfe von Pinseln aus Agavenfasern, Haaren und Federn um Ornamente und Gestalten aus der Glaubenswelt der Menschen.

In einigen der besonders herrschaftlich ausgestatteten Hauskomplexe wohnen vor allem die mehreren Tausend Priester und Verwaltungsbeamte sowie die Fernhändler und die Befehlshaber der kämpfenden Truppen.

Wie aber konnte die Stadt zu einem religiösen und staatlichen Machtzentrum werden, zum Produktions- und Handelsmittelpunkt, zu einem Magneten für Händler, Handwerker, Architekten, Künstler – kurz: zur urbanen Höchstleistung ihrer Epoche? Und das alles ohne den Einsatz von Lasttieren und

BEI GROSSEN ZEREMONIEN versammelten sich Tausende Menschen auf der zentralen Tempelstraße, die von mehr als 20 Weihestätten gesäumt wird

Metallwerkzeugen, ohne Geld und äußere Befestigungsanlagen?

Teotihuacán ist nicht die erste Stadt in der Region, wo sich wohl schon um 5000 v. Chr. Menschen als Ackerbauern und Viehzüchter niedergelassen haben. Beschleunigt wurde der Aufstieg der Siedlung wahrscheinlich um das Jahr 50 v. Chr. nach einem Vulkanausbruch, der die Konkurrenzmetropole Cuicuilco mit einer meterdicken Lavaschicht bedeckte.

Durch dem Untergang Cuicuilcos profitierte Teotihuacán noch mehr als zuvor von den natürlichen Ressourcen der Region: zwei Seen mit Fischgründen und Wasservögeln, jeweils nur etwa 15 Kilometer entfernt.

Inzwischen gedeihen Mais, Kürbisse, Amaranth, Bohnen, Chili, Physalis und Kartoffeln in Feldern nahe der Stadt, die über Dämme und Kanäle mit Wasser aus Quellen in den Bergen versorgt werden. Viele Einheimische halten sich Gänse, Truthähne und Masthunde, gehen auf die Jagd nach Weißwedelhirschen, Kaninchen, Hasen, Wachteln.

Die Landwirtschaft erbringt Überschüsse, und so müssen nicht alle auf den Feldern arbeiten, sondern können sich dem Abbau und der Verarbeitung von Bodenschätzen widmen.

Ganz besonders begehrt ist Obsidian, das Allzweckmaterial dieser Epoche. Dieses natürliche Glas, das bei Vulkanausbrüchen aus dem Erdinneren quillt und erstarrt, lässt sich vor allem in der Sierra de las Navajas finden, etwa 50 Kilometer von Teotihuacán entfernt.

Handwerker fertigen daraus Schaber und Speerspitzen, Schmuck und religiöse Objekte – sowie jene scharfen Messer, mit denen die Priester die Brust der zu Opfernden aufschneiden.

Die Machtelite der Stadt kontrolliert Abbau, Verarbeitung und Vertrieb des Obsidian. Mindestens 100 Werkstätten gibt es in Teotihuacán, und in ihnen waltet eine strikte staatliche Regie: Die Bearbeiter des Vulkanglases sind in bestimmten Wohnkomplexen angesiedelt, viele in der Nähe der Mondpyramide, und sie sind hoch qualifiziert, können das Material durch gekonntes Schleifen, Bohren und Behauen in Gegenstände aller Art verwandeln.

Sie sind nicht die einzigen Handwerker, die sich eine spezielle Expertise angeeignet haben. Andere Fachleute stellen Kleidung aus Agavenfasern her, Körbe und Matten aus Ried von den nahen Seen. Wieder andere fertigen Nadeln, Ahlen und Bohrer aus Knochen. Und schließlich gibt es Kundige, die Steinwerkzeuge produzieren, etwa Beile sowie bügeleisenförmige Geräte zum Glätten von Putz, oder in mit Holz befeuerten Erdlöchern Schalen, Teller, Becher und Krüge aus Keramik brennen.

DIE HANDWERKER und ihre Familien bilden die Mittelschicht der Stadt und stellen im 3. Jahrhundert n. Chr. etwa ein Drittel der Bevölkerung. Die Bauern an der Peripherie Teotihuacáns sowie das Heer von Ernteschleppern, Lastenträgern, Hausangestellten und Dienern zählen dagegen zur Unterschicht.

Fast schon als Teil der Elite können sich dagegen die Fernhändler fühlen, denn sie sind es, die den so überaus mächtigen Priestern, Kriegern und Beamten zu deren Statussymbolen verhelfen: Sie liefern die kostbaren Rohstoffe für das Kunsthandwerk und die religiösen Zeremonien. Etwa jene Baumwolle, aus der die von den Frauen der Oberschicht getragenen Capes gefertigt sind und die an der Golfküste wächst, mehr als 200 Kilometer von Teotihuacán entfernt.

Auch die Federn des seltenen Quetzals am Kopfschmuck der Priester kommen aus dem Tiefland.

Direkt von der Küste importieren Händler Muscheln, die Experten zu Ohrscheiben, Armreifen oder Schmuckplättchen für die glänzenden Umhänge

der Priester verarbeiten. Ebenfalls aus dem Meer erreichen Teotihuacán bis zu 50 Zentimeter große Gehäuse von Flügelschnecken, die (um ihre Spitzen gekappt) als Blasinstrumente dienen.

Bei Zeremonien ist das jagdhornartige Dröhnen dieser Schnecken oft zu hören, dazu das Pfeifen von Flöten, aus Ton geformt – oder aus menschlichen Oberschenkel- und Schienbeinknochen geschnitzt. Es ist die Musik einer Stadt, deren Künste den Vorgaben der Elite gehorchen. Und diese Künste sind fast ausschließlich den Göttern gewidmet.

Zwar dekorieren die Handwerker manche Werke auch mit profanen Motiven – Papageien oder Früchten –, formen aus Ton Figuren von Ballspielern und Kinderwiegen. Doch Symbole aus dem Pantheon der Überwesen und ihrer irdischen Verkörperungen dominieren fast alle Bilder, Friese, Skulpturen und Bauten.

Der Herzen verschlingende Jaguar, Sinnbild für Krieg, Macht und Blutopfer, ist da ebenso zu sehen wie die gefiederte Schlange als Verbindung von Erde und Himmel oder die nachtjagende Eule, Botschafter aus der Welt der Toten. Auch der Feuergott ist abgebildet sowie Tláloc, Gott des Sturms und des Regens.

All diese Darstellungen sind genormt, denn die Künstler agieren im offiziellen Auftrag: Sie sollen den Glauben und die Ideen Teotihuacáns verbreiten, sollen nach innen wie nach außen den Geist der Stadt propagieren, gegenüber den Untertanen und den Nachbarn.

Die Kunstwerke demonstrieren den Pilgern, die zu den geweihten Pyramiden kommen, und all jenen, die zu den Märkten der Stadt anreisen, die Bedeutung und Überlegenheit Teotihuacáns.

Und für all die Zuzügler aus anderen ethnischen Gruppen, denen spezielle Viertel zugewiesen werden, sind sie wie ein Diktat, das den Neuankömmlingen zeigen soll, worauf es ankommt in dieser Metropole.

Denn ihr Geist ist hierarchisch, nicht egalitär. Ist nicht auf Frieden gebaut, sondern militant.

Teotihuacán dominiert mit seiner wirtschaftlichen Macht, aber auch mit seiner Gewalt, mit der angedrohten oder tatsächlichen Kraft des Krieges. Sonst könnte die Stadtelite nicht ungezählte Menschen in der Umgebung dazu zwingen, den Ort mit Nahrungsmitteln zu versorgen. Wäre sie nicht in der Lage, Hunderte, vielleicht Tausende Menschen aus nahen und fernen Dörfern dazu zu bringen, Basaltquader für die Bauwerke ohne alle technischen Hilfsmittel in die Stadt zu hieven.

Und ohne Gewalt wäre sie vermutlich auch nur ein schwacher Partner im Handel mit den Nachbarreichen, etwa mit den Maya im mehr als 1000 Kilometer entfernten Tikal: Gut möglich, dass Teotihuacáns Krieger die besonders weit führenden und gefährlichen Handelsexpeditionen begleiten.

In jedem Fall stützt die Metropole ihren Einfluss, der sich längst über weite Regionen Mesoamerikas erstreckt, zum großen Teil auf ihre Truppen. Strategische Außenposten sichern die Herrschaft, auf Kriegszügen beweisen die Soldaten ihre Tapferkeit und bringen Kriegsgefangene heim, die auf Baustellen schuften müssen – oder in Zeremonien geopfert werden, zum Ruhme der Götter und der Mächtigen.

So wie an jenem Tag um 250 n. Chr., als die Priester insgesamt zwölf Menschen töten und sie anschließend in einer Kammer in der hoch aufragenden Mondpyramide bestatten.

°

DREI WEITERE JAHRHUNDERTE der Blüte hat die Stadt da noch vor sich. Dann aber, etwa um 550 n. Chr., beginnt ihr Abstieg. Viele Wohnkomplexe der Elite fallen einem großen Brand zum Opfer, eine dicke Ascheschicht legt sich über die Tempel. Kunstwerke werden zerschlagen, Mauern vor den Treppen der Pyramiden verhindern den Zugang zu ihnen.

Wie ist es dazu gekommen? Gab es einen abrupten Wechsel der Staatsideologie? Eine Revolte gegen die Macht der Priesterelite, einen Aufstand der Krieger gegen das religiös dominierte Regime, eine Invasion von außen?

Oder sind jene Handelswege zusammengebrochen, denen Teotihuacán seinen Reichtum und seine Dominanz verdankt? Ist die Stadt, auf 120 000 Bewohner angewachsen, irgendwann übervölkert, aber unterversorgt gewesen? Oder haben gewaltige Vulkanausbrüche in dieser Zeit einen Klimawandel bewirkt und Zentralmexiko ausdorren lassen wie andere Regionen des Planeten auch? All das ist ungeklärt.

Einige Jahrhunderte noch bleibt Teotihuacán ein bedeutendes Zentrum, wohnen dort Zehntausende Menschen, dann erlischt das Leben der Stadt.

Nicht aber ihr Ruhm.

Denn noch Teotihuacáns Ruinen werden jene Kämpfer beeindrucken, die um 1200 n. Chr. beginnen, in das Hochtal von Mexiko einzuwandern, arm zunächst, aber eine Gemeinschaft gefürchteter Krieger, die um 1450 ein Imperium etablieren und 40 Kilometer entfernt von Teotihuacán eine eigene glänzende Stadt erschaffen werden: Tenochtitlán, die Metropole der Azteken, auf einer Insel im Texcoco-See gelegen.

Auch die Azteken (die sich selbst „Mexica" nennen) werden sich zu großartigen Planern und Baumeistern entwickeln.

Doch die Pyramiden von Teotihuacán, selbst wenn sie im 13. Jahrhundert schon bröckeln, erscheinen ihnen derart gewaltig, dass sie sie nicht für Menschenwerk halten. Deshalb nennen sie diesen Ort „die Stadt, in der die Menschen zu Göttern wurden".

Mehr noch: Sie halten ihn für die Stätte der Wiedergeburt des Mondes und der Sonne.

Für einen Ort, an dem die Welt noch einmal erschaffen wurde. ◊

DIE GEFIEDERTE SCHLANGE verkörpert die Verbindung zwischen Erde und Himmel. Vielleicht soll ihre zähnefletschende Fratze aber auch die Überlegenheit Teotihuacáns demonstrieren

Im NAMEN des HERRN

DIE CIRCUMCELLIONEN sehen Heiden und gemäßigte Christen gleichermaßen als Feinde an. Mit Messern und Knüppeln attackieren sie Andersgläubige

Sie feiern Orgien, brennen Kirchen nieder, morden – und sehnen sich nach dem Märtyrertod: Die Circumcellionen sind die radikalsten jener Fanatiker, die sich im 4. Jahrhundert in Nordafrika von der katholischen Kirche abspalten. In ihrem Furor bringen sie Chaos über eine ganze Region – und fordern so das Römische Reich heraus TEXT: *Mathias Mesenhöller* ILLUSTRATIONEN: *Tim Möller-Kaya für* GEO*EPOCHE*

Schwatzend sitzen die Nachbarn zusammen und lachen, gießen einander Wein nach. Sie lauschen den Flöten, der Leier, einem Knabenchor, hören schlüpfrige Verse auf die örtlichen Honoratioren und deren Familien. Tänzer führen anmutige Reigen auf, Schauspieler mythische Szenen. Transvestiten schieben sich durch die Menge, das Haar geölt, weiß geschminkte Gesichter, wiegender Gang; es sind Priester der heidnischen Allmutter Caelestis.

Weihrauch liegt in der Luft. Der Dunst von geröstetem Opferfleisch – eines Lamms, Schweins, gar eines Rinds. Die Priester verbrennen Innereien und Häute der Tiere, bewirten so ihre Götter.

Das meiste Fleisch aber kommt auf die Teller der Menschen. Die schmausen, singen, tanzen. Begehen ein Fest zu Ehren der Himmlischen, irgendwann während der zweiten Hälfte des 4. Jahrhunderts irgendwo in den nordafrikanischen Provinzen des Römischen Reichs. Eine jener Feiern, wie es sie häufig gibt.

Da erschallt von fern ein Ruf. Dann näher: „Deo laudes! Gelobt sei Gott!" Immer lauter. Die Feiernden verstummen. Sie wissen: Das ist der Schlachtruf der Circumcellionen – Schrecken gebietender christlicher Glaubenskrieger.

Diese Aufrührer achten weder die heiligen Sitten der Väter noch das Gesetz, weil ihr Allmächtiger keine anderen Götter duldet neben sich.

Sie fürchten im Kampf bis auf den Tod niemanden, weil der Tod als Märtyrer ihre große Sehnsucht ist. Und sie stecken voller Wut, weil sie arm geboren und ohne Chance im Leben sind.

Abscheuliche Dinge werden über sie erzählt: dass sie leben wie die Räuber und die guten Bürger hassen; dass sie sich mit den Frauen in ihren Reihen ohne Scham und Zucht schändlichen Ausschweifungen hingeben; dass sie maßlos Wein trinken, bis sie im Rausch sich und andere umbringen. Und dass sie für den Glauben ihr Leben einsetzen – ja mutwillig den Tod suchen.

Dann sind die Glaubenskrieger auch schon da: wilde Gestalten in rauem, oft geflicktem Tuch, sonnenverbrannt von der harten Feldarbeit, manche kräftig, andere ausgezehrt durch lange Jahre bei kargem Lohn. Einige mit Narben oder fehlenden Zähnen von früheren Kämpfen. In den schwieligen Fäusten halten sie hölzerne Knüppel.

Richtige Waffen könnten sie sich nicht leisten; nur einige Männer tragen Messer oder ein Beil. Überdies mahnt ja schon Jesus in der Bibel: „Wer das Schwert nimmt, soll durch das Schwert umkommen." Also nehmen seine Nachfolger ihren Herrn wörtlich und schlagen mit Stöcken und Knütteln auf die Feiernden ein (so lassen sich zeitgenössische Quellen jedenfalls deuten).

Dumpfes Klatschen, Blut. Schmerzensschreie mischen sich mit solchen des Entsetzens: Denn jetzt reißen die Angreifer auch noch die Standbilder der alten römischen Götter nieder, verstümmeln die marmornen Gesichter, brechen Arme und Hände ab, hacken das freimütig dargestellte Geschlecht fort.

Endlich fassen sich die Überfallenen, wehren sich, erbitterte Zweikämpfe brechen aus. Dazwischen immer wieder das Rufen der Angreifer: „Deo laudes! Laudes Deo! Ehre sei Gott!"

Die Heiden sind zwar überrumpelt worden, aber sie sind in der Mehrzahl. Vielleicht haben sie Waffen zur Hand, vielleicht gibt es Wachmannschaften – jedenfalls liegt bald einer der christlichen Schläger tot am Boden. Dann geraten die Übrigen unter Druck. Werden nun selbst blutig geprügelt, bedrängt.

Schließlich räumen sie das Feld. Doch wie im Triumph tragen die Circumcellionen ihren toten Glaubensgenossen mit sich: einen Märtyrer! Einen, der auf direktem Weg ins Himmelreich gelangt. Den Gott liebt und achtet, dessen Fürsprache Gewicht hat beim Herrn der Welt. Der am Jüngsten Tag mit zu Gericht sitzen wird über seine Feinde.

Wenig gilt unter den christlichen Eiferern mehr, als sein Leben für den Glauben zu geben. Kaum eine ihrer Kirchen und Kapellen, in der nicht die Reliquien eines Märtyrers verehrt werden.

Es heißt sogar, dass manche Circumcellionen aus Sehnsucht nach dem Martyrium schwer bewaffnete Soldaten attackieren, um sich von ihnen niedermachen zu lassen. Andere halten angeblich Reisende auf offener Straße an und zwingen sie, ihnen mit dem Schwert den Tod zu geben – oder selbst zu sterben.

Auch sollen manche der Fanatiker Mörder für Anschläge auf ihr eigenes Leben bezahlen. Sollen sich in dem Wahn, so Gott zu gefallen, von Felsen stürzen, ins Feuer gehen, ins Wasser.

Was verbirgt sich dahinter? Wer sind die Glaubenskämpfer: eine häretische Sekte? Frühkommunistische Rebellen, wie manche Historiker wegen der Wut auf die Reichen meinen? Desperados? Rollkommandos der Kirche?

Sie selbst nennen sich „Streiter" und meinen damit den Einsatz für die heilige Sache. Überdauern wird indes der Schimpfname, den ihre Gegner ihnen geben: „Circumcellionen" – eigentlich eine abfällige Bezeichnung für arme Wanderarbeiter.

Fest steht, dass sie sich an einem Ringen um Wahrheit und rechte Frömmigkeit beteiligen, das im 4. Jahrhundert nicht nur Christen mit Heiden ausfechten – sondern mindestens ebenso erbittert auch Christen untereinander. Dass sie mitstreiten in einem neuen, opferreichen Kampf, der mit der missionarischen Lehre von dem einen, alleinigen Gott in die Welt gekommen ist.

In einem Konflikt, der am Ende die Kultur der Antike untergehen lassen wird: dem um den wahren Glauben.

°

DAS RÖMISCHE REICH ist lange Zeit Heimat vieler Götter gewesen. Die Menschen lebten damit, dass der Nachbar einem anderen Kult huldigte als sie selbst, und der Staat nahm diesen mannigfaltigen Glauben und Aberglauben weitgehend hin.

Anfangs galt das auch für die junge Gemeinschaft der Christen. Doch rasch erregte deren offene Verachtung aller übrigen Götter Anstoß. Sie gerieten in Verruf, weil sie an eine – nur ihnen vorbehaltene – Erlösung im Jenseits glaubten, weil sie offen ihre Feindschaft gegen die Freuden der Welt zeigten und weil sie sich von den Mitbürgern abkapselten.

Es dauerte nicht lange, und in manchen Städten kam es zu Gewaltausbrüchen gegen die religiösen Sonderlinge.

Auch die Obrigkeit verfolgte die Gemeinden nun Mal um Mal. Auslöser war meist, dass Christen es ablehnten, dem Kaiser und den Staatsgottheiten Roms zu huldigen.

Dabei interessierte es die Beamten gar nicht, was der Einzelne glaubte, solange er Kaiser und Staatsgottheiten öffentlich ein symbolisches Opfer darbrachte, ein paar Körner Weihrauch vielleicht. Es war eine rein formale Geste der Loyalität – die zu verweigern jedoch als Rebellion galt, mit Gefängnis, Folter und sogar Tod bestraft wurde.

Zahlreiche Christen vollzogen das Ritual, um sich und ihre Familie zu retten; andere erschlichen falsche Opferbescheinigungen. Viele Bischöfe aber reagierten unnachgiebig: Ein Getaufter, so predigten sie, der einem Götzen opfere oder Christus leugne, habe sein Seelenheil für immer verwirkt. Viele Gläubige wählten deshalb das Martyrium.

Gnädigere Priester indes gewährten den schwach Gewordenen Vergebung, wenn sie Reue zeigten und Buße taten.

Bald tobte innerhalb des Klerus ein erbitterter Streit zwischen Rigorosen und Nachgiebigen. Und zu Beginn des 4. Jahrhunderts, als die Christen besonders hart verfolgt wurden, spaltete er die Kirche: Wer mit den Verrätern auch nur das Brot teile, so verkündete es wohl im Jahr 304 eine Gruppe unerbittlicher Gläubiger im nordafrikanischen Karthago, der werde „nicht mit uns teilhaben am Königreich der Himmel".

Christen *töten andere* Christen

Als kurz darauf die Verfolgungen endeten, schlossen die Rigorosen all jene vom Gottesdienst aus, die nicht widerstanden hatten – und erklärten auch die Standhaften zu Verrätern, wenn sie den Abgefallenen verziehen.

Zwar setzte die Mehrheitskirche im Reich auf Aussöhnung – unter anderem, weil Kaiser Konstantin, der selbst dem Christentum zuneigte, es so wollte.

Doch die afrikanischen Fundamentalisten focht das nicht an. Sie betrachteten sich als einzig wahre Kinder Gottes, als „Kirche der Märtyrer". Nach ihrem Anführer Donatus, den sie zu einem ihrer eigenen Bischöfe wählten, nannten die Katholiken sie „Donatisten". Die Donatisten selbst bezeichneten sich schlicht als „Christen". Und nur sich.

Binnen einer Generation stellten sie in Nordafrika die Mehrheit.

Die afrikanischen Provinzen an der Küste zwischen Tripolitanien im heutigen Libyen und dem Atlantik zählen im 4. Jahrhundert zu den reichsten des Römischen Imperiums. In weiten, sonnigen Ebenen und Flusstälern erstrecken sich satte Weizenfelder, bauen die Menschen Wein und Obst an. Dazwischen liegt Hochland, arm an Regen, auf dessen trockenen Böden römische Kolonisten Olivenhaine gepflanzt haben: breite, silbrig-grüne Streifen in einer nach Westen hin immer karger, abweisender aufragenden Bergwelt. Vor allem an der Küste blühen wohlhabende Städte, darunter die Weltmetropole Karthago (auf dem Gebiet des heutigen Tunis).

Aber es sind auch unruhige Provinzen. Reiche Grundbesitzer und Händler ziehen den Hass verschuldeter Kleinbauern auf sich, entrechteter Landarbeiter, schlecht bezahlter Erntehelfer.

Immer wieder kommt es zu Meutereien und Aufruhr. Und um 340 n. Chr. wird daraus ein Flächenbrand.

Revoltierende Banden plündern Gutshäuser, vernichten Schuldscheine. Sie befreien Sklaven, lassen sie in den Kutschen ihrer Herren Platz nehmen und spannen die Besitzer davor; andere Reiche müssen unter Peitschenhieben schwere Mühlsteine antreiben.

Wo Roms Militär die Rebellen zu fassen bekommt, macht es sie nieder; Gefangene werden enthauptet.

Einige donatistische Priester stellen sich hinter die Aufrührer: Immerhin war Jesus ein Freund der Bedürftigen, nicht der Mächtigen. Umgekehrt kleiden Aufständische ihren Ruf nach Gerechtigkeit in Worte des Glaubens. Mancherorts

MITSTREITER, die im Kampf gegen Glaubensfeinde ihr Leben lassen, würdigen die Circumcellionen mit ausschweifenden Trauerfeiern – nichts gilt ihnen mehr als der Märtyrertod

errichten die Menschen weiß getünchte Märtyrer-Schreine auf den Gräbern getöteter Rebellen.

Die donatistischen Kirchenführer halten zwar offiziell meist Abstand von den Aufständischen, schließen aber dennoch in manchen Gemeinden Bündnisse mit den unruhigen Landarbeitern.

Denn der Glaubenskampf in Afrika ist roh. Nicht selten übernehmen Donatisten katholische Ortskirchen mit Gewalt, verprügeln den Priester, zerschlagen das Weihgerät. Oppositionelle in den eigenen Reihen werden mundtot gemacht. Soll ein missliebiger Patron eingeschüchtert, sein Landsitz verwüstet werden, ziehen oft Landarbeiter-Trupps im geheimen Auftrag eines donatistischen Geistlichen los und verrichten Gottes Werk mit Knüppel und Faust.

Nach den niederen Ständen, denen diese Schläger entstammen, werden sie bald mit dem Schmähwort für Tagelöhner belegt: Circumcellionen (ein Begriff,

VIELE DER GLAUBENSKRIEGER sind Landarbeiter, die ihren Lohn teilweise in Form von Wein erhalten – und den bei ekstatischen Festen literweise trinken

der sich auf Weinlager bezieht, aus denen sie einen Teil des Lohns erhalten).

°

IM SOMMER DES JAHRES 347 schickt Kaiser Constans zwei hohe Beamte nach Nordafrika, um die Einheit der Kirche wiederherzustellen. Im Gepäck führen sie Truhen voller Gold.

Mit großzügigen Spenden sollen die Abgesandten donatistische Gemeinden gewinnen, einflussreiche Geistliche persönlich bestechen. Wo das nicht genügt, steht ihnen das Militär der Provinzen zur Verfügung.

Doch in Karthago weist Bischof Donatus die Boten brüsk zurück, ruft empört aus: Was denn der Kaiser mit der Kirche zu tun habe?

Unter feindseligen Blicken ziehen Roms Legaten tiefer ins Land. Als sich ihr Tross der donatistischen Stadt Bagaï im Hochland des heutigen Algerien nähert, zieht der dortige Bischof eine große Schar Circumcellionen zusammen.

Die beiden Beamten aus Rom beschließen, ein Exempel zu statuieren: Besser gerüstet und ausgebildet, richten die römischen Soldaten unter ihrem Kommando in Bagaï ein Blutbad unter Glaubenskämpfern wie Zivilisten an. Den Bischof bringen sie um und werfen die Leiche in einen Brunnenschacht.

Nun verhaftet die Armee auch andernorts Gegner der katholischen Kirche. Manche wie Donatus werden in abgelegene Regionen verbannt, andere mit Peitschen und Stöcken blutig geprügelt, an sandgefüllte Tonnen gebunden und im Meer ertränkt.

Einen Bischof namens Marculus foltern die Schergen, schleppen ihn im Triumph über Land und stoßen den Mann schließlich von einer Klippe.

Erneut sterben Christen im Imperium Romanum als Märtyrer. Diesmal jedoch auf Geheiß anderer Christen.

Katholische Kampfschriften indes verdrehen Mord zu Selbstmord, indem sie behaupten, die Gefangenen hätten sich selbst in den Abgrund gestürzt, in den Brunnen, das Meer.

Ihre Autoren tun den Widerstand der Circumcellionen als Irrsinn ab, von vornherein aussichtslos – suizidal. Sie dichten den Besiegten mit der Zeit immer ausgefallenere Wege an, sich mutwillig ums Leben zu bringen (das meiste, was über die Circumcellionen bekannt ist, stammt aus diesen Kampfschriften; seit Generationen ringen Historiker darum, in den Texten Wahrhaftiges von Verleumdung zu scheiden).

Rund 15 Jahre lang werden die Donatisten unterdrückt. Dann gelangt 360 n. Chr. in Rom noch einmal ein Heide auf den Kaiserthron und beendet die Verfolgung, erlaubt Verbannten die Heimkehr.

Das tut er nicht etwa aus Sympathie – sondern aus reinem Kalkül: „Kein wildes Tier", kommentiert sein Geschichtsschreiber den Entschluss des Imperators, „ist zu den Menschen so grausam wie die Christen untereinander." Sollen sie sich doch gegenseitig zerfleischen.

Die überlebenden Donatisten tauchen aus dem Untergrund auf, kommen aus dem Exil. Doch sie finden ihre Kirchen geschlossen oder in katholischer Hand. Daraufhin erneuern sie ihr Bündnis mit den Circumcellionen.

Deren Schlägertrupps legen Feuer an Häuser und Felder katholischer Priester und Parteigänger, schlagen sie zusammen, vergewaltigen angeblich Nonnen, überfallen Kirchen.

Im algerischen Hochland steigen sie während der Messe auf das Dach einer Basilika, decken es ab und schleudern die Ziegel auf die Geistlichen am Altar, zwei sterben.

Circumcellionen vertreiben Gemeinden aus den Kirchen und geben die vom Feind geweihten Hostien streunenden Hunden zum Fraß, werfen Ampullen mit Salböl auf die Straße, zerbrechen Altäre und schmelzen das Altargeschirr ein. Dann scheuern sie gründlich die Räume und tünchen die Wände in frischem Weiß. Nichts soll bleiben von der katholischen Verderbtheit.

°

VERDERBT ZU SEIN: Eben das sagen entsetzte Katholiken umgekehrt den Circumcellionen nach. Sie seien Wüstlinge, die sich bei wilden Gelagen auf ihre Untaten einstimmen, Unzucht mit losen Weibern treiben, morden – und gar sich selbst töten. Wahnsinnige.

Nicht alles sind haltlose Unterstellungen. Die Wanderarbeiter sind meist jung und ungelernt, ziehen von einer Beschäftigung zur nächsten. Viele sprechen kein Latein, nur das örtliche Punisch. Faustkämpfe und Messerstechereien gehören zum Überleben; ihr Respekt vor Gesetzen ist gering.

Oft sind sie kaum von Landstreichern und Straßenräubern zu unterscheiden. Vor allem während der Erntezeit lungern sie als Tagelöhner truppweise auf den Marktplätzen und warten, dass ein Patron sie für kurze Zeit anheuert – und das kann auch ein Bischof auf der Suche nach Handlangern im Kirchenkampf sein.

Offenbar spezialisieren sich mit der Zeit einige der herumziehenden Trupps auf solche Dienste – manche aus frommer Überzeugung, auch um Rache zu nehmen an den katholischen Unterdrückern; andere für Tagessold oder aus Lust am Plündern, Quälen (zumal, wenn es den Reichen und Überheblichen an den Kragen geht).

Wie die meisten Landarbeiter erhalten die Circumcellionen in donatistischen Diensten einen Teil ihres Lohns in Form von Wein. Und feiern rohe, trunkene Feste, auf denen getanzt wird, gegrölt, geschrien, geflirtet, Prügeleien ausbrechen – auch vor oder nach ihren Einsätzen, wenn sie sich an den Gräbern ihrer heiligen Toten versammeln und rituell auf deren Gedenken anstoßen.

Bischöfe beider Kirchen missbilligen solche Exzesse. Und zahlen doch selbst gemäß dem Brauch in Wein.

Auch Frauen ziehen mit den Trupps umher. Neben ihrem Glauben und der Suche nach Lebensunterhalt mag sie die Lust an der Ungebundenheit treiben, der Unwille, sich einem Ehemann zu unterwerfen. Ob sie sich direkt an der Gewalt beteiligen oder aufs Anfeuern beschränken, ist ungewiss.

Allemal feiern sie mit den Männern, betrinken sich wohl auch mit ihnen. Und wahrscheinlich genießen sie wie in vielen Arbeiterlagern größere sexuelle Freiheiten als sesshafte Frauen (sind aber auch in größerer Gefahr, belästigt oder vergewaltigt zu werden).

Denn die Circumcellionen fürchten zwar Gott, doch ist dies nicht der Gott des sittenstrengen Bürgertums, dem auch die meisten Kirchenführer entstammen – sondern ein Gott der einfachen Leute, die auf dieser Welt wenig zu verlieren haben, weder Ruf noch Standesehre, kein Vermögen.

Und die christliche Erlösung hängt nach ihrem Glauben durchaus nicht von züchtigem Betragen ab. Sondern von Kirchentreue und Opferbereitschaft. Die Circumcellionen verehren einen Gott des Kampfes und der Hingabe, nicht einen Gott des Anstands und der Zurückhaltung.

Heiteres Maßhalten, in religiösen Dingen wie beim Trinken und Lieben: Das entspricht in jenen Tagen eher den Tugenden der Heiden. Immer noch haben die alten Götter zahlreiche Anhänger, besonders in den städtischen Führungsschichten des Römischen Reiches.

Gerade die Gebildeten unter ihnen verbergen kaum ihre Verachtung für die niederen Stände – und für die Christen zumal. Deren Wundergeschichten und Jenseitshoffnung gelten ihnen als vulgär und lächerlich, als eine grobschlächtige Lehre für Sklaven, Waschweiber und Bauerntrampel.

Daher entlädt sich neben dem religiösen Furor auch sozialer Grimm, wenn fanatische Christen – radikal egalitär und antiintellektuell – überall im Reich heidnische Kultstätten schänden.

Sie lynchen Wissenschaftler und Philosophen, verbrennen Bibliotheken. Vernichten Romane, Gedichtsammlungen und gelehrte Abhandlungen, das Lebenswerk überragender Denker.

Überdies zerstören in den folgenden Jahrhunderten Mönche in den Klöstern unzählige antike Schriften, indem sie das Pergament neu beschreiben und die antiken Texte nicht mehr kopieren (Schätzungen zufolge gehen so insgesamt mehr als 90 Prozent des antiken Wissens verloren).

°

BINNEN WENIGER JAHRE gelingt es den Donatisten, ab 362 n. Chr. große Teile Nordafrikas mit Hilfe der Circumcellionen zurückzugewinnen. Anschließend ebbt der Kirchenkampf zwar ab, doch enden die Unruhen und Überfälle nie ganz. Viele Gutsherren befestigen in diesen Jahren ihre Landsitze, errichten Wachtürme, heuern zum Schutz ihrer Familien Söldner an.

Da bricht um 390 n. Chr. unter den donatistischen Kirchenführern ein erbitterter Machtkampf aus.

Zur gleichen Zeit übernehmen neue Männer leitende Ämter der katholischen Kirche in der Region, darunter der ebenso intelligente wie radikale Augustinus, ab 395 Bischof in der Hafenstadt Hippo Regius (spätere Generationen werden ihn als Kirchenvater verehren, als theologischen Wegbereiter).

Augustinus greift die Donatisten öffentlich an, wirbt persönlich um Konvertiten, denunziert die Dissidenten als Unruhestifter. Erneut flammt der Glaubenskrieg auf, schärfer denn je.

Sind sie frühe **Kommunisten?**

Schon die Sprache kennt kein Pardon. Bereits in früheren Zeiten nutzten christliche Eiferer ein hartes Vokabular, beschimpfen Andersgläubige als böse, krank, geistesgestört, minderwertig, sahen in jüdischen Synagogen nichts als Bordelle und Räuberhöhlen. Nun nennt eine donatistische Schrift die Opposition in den eigenen Reihen giftiges Schlangengezücht und Skorpione, Fresser ihrer eigenen Exkremente, Hunde, Luden, Hurenböcke.

Die Bekehrung zur jeweils anderen Kirche verdammen beide Seiten als „Mord“, nämlich an der Seele des Verlorenen. Augustinus predigt „Krieg“ und „Ausrottung“ – bis verschwimmt, was bildlich gemeint ist, was wörtlich.

Aufgepeitschte Circumcellionen brennen katholische Kirchen nieder, die Wohnsitze von Priestern. Abweichler werden aus den Häusern geholt, ausgezogen, zusammengeknüppelt, durch den Straßenkot gezogen. Einem hochrangigen „Verräter“ hängen seine Peiniger tote Hunde um den Hals, treiben ihn unter obszönen Beschimpfungen durch die Straßen, umtanzen und verspotten ihn.

°

BEI EINEM BISCHOF dringen Circumcellionen in die Kirche ein, zertrümmern den Altar, unter den sich der Geistliche geflüchtet hat; einer der Angreifer sticht ihm einen Dolch in den Unterleib. Der Trupp schleppt den schwer blutenden Mann auf die Straße, schleift ihn durch den Staub. Da hat sich die überfallene Gemeinde gefasst, greift ihrerseits an.

Die Katholiken können ihren kaum noch lebenden Bischof bergen, die Circumcellionen ihn zurückzerren, zünden nun die Kirche an, werfen die heiligen Bücher ins Feuer.

Dann schleppen sie den Bischof auf einen hohen Turm, stürzen ihn hinab in eine öffentliche Latrine und lassen ihn dort liegen. Mit wundersamem Glück wird das bewusstlose Opfer gefunden und überlebt.

Anderen Gegnern drücken die Circumcellionen die Augen aus oder verätzen sie mit einem Gemisch aus Kalk und Essig. Das Blenden ist eine hergebrachte Sühne für Verrat – und zugleich ein symbolischer Hohn auf den Verblendeten, der Gottes Wahrheit nicht erkennt.

Ähnlich markiert eine herausgeschnittene Zunge den falschen Prediger. Eine abgeschlagene Hand macht es ihm unmöglich zu schreiben oder zu segnen.

Blutig kahl geschorene Schädel, gebrochene Kniescheiben – stets sollen die geschundenen Körper zur Botschaft werden: Seht her, was er getan hat! Und was die Strafe dafür war.

Zwar geht die Gewalt mitunter selbst donatistischen Priestern zu weit, doch der Hass auf die Rivalen überwiegt.

IN IHRER WUT auf Reiche plündern die Eiferer Gutshäuser, spannen deren Bewohner vor Kutschen, lassen sie unter Peitschenhieben Mühlsteine antreiben

DER KAMPF für ihren Glauben geht bei den Circumcellionen mitunter bis zur Selbsttötung: durch Feuer, das Schwert, den Sprung in die Tiefe

Und der Zugewinn an Macht: Wenn ihre Schlägertrupps beim Einzug eines Bischofs in eine Stadt marschieren, ihre Knüppel schwingen und Männer sowie Frauen gemeinsam rhythmisch skandieren: „DE-o LAU-des! DE-o LAU-des!“ – dann flößt allein schon dieser Auftritt gewöhnlichen Bürgern Furcht ein.

Anschließend feiern und tanzen Gottes Streiter ausgelassen, einige mögen sich einander hingeben, bevor sie unter freiem Himmel einschlafen.

Vermutlich teilen die Gruppen Essen und Trinken, Beute; ansonsten besitzen sie ohnehin kaum etwas über den Augenblick hinaus.

Frühe Kommunisten im strengen Sinn des Wortes (wie es später manche sozialistisch geprägten Historiker sehen werden) sind die Eiferer dagegen wohl kaum; keine Quelle deutet darauf hin, dass sie sich eine Überwindung des Privateigentums in dieser Welt vorstellen können. Allerdings rebellieren sie mit Gewalt auch gegen ihre Ausbeutung, gegen den Hochmut der Reichen und Gebildeten.

Und so wie sich die Revolutionäre des 19. und 20. Jahrhunderts auf die Lehren des Philosophen Karl Marx berufen werden, dient den Circumcellionen das Christentum dazu, ihrem Protest einen Rahmen zu geben. Ihrem Sterben einen höheren Sinn.

°

ALLEIN – GEBIERT DIESES überhitzte Klima von Revolte und Gewalt, aus Todeskult, Glaubenswahn und sündigem Genuss auch rituelle Selbsttötungen, wie von den Gegnern der Fanatiker immer wieder behauptet wird? Die Antwort der Historiker lautet: wahrscheinlich ja, wenn auch wohl nicht in großer Zahl.

Zu jedem Jahrestag wird in den Gottesdiensten jener Zeit erzählt, wie wunderbar und leicht der Märtyrer Marculus einst direkt in Gottes Hände geschwebt sei, nachdem ihn die katholischen Schergen im Jahr 347 vom Fels geworfen hatten. Eine solche Legende weckt verzweifelte Hoffnung unter Außenseitern, die sonst vom Leben wenig zu erwarten haben. Zumal ihre Gefährten jene würdigen, die den Tod der Blutzeugen von 347 nachahmen: Sie sammeln den zerschlagenen Körper ein, verwandeln sein Grabmal in einen heiligen Schrein – und erweisen dem Toten so eine Ehre, auf die er im Leben nie hätte rechnen können.

Andere Circumcellionen nehmen sich in den immer wieder aufflackernden Verfolgungen das Leben aus Furcht vor dem Schmerz der Folter oder davor, dass sie nicht standhalten und Christus leugnen werden. Und mancher Bildersturm, mancher blindwütige Überfall auf ein heidnisches Fest oder eine Prozession kommt tatsächlich einem Selbstmordattentat gleich.

Allerdings wüten die Katholiken ganz ähnlich gegen heidnische Tempel – und töten umgekehrt Heiden bei antichristlichen Ausschreitungen ihrerseits Unschuldige, stecken Kirchen an.

Dennoch: Unter den enthemmten Eiferern im weithin um sich greifenden Glaubenskrieg zählen die Circumcellionen zu den wohl extremsten.

Weiterhin zerstören die christlichen Fanatiker Schuldregister, plündern Lagerhäuser, brennen Landgüter nieder und befreien Sklaven, nehmen Rache an besonders harten Herren. Vorübergehend bringen sie größere Landstriche unter ihre Kontrolle. Einzelne donatistische Kleriker verteilen sogar den besetzten Boden um – allerdings nicht an die Armen, sondern unter den wohlhabenden Gutsbesitzern der eigenen Glaubensrichtung.

Das nutzt vor allem Augustinus von Hippo Regius aus, um die Donatisten allgemein als Gefahr für die öffentliche Ordnung zu geißeln: als Ketzer, Aufrührer und Feinde des Reichs (in dem mittlerweile das Christentum per Dekret zur Staatsreligion erklärt worden ist). Offenbar wirbt er mit seinen Schriften für eine neue Unterdrückung.

Und als im Jahr 410 germanische Invasoren Rom überfallen und die Metropole plündern, erklären einflussreiche Höflinge den Fall der Stadt umgehend zur Strafe Gottes für eine Obrigkeit, die sich lax gegenüber Heiden und Häretikern zeige.

Kurz nach der Katastrophe verbietet der Kaiser im sicheren Ravenna endgültig den Glauben der nordafrikanischen Abtrünnigen.

Über die folgenden Kämpfe ist wenig bekannt. Vermutlich sind sie blutig und geprägt von der Übermacht der regulären römischen Truppen.

Aus Angst vor Verfolgung schließen sich nun viele Donatisten doch den katholischen Gemeinden an.

Auch etliche ihrer Bischöfe und Priester predigen fortan im Namen der zuvor verhassten katholischen Kirche, um sich selbst Einfluss und Macht zu erhalten. Andere flüchten ins Hinterland oder wählen den Märtyrertod.

So gewinnen die Katholiken bald die Oberhand. Und schließlich, um das Jahr 420, verschwinden die Circumcellionen weitgehend aus der Geschichte.

Doch der immer noch schwelende Kleinkrieg zwischen den Donatisten und den Katholiken dauert wohl weiterhin fort und endet auch nicht, als im Jahr 430 die Vandalen Nordafrika erobern – ein germanischer Stamm, der einer dritten Spielart des Christentums folgt und Donatisten wie Katholiken gleichermaßen feindlich gesinnt ist.

Knapp 300 Jahre später, zum Beginn des 8. Jahrhunderts, unterwerfen dann Gläubige einer weiteren Religion ganz Nordafrika: die aus Arabien stammenden Anhänger des Islam. Unter den Muslimen gehen Katholiken wie Donatisten unter.

Was aber nie wieder verschwinden wird, ist die religiöse Gewalt. Diese seltsame, in der Antike zuvor unbekannte Verherrlichung des Todes: der Glaubenskrieg im Namen des einen Gottes und der einzigen Wahrheit. ◊

AUF DEM SCHWER zugänglichen, 360 Meter langen und 250 Meter breiten Hochplateau des Oberleiserbergs im heutigen Österreich errichten germanische Sueben um 380 n. Chr. eine Siedlung, die sie mit einem Wall und einer Palisade gegen Angriffe vorbeiziehender Feinde sichern

Die BASTION

des Germanen

Europa wird im 5. Jahrhundert von der Völkerwanderung erschüttert. Doch nahe der Donau schafft sich ein Germanenfürst eine befestigte Höhensiedlung – ein Refugium, in dem er und sein Gefolge die Ära der Wirren weitgehend ungestört überstehen. Lange Zeit geht das gut. Bis ein neuer, geheimnisvoller Feind gegen die Palisade des Bollwerks anrennt

TEXT: *Tobias Scharnagl*
ILLUSTRATIONEN: *Tim Wehrmann für GEOEPOCHE*

Die alte Welt versinkt im Chaos. Räuberbanden und Krieger ziehen marodierend durch Mitteleuropa, überfallen Dörfer, nehmen Bauern ihr Vieh und ihre Vorräte. Sie vergewaltigen Frauen und Mädchen, und gibt es Widerstand, töten sie die Männer, ermorden auch Kinder, setzen die Höfe in Brand. Niemand ist da, der ihnen Einhalt gebietet.

Denn das Imperium Romanum, einst die Ordnungsmacht auch nördlich der Alpen, zerfällt.

Germanische Völkerscharen sind seit dem Ende des 4. Jahrhunderts von Norden und Osten her über die Grenzen geströmt, haben immer größere Territorien des einst so stolzen Römerreichs erobert. Aus dem mächtigsten Staatswesen der Antike ist ein Torso geworden, der nicht mehr imstande ist, sich gegen die Eindringlinge zu verteidigen.

Jetzt, um das Jahr 450 n. Chr., hat sich die römische Armee vielerorts schon aus den Grenzregionen zurückgezogen, die Sicherung dieser Gebiete germanischen Stämmen überlassen. Doch die vermeintlichen Verbündeten drangsalieren die Bauern oft zusätzlich, werden zu einem weiteren Akteur eines anarchischen Ringens, das den Kontinent mehr und mehr aufreibt.

Nur ANHÖHEN *BIETEN noch* SCHUTZ

Germanen töten Römer, Römer töten Germanen, Germanen töten Germanen. Und die Hunnen, Reiter aus den Steppen Zentralasiens, töten jeden, der sich ihnen in den Weg stellt.

Besonders hart trifft es die Menschen im heutigen Niederösterreich. Hier ist das Beben, das Historiker später die „Völkerwanderung“ nennen werden, so heftig wie kaum irgendwo sonst.

Nur Berge und Anhöhen bieten in dieser Region noch Schutz. Sie sind, mitten im Chaos, Inseln der Ruhe. Immer mehr Menschen ziehen sich in jenen Jahren auf Erhebungen zurück. Zwar bleiben sie auch dort bedroht von den Umwälzungen ihrer Zeit – aber im Vergleich zu den Bewohnern der Täler und Ebenen haben sie weitaus bessere Chancen, einigermaßen unbehelligt leben zu können.

Eine dieser Höhensiedlungen liegt auf dem 460 Meter hohen Oberleiserberg, 40 Kilometer vom heutigen Wien entfernt, unweit der Grenze des Römischen Reiches im Territorium der Germanen. Archäologen haben die ungewöhnlich gut erhaltenen Überreste des Ortes freigelegt, dabei Schmuck, Waffenteile und Geschirrscherben entdeckt. Ihre Funde ergeben ein einzigartiges Bild: den Alltag einer germanischen Schar in der Ära der Völkerwanderung.

Errichtet wird die Siedlung wohl um 380 n. Chr. – vielleicht im Auftrag Roms. Gut möglich, dass sie als Außenposten dem Schutz des Imperiums dienen soll. Die Germanen, die die Siedlung bauen, gehören zu den Sueben, einem Stamm aus der Region, der die römische Kultur bewundert und dem Reich treu ergeben ist – vielleicht im Glauben, es werde ewig bestehen.

Auch um 450 n. Chr., als das Imperium Romanum zusehends zerfällt, steht der suebische Fürst, der mit seinem Gefolge auf dem Oberleiserberg lebt, wohl noch immer fest an Roms Seite.

Er hat die Siedlung auf dem 360 Meter langen und 250 Meter breiten Hochplateau mit einer mächtigen Befestigungsanlage sichern lassen. Seine Männer haben den Graben und den Geröllwall erweitert, hölzerne Palisaden in den Boden gerammt.

EIN REITER durchquert den Zugang zur Residenz des Fürsten in der Höhensiedlung. Der adelige Herr wohnt in einem Palast, der nach römischem Vorbild erbaut wurde

Am Westrand der Anlage erhebt sich das fast 40 Meter lange Herrenhaus mit Steinfundament, Fachwerkwänden, Dreiecksgiebeln und einer imposanten Fassade.

Vor den Wohnräumen, in denen die Verwandten und Vertrauten des Stammesoberhaupts schlafen, essen und arbeiten, liegt ein gewaltiger Saal; dort empfängt der Fürst Gäste. Kanäle im Fußboden, durch die heißer Wasserdampf geleitet wird, sorgen hier auch im Winter für Wärme.

Neben der Residenz gibt es noch weitere Wohnhäuser, vermutlich ein paar Dutzend, in denen einige Hundert Menschen leben.

Über den Dächern wabert dunkler Rauch. Aus den zehn Öfen, die auf dem Plateau stehen, strömt der Duft frisch gebackenen Brots. Neben Getreide bauen die Sueben Gemüse an, Kohl und Rüben etwa, halten zudem Gänse und Kühe, Schafe und Ziegen.

In Werkstätten fertigen Weberinnen Stoffe. Die sind in Grubenhäusern, wo die Luft kalt und feucht ist, was verhindert, dass die auf Rahmen gespannten Leinenfäden austrocknen oder reißen. Die Fäden weben die Frauen zu langen Bahnen, verarbeiten auch Schafwolle, Ziegenhaar und Hanfgarn zu kunstvoll verzierten Tuchen.

Die Männer tragen Hosen, darüber ein langes Hemd und einen Gürtel mit metallischer Schnalle. Die Frauen hüllen sich in Tuniken, wie die Damen in Rom es tun. Im Winter legen sie Wollumhänge um die Schultern.

Zu den vertrauten Geräuschen in der Siedlung gehören das Schnattern der Gänse und die Schreie der Kälber – oft nur übertönt von dem metallischen Hämmern aus der Schmiede, die zwischen den Häusern liegt.

Hier fertigt ein Handwerker die Waffen der Krieger. Die suebischen Fußsoldaten tragen ein *sax*, ein einschneidiges Kurzschwert. Die Reiter kämpfen mit der *spatha*, einem zweischneidigen Schwert von bis zu 90 Zentimeter Länge mit extrem harter Klinge. Dazu tragen die Sueben kurze Stoßlanzen, für den Nahkampf.

Die begehrtesten Waffen sind jene Kurzschwerter, die mit der nahezu unzerstörbaren Damaszenerklinge ausgestattet sind. Dafür muss der Schmied verschiedene Stähle zusammenfügen: eine harte, schweißtreibende Arbeit, die Meisterschaft erfordert und oft mehrere Wochen dauert.

Verdiente Krieger lassen in der Werkstatt des Feinschmiedes zudem den Griff ihres Schwertes vergolden. Dafür muss der Meister wohl einige der seltenen römischen Münzen einschmelzen. Damit sich das Edelmetall besonders gut mit

JAHRHUNDERTELANG ist die Donau die nordöstliche Grenze des Imperium Romanum. Die Festung der mit Rom verbündeten Germanen auf dem Oberleiserberg dient als vorgeschobener Stützpunkt des Reiches

dem Untergrund verbindet, gibt er Quecksilber hinzu, das er später wieder durch Verdampfen über dem Feuer entfernt.

Gut möglich, dass auch in diesen Zeiten, in denen das Imperium zerfällt, sich immer noch römische Gesandte zum Anwesen des Fürsten durchschlagen, um die Lage in der Region zu erörtern.

Bei solchen Gelegenheiten gibt das Stammesoberhaupt ein Festmahl, lässt im großen Saal des Herrenhauses geschmortes Rind und gebratene Gänse auftragen.

Dienerinnen bringen Linsen, Kohl und Rüben, frischen Mangold, garniert mit Dill, Koriander und Bohnenkraut. Es gibt Wein und Bier in edel gearbeiteten Krügen und Gläsern. Anders als die Bauern im Tal, die aus groben, handgetöpferten Keramikbechern trinken, nutzen die Gäste feine, scheibengedrehte Gefäße – oft aus dem Römischen Reich importiert.

Die Waren aus dem Imperium, neben Geschirr gehört auch Schmuck dazu, schätzen die Menschen auf dem Oberleiserberg besonders. Das Geld dafür lagert wahrscheinlich im hinteren Teil des Hauptgebäudes, in einem tief in den Felsen gehauenen Keller: Unter einer hölzernen Falltür am Boden liegen römische Münzen, selten geworden, seit das Straßennetz verfällt. Mit ihnen bezahlen die Sueben die wenigen Händler, die noch den Weg zu ihnen finden.

Doch bei aller Begeisterung für alles Römische: Den christlichen Glauben übernehmen sie nicht. In Köln und Trier sitzen katholische Bischöfe, andere Germanen wie Vandalen und Goten beten längst zum Kreuz. Doch die Sueben folgen dem Glauben ihrer Vorfahren; nirgendwo in der Anlage finden sich Spuren des Christentums, das bei den Römern rund 60 Jahre zuvor zur Staatsreligion erhoben worden ist. Wahrscheinlich versammeln sich die Sueben an den Ufern der Donau, um Wotan, dem höchsten ihrer Götter und Heiler von Mensch und Tier, Statuen und Waffen zu opfern und ihn so zu besänftigen.

Wer auf dem Oberleiserberg stirbt, den tragen seine Zeitgenos-

EINIGE HUNDERT Menschen leben auf dem Plateau. Sie sind nahezu autark, bauen viele Lebensmittel an, fertigen Waffen und Gerätschaften

IM REPRÄSENTATIVEN Festsaal seiner Residenz empfängt der Fürst (in der Mitte sitzend) Gesandte des römischen Imperiums, die sich zu ihm durchgeschlagen haben

sen hinab ins Tal. Die Menschen begraben ihre Toten in Kisten aus Stein oder Holz. Den Frauen geben sie Kämme und Ohrringe mit ins Totenreich, Armreife aus Bronze, Eisen oder Knochen und Fingerringe, wie Forscher später herausfinden werden. Dazu Gefäße aus Glas: Becher mit blauen Tupfen, grüne, langhalsige Flaschen mit geripptem Bauch. Auch die Männer erhalten Schmuck: eiserne Gürtelschnallen und Fibeln, kunstvolle Spangen, die an die rechte Schulter gesteckt werden und den Mantel zusammenhalten.

Gefallene Krieger werden zuweilen mit ihren Pferden beerdigt, die, aufgezäumt und gesattelt, ihre Reiter ins Jenseits tragen sollen.

Die größten Ehren erweisen die Sueben ihren Fürsten. In einem Herrschergrab finden Archäologen einen massiven Halsring, Teile eines mit Gold verzierten Schwertes und mit Edelmetall beschlagenes Zaumzeug für drei Reitpferde.

Von dem Fürsten auf dem Oberleiserberg aber haben die Forscher keine Ruhestätte entdeckt. Möglicherweise wird er überhaupt nicht begraben – weil seine Gefolgsleute mit ihm sterben.

Eines Tages, irgendwann im späten 5. Jahrhundert, prasseln Pfeile auf die Dächer der suebischen Siedlung, zerschmettern Geschosse aus Eisen ihre Häuser, bedroht ein sich rasch ausbreitendes Feuer Männer, Frauen, Kinder und Vieh. Ein Inferno.

Wer sind die Angreifer? Vielleicht jene Goten, von denen ein Chronist berichtet, sie seien im Jahr 469 herangezogen und hätten ein Heer von Sueben und mit ihnen verbündeten Alemannen vernichtet? Niemand weiß es. Auch die archäologischen Untersuchungen können kein Licht in dieses Dunkel bringen.

Unbestritten nur ist, dass die Siedlung auf der Bergkuppe irgendwann in dieser Zeit untergeht – und dass sich die Spur der Sueben in Österreich bald darauf, so um das Jahr 540, ganz verliert.

Vermutlich werden sie von den Langobarden unterworfen, einem ursprünglich vom Unterlauf der Elbe stammenden Germanenvolk, das in die Region gezogen ist und später in Italien ein eigenes Reich errichten wird.

Doch der Name der Sueben bleibt. Gut möglich, dass es Überlebende aus der Schlacht gegen die Goten sind, die ins Siedlungsgebiet der Alemannen wandern und sich dort niederlassen.

Jedenfalls erinnert noch heute das Wort „Schwaben" an jenes Volk, das im 5. Jahrhundert vor allem im heutigen Österreich lebte.

Unter anderem auf dem Oberleiserberg: einer kleinen Insel, umspült vom Chaos der Völkerwanderung. ◊

536

Ein Vulkanausbruch im Jahr 536 n. Chr. stürzt die Welt in eine Katastrophe unvorstellbaren Ausmaßes: Eine gigantische Aschewolke, bei der Eruption in die Luft geschleudert, legt sich über die nördliche Hemisphäre. Nur noch diffuses Sonnenlicht durchdringt den allgegenwärtigen Rauch, Ernten fallen aus, Hungersnöte fordern zahllose Opfer. Doch das ist nur der Auftakt zu einer globalen Ära des Schreckens

ES IST VERMUTLICH einer der verheerendsten Vulkanausbrüche der Geschichte: Die Explosion von 536 n. Chr., wahrscheinlich auf Island, schießt gewaltige Mengen an schwefelhaltigen Partikeln in die Atmosphäre – und am Boden wird es dunkel und kalt

TEXT:
Reymer Klüver

Eigentlich hätten dies strahlend schöne Frühlingstage werden können – so wie man sie kennt in Konstantinopel: der Himmel kobaltblau, die Sonne gleißend auf dem Wasser des Bosporus. Doch Ende März 536 ist plötzlich alles anders in der Hauptstadt des Byzantinischen Reiches.

Zuerst bebt die Erde. Dann kommt Sturm auf, verwandeln unablässige Böen das Marmarameer in einen Gischt sprühenden Wellenteppich. Zudem verdunkelt sich noch die Sonne. Bleich steht der Himmelskörper am Firmament, sein „Licht nichts als ein fahler Schatten", wie es ein Chronist beschreibt.

Eine Wolkendecke hat sich über den Himmel geschoben, ein lückenloser Schleier. Bläulich blass schimmert die Sonne tagsüber nur wenig heller als der Mond. Dessen Schein wiederum ist des Nachts glanzlos und matt.

So beginnt, wie ein Gelehrter notiert, ein „Frühling ohne Milde". Eine Klimakatastrophe, die die zivilisierte Menschheit so wohl noch nicht erlebt hat.

Und das nicht nur in Konstantinopel. An vielen Orten wird die geheimnisvolle Dunkelheit beobachtet. Sie erfasst weite Teile der nördlichen Hemisphäre und erstreckt sich von Europa, wo Geschichtsschreiber sie in den Annalen festhalten werden, über Kleinasien bis vermutlich nach Nordchina.

Im alten Zweistromland zwischen Euphrat und Tigris und selbst im fernen Japan spüren die Menschen eine beklemmende Veränderung des Wetters. Dürre, Kälte, eine Verschiebung der Jahreszeiten.

Ein Jahr ohne Sommer beginnt, das am Anfang der wohl kältesten Dekade der vergangenen 2000 Jahre steht – des vielleicht schlimmsten Jahrzehnts der Menschheit.

Es bringt Hunger und Krankheit, Pest und Tod. Millionen Menschen fallen ihm zum Opfer. Es entvölkert ganze Landstriche, lässt Europas Wirtschaft in sich zusammenfallen und zwingt komplette Völkerschaften dazu, ihre Heimat zu verlassen; mehrere Reiche zerbersten.

So erweist sich die merkwürdige Wolkenschicht über Konstantinopel im März 536 als Bote einer globalen Heimsuchung. Denn sie lichtet sich nicht, sondern verharrt Monat um Monat am Himmel.

Und niemand, wirklich niemand hat dafür eine Erklärung. „Wir verwundern uns, dass wir des Mittags keine Schatten sehen, dass wir die sengende Kraft der Sonnenwärme nur noch schwach verspüren", notiert voller Sorge der römische Staatsmann Cassiodor, der in Italien die Regierungsgeschäfte führt. Wird es eine Sonnenfinsternis ohne Ende?

Wird die **FINSTERNIS** *nie enden?*

Vermutlich erfasst Panik die Menschen, auch wenn die Quellen dazu nur Andeutungen hergeben. Womöglich kommt es sogar zu Unruhen. Die Christen fürchten den Zorn Gottes: Ist dies der Anfang vom Ende, der Beginn des Weltuntergangs? Naht die im Neuen Testament prophezeite Apokalypse?

Abgesehen vom seelischen Druck spüren die verängstigten Menschen sehr bald die physischen Folgen der Dauer-Sonnenfinsternis: „In den Monaten, in denen das Getreide hätte reifen sollen, brachten nördliche Winde Kälte. Regen bleibt aus, und die Bauern fürchten neue Fröste", berichtet Cassiodor im Spätsom-

WIE EIN gigantischer Pilz überwuchert die dem Vulkan entströmende giftige Gas- und Staubwolke binnen kurzer Zeit weite Teile des Globus

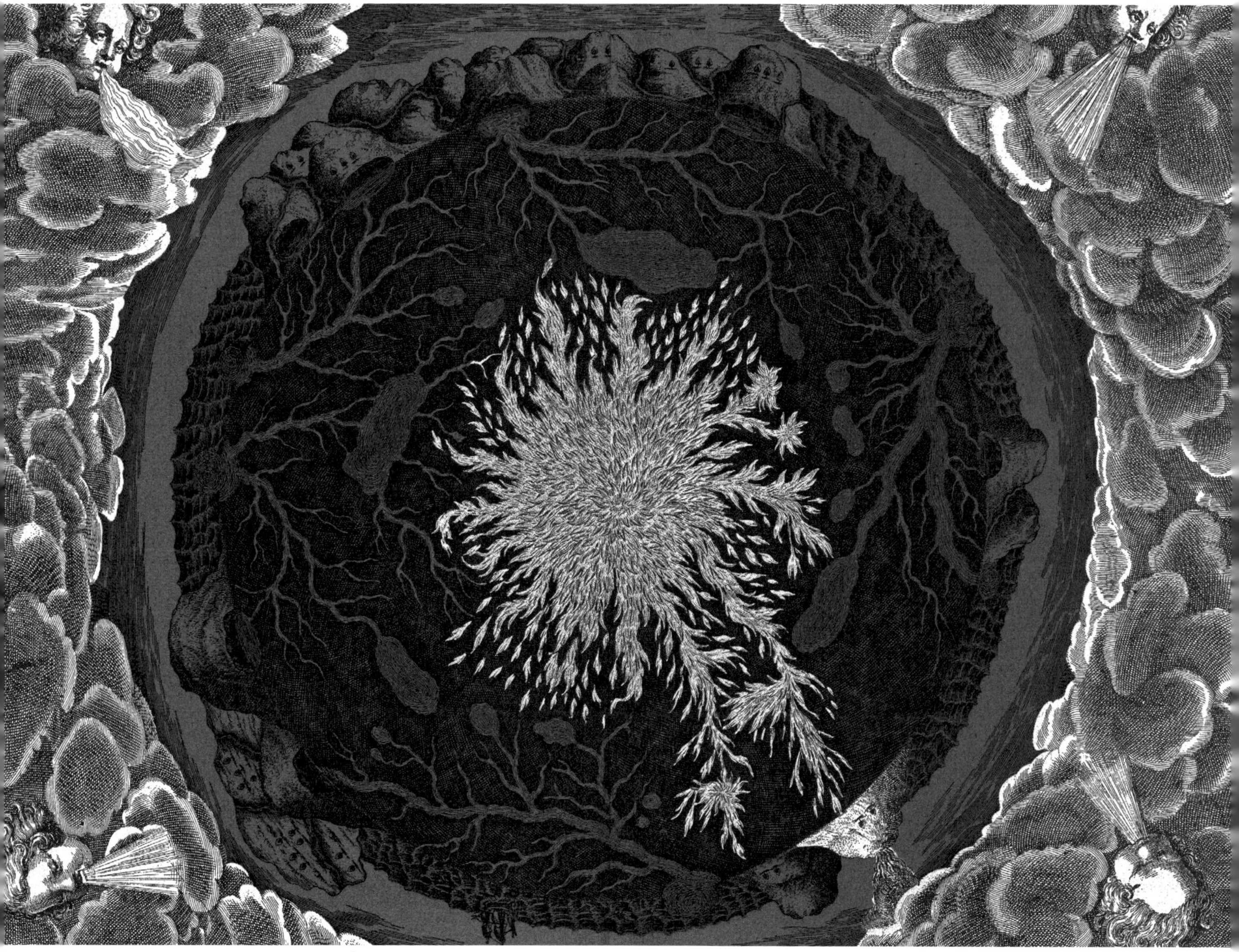

mer 536. Die Ähren verkümmern am Halm, die Früchte an den Bäumen, das Gemüse gelangt nicht zur Reife. Das Jahr bringt eine verheerende Missernte.

Schnell werden Nahrungsmittel knapp, viele Menschen hungern im Byzantinischen Reich und Mittelmeerraum. Der Herrscher des Ostgotenreichs in Italien gibt Vorräte aus königlichen Getreidespeichern frei. Über die Adria hinweg müssen Lastensegler Ravenna mit Korn aus Istrien versorgen. Tausende Menschen treibt die Dürre in Persien ins byzantinische Syrien. In Irland vermelden Chronisten „Brotmangel".

Im fernen China schneit es im Jahr darauf schon im August. Gleich zwei Ernten fallen aus: die von 537 sowie die zwölf Monate später. Dass in den vorangegangenen Jahren bereits vielerorts extreme Trockenheit herrschte, verschärft die Situation sicherlich. Stürme überziehen das Land mit einer dicken Schicht feinen, gelben Staubs aus der Wüste Gobi.

In einer chinesischen Provinz hat die Knappheit furchtbare Folgen – denn es kommt zu Kannibalismus, wie Beamte festhalten. Die Hungernden sterben in Massen, sieben von zehn Menschen kommen um. Die Überlebenden verzehren die Leichen, um am Leben zu bleiben.

Auch in Japan vermerken Regierungsschreiber eine Hungersnot. Selbst im tropischen Reich der Maya herrscht Mangel. Und in Mesopotamien bringt ein ungewohnt strenger Winter Frost und Schnee, verenden Vögel in Scharen.

Ratten tragen die **SEUCHE** *von Dorf zu Dorf*

Die Menschen leiden unter den Folgen der mysteriösen Verdunkelung, ohne das Ausmaß der Katastrophe erfassen zu können. Später werden Klimahistoriker rekonstruieren, dass sie im Jahr 536 einen dramatischen Temperatursturz von 1,5 bis 2,5 Grad Celsius erdulden mussten, ausgelöst durch einen enormen Rückgang der Sonneneinstrahlung, auf der nördlichen Erdhalbkugel wohl um mehr als zehn Prozent. Das Licht wird durch die Wolken absorbiert und gelangt nicht mehr bis auf die Erdoberfläche.

Die Kälteperiode werden Forscher später im verringerten Wachstum der Bäume nachweisen – in Argentinien wie in Kalifornien, in Skandinavien und Sibirien, in Irland und Polen, in Finnland und der Mongolei. Selbst im fernen Tasmanien werden die Jahresringe bald dünner.

Und während die Menschen mit den Nachwirkungen der Klimakatastrophe kämpfen, bahnt sich unbemerkt neues Unheil an – noch weitaus schrecklicher als die lange Zeit der unerklärlichen Dunkelheit.

°

AUSLÖSER IST EIN KLEINER FLOH, den die veränderte Witterung in Bewegung setzt. Er trägt den Pestbazillus Yersinia pestis wohl aus dem Hochland Ostafrikas über Ägypten nach Europa sowie den Mittleren Osten und dann weiter bis nach China. (Manche Theorien gehen von anderen Ursprungsorten und Routen aus.)

Die Region um die großen Seen Ostafrikas ist damals (und heute) ein Naturpestherd. Der Pestbazillus kommt dort permanent vor. Übertragen wird er von Flöhen. Die befallen normalerweise zwei dort lebende Maus-Spezies.

Durch die Temperaturverschiebung des Jahres 536 vermehren sich diese Nagetiere mehr als sonst. Und da ein Mäusepaar bis zu 1000 Nachkommen hat, drängen die Tiere in menschliche Siedlungen, um in Vorratskammern und Kornspeichern nach Nahrung zu suchen. Und treffen auf Ratten, die von jeher in der Nähe des Menschen leben.

WELTWEIT bewirkt die Naturkatastrophe Missernten, in Norditalien hungern die Menschen ebenso wie in China, wo es sogar zu Kannibalismus kommt

AUF DEN HUNGER f[illegible] die Seuche: Wenige J[illegible]e nach dem Vulkanaus-[illegible] bruch befällt die Pest [illegible] Nordafrika, Europa u[illegible] Vorderasien. Millione[illegible] Menschen sterben

Den Mäusen macht der Pestbazillus nichts aus; sie sind gegen ihn immun. Bei seinem Überträger, dem Floh, aber verstopft der Erreger die Verdauungsorgane. Die Insekten sind daher dauernd hungrig. Sie springen auf alles, was sich in der Nähe ihrer Wirtstiere bewegt – jetzt auch auf die Ratten.

Mit den Ratten gelangt der Bazillus nun sehr schnell von Dorf zu Dorf, von Lagerhaus zu Lagerhaus bis in die Hafenstädte an der Küste Ostafrikas. Von dort aus wird vor allem Elfenbein in Mengen nach Norden verschifft, bestimmt für Werkstätten in Konstantinopel und anderen Städten am Mittelmeer, wo Handwerker daraus Möbel, Reliquienkästen oder Kinderspielzeug schnitzen. Über das Rote Meer segeln die schwer beladenen Frachtschiffe in den Golf von Suez und von dort weiter über den alten Nilkanal bis zur Hafenstadt Pelusium am Nildelta. So auch im Jahr 541 – doch diesmal ist die Pest mit an Bord.

Etwa im Juli jenes Jahres bricht die Seuche in Pelusium aus. Und dennoch gehen aus der Stadt weiterhin Schiffe in die Häfen des Mittelmeers ab, auch nach Konstantinopel.

Dort sind viele Menschen inzwischen geschwächt; die Hungerjahre haben sie entkräftet, und wegen der geringen Sonneneinstrahlung leiden sie vermutlich unter

IN ETLICHEN Weltgegenden, etwa England, kommt es zu großen Umwälzungen, die alte Ordnung endet im Chaos

Vitamin-D-Mangel (und sind daher besonders anfällig für die Krankheit).

Etwa 100 Tage lang wüten die Lungen- und die Beulenpest in der Kaiserstadt. Manche Infizierte, so berichten die Chronisten, brechen auf der Straße mitten im Gespräch zusammen, Handwerker bei der Arbeit, noch mit dem Werkzeug in der Hand, andere erst nach tagelangem Leiden und hohem Fieber.

Die Kranken sind voller Eiterbeulen, einige spucken Blut. Die Gassen hallen von Klagen der Sterbenden wider, die nur noch ein unheimliches Krächzen hervorbringen, denn die Stimmbänder gehorchen ihnen nicht mehr.

Gegenmittel gibt es nicht. Binnen weniger Tage stinkt Konstantinopel nach Tod. Leichen verwesen auf offener Straße, weil niemand sie mehr fortschafft. Auch Kaiser Justinian wird von der Krankheit befallen, übersteht sie aber.

Er ordnet die Bestattung der Toten vor den Stadtmauern in riesigen Massengräbern an, in die Zehntausende Leichen geworfen werden. Wohl mehr als ein Viertel der rund 400 000 Einwohner überlebt die ersten Monate des Todesreigens nicht.

Insgesamt verliert das byzantinische Imperium vermutlich ein Drittel seiner Bevölkerung. Von Pelusium ist die Pest weiter nach Alexandria und in andere Mittelmeerhäfen gezogen. Von dort und von Konstantinopel breitet sie sich in alle Himmelsrichtungen aus, unaufhaltsam, bis hinauf nach Irland und womöglich sogar Finnland. Die erste gesicherte Pestpandemie der Geschichte fordert in Europa Schätzungen zufolge 30 Millionen Tote.

Zwar erklärt Justinian die Seuche 544 offiziell für besiegt. Doch das bleibt ein frommer Wunsch, in den folgenden Jahrzehnten wird sie in Wellen immer wieder über Menschen in Europa hereinbrechen.

Und nicht nur dort. Soldaten des Erzfeindes Persien stecken sich bei den byzantinischen Truppen an. Von dort zieht der Todesbazillus vermutlich die Seidenstraße entlang bis nach China.

Die Folge von Klimaveränderung und Pest ist eine Welt in Aufruhr. An vielen Orten in Europa brechen Krisen aus, die zu mächtigen Bevölkerungsverschiebungen führen.

In England ziehen zur Mitte des 6. Jahrhunderts die Angelsachsen, eingewanderte Germanen, gegen die einheimischen keltischen Briten. Die hat die Pest mit voller Wucht getroffen, weil sie Handel mit den Mittelmeerländern treiben. Dagegen sind die Angelsachsen, die kaum Kontakte zum europäischen Festland haben, weitgehend verschont geblieben und sehen nun die Gelegenheit, die alteingesessenen Briten zu attackieren.

Binnen weniger Jahrzehnte drängen die Angelsachsen die geschwächten Kelten bis ins heutige Schottland, Wales und Cornwall zurück.

Und auch anderswo kommt es zu epochalen Umwälzungen.

°

SO VERDRÄNGEN AN NORDAMERIKAS Atlantikküste aus dem Norden herunterziehende Stämme, die vermutlich vor der zunehmenden Kälte fliehen, die bislang dort siedelnden Völker, wie Archäologen aus Ausgrabungen an der Küste von North Carolina schließen konnten.

Außerdem lässt sich erkennen, dass in Florida größere Landgebiete wegen des sinkenden Meeresspiegels bewohnbar werden – offenbar, weil sich in der einsetzenden Kälteperiode mehr Eis bildet.

Und in Mexiko beginnt in dieser Zeit der Niedergang des Reiches von Teotihuacán, der mächtigen Metropole im mexikanischen Hochland (siehe Seite 46), möglicherweise nach verheerenden Dürren infolge der Klimaveränderungen.

Und so ist es vermutlich kein Zufall, dass die Mitte des 6. Jahrhunderts weltweit eine Zäsur bildet. Völker setzen sich in Bewegung, Reiche vergehen und werden neu gegründet, in Peru etwa das Imperium der Huari, ein Vorläufer des Inka-Reiches.

Für die meisten Menschen jener Zeit in Europa wirken all diese Veränderungen wie eine Strafe Gottes. Heutige Forscher versuchen aber zu rekonstruieren, wie es zu diesen schrecklichen Jahren gekommen ist.

Was hat diese Dramen ausgelöst?

Untersuchungen von Bohrkernen von Gletschereis aus Grönland und der Antarktis sowie der Schweiz lassen Klimaforscher vermuten, dass es im Jahr 536 zu einer ungeheuer starken Vulkaneruption gekommen sein muss, manche nehmen an auf Island.

Bei einer solchen Explosion schleudert ein Feuerberg neben riesigen Mengen Wasserdampf auch feinste Schwebepartikel in die Atmosphäre. Dort bilden sie eine Staubschicht, die das Sonnenlicht abfängt – und formen offensichtlich jene geheimnisvolle Wolke, die über Konstantinopel und Rom die Sonne verdunkelt.

Da der Ausbruch so mächtig ist, erstreckt sich der Staubschleier über Hunderttausende Quadratkilometer. Die Schwebeteilchen sind zudem so leicht, dass der Staub über Jahre in der Atmosphäre verbleibt (bevor er sich etwa auf Gletschern in Grönland, der Antarktis und der Schweiz absetzt und dort im Eis konserviert wird).

Überdies muss es vier Jahre später zu einem weiteren, ungewöhnlich heftigen Vulkanausbruch gekommen sein. Diesmal wohl in den nördlichen Tropen, womöglich in El Salvador oder Indonesien.

Die Aschewolke dieser zweiten Eruption ist erstaunlicherweise in keiner Chronik verzeichnet. Aber die Folgen auf die Ernten weltweit und auf das globale Klima sind so kurz nach dem Ausbruch von 536 besonders verheerend. Das Klima auf der Nordhalbkugel kühlt sich für die folgenden mehr als 100 Jahre spürbar ab.

Forscher haben einen eigenen Namen für diese von zwei Mega-Eruptionen ausgelöste Kälteperiode geprägt: kleine spätantike Eiszeit. Deren Ende wird grob auf das Jahr 660 geschätzt. Ihr Beginn indes lässt sich genau festlegen: auf das Jahr 536.

Das vielleicht verhängnisvollste in der Geschichte der Menschheit. ◊

7. Jh. 691 Felsendom

Monu

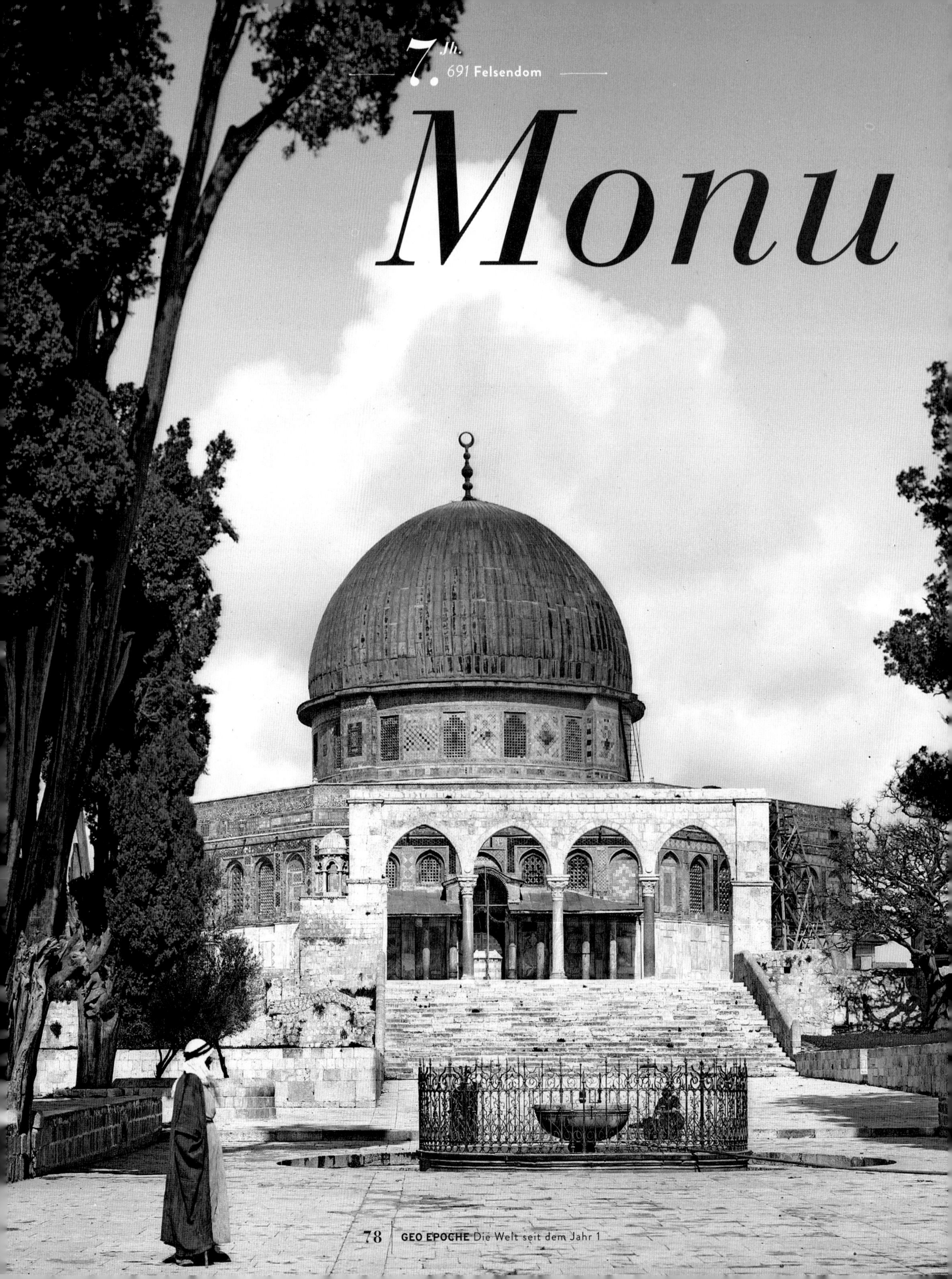

ment des **GLAUBENS**

TEXT: *Johannes Strempel*

Im Jahr 637 erobern Muslime Jerusalem. Als Zeichen ihres Triumphes errichten sie hier, in der heiligen Stadt der Juden und Christen, bald darauf einen reich verzierten Sakralbau mit goldener Kuppel: den Felsendom. Doch das Meisterwerk ist nicht nur Ausdruck der islamischen Expansion – sondern auch eines Konflikts, der die junge Glaubensgemeinschaft zu zersetzen droht

Vierzig Wächter hat der Kalif abgestellt, um den heiligen Stein zu beaufsichtigen und ihn an zwei Tagen der Woche feierlich zu pflegen. Bevor sie wie an jedem Montag und Donnerstag mit der Zeremonie beginnen, waschen und reinigen sich die Männer im nahe gelegenen Badehaus, legen reich bestickte Gewänder aus Seide sowie goldverzierte Gürtel an. Dann begeben sie sich zur sakralen Stätte und treten in eine kreisrunde Säulenhalle.

Frühes Sonnenlicht scheint durch die 16 Fenster unterhalb der mächtigen Kuppel und erhellt den gemaserten Marmor der Säulen und Pfeiler, die Mosaiken an den Wänden – und den uralten Felsen, der fast den gesamten Boden des Runds ausfüllt. Etwa 18 Meter lang ist er, 13 Meter breit und gelblich schimmernd, wie es typisch ist für den Kalkstein in den Bergen um Jerusalem.

Am Vorabend haben die Männer Safran, Moschus und das Harz des Amberbaums mit feinstem Rosenwasser aus dem südlichen Persien zu einem Parfüm vermengt, das sich im Lauf der Nacht zu einer duftenden Essenz veredelt hat. Nun beginnen sie, es auf die Oberfläche des Steins aufzutragen, klettern dann mit blanken Sohlen auf den Felsen, um ihn überall damit einzureiben.

Die Wächter gehen langsam vor, ehrfürchtig und sorgsam. Denn dies ist der Felsen, an dem Gott den ersten Menschen erschaffen hat. Hier hätte Abraham, Stammvater sowohl der Juden, der Christen wie auch der Muslime, diesem Gott beinahe seinen Sohn geopfert.

David, der legendäre König von Juda und Israel, wollte dem Herrn an dieser Stelle einen Altar weihen, sein Sohn Salomon erbaute hier den ersten jüdischen Tempel. Die Bundeslade mit Gottes Zehn Geboten, so heißt es, ruhte fortan auf ebendiesem Stein.

Und jetzt, im ausgehenden 7. Jahrhundert n. Chr., bildet die Felsplatte den Mittelpunkt eines Monuments, das die derzeitigen muslimischen Herren der Stadt errichtet haben.

EINST STAND auf dem Berg der jüdische Tempel. 691 n. Chr. wird dort der Felsendom vollendet

WOHL ZUR GLEICHEN ZEIT wie der Hauptbau entsteht direkt daneben der kleinere Kettendom – möglicherweise als eine Art Modell

Qubbat as-Sachra („Kuppel des Felsens") heißt das Bauwerk: der Felsendom.

Die Wächter lassen Vorhänge herab, die sich entlang der Säulen um den heiligen Stein spannen, und schwenken in dem so entstandenen Raum Fässchen mit Räucherwerk aus aromatischen indischen Hölzern. Erst als die ganze Rotunde zwischen dem Felsen und der Kuppel über ihm von dem Duft erfüllt ist, lüpfen sie die Vorhänge wieder, und der Rauch treibt durch die vier offenen Tore ins Freie.

Hinaus zu den Gläubigen, die jetzt ins Innere des achteckigen Gebäudes dürfen, das verziert ist mit Marmor und farbigen Mosaiken, der zentrale Rundbau gekrönt von einer 36 Meter hohen, golden funkelnden Kuppel.

Es ist ein Monument des Glaubens. Und zugleich ein politisches Symbol, in dem sich der Siegeszug einer Religion manifestiert, die erst 80 Jahre zuvor in der arabischen Wüste geboren wurde – und nun Gläubige von Nordafrika bis zu den Bergen des Hindukusch in einem Bekenntnis vereint: Es gibt keinen Gott außer Gott, und Mohammed ist der Gesandte Gottes.

Wohl um das Jahr 610 n. Chr. ist jenem Mohammed, einem Kaufmann mittleren Alters aus der Wüstenstadt Mekka, in einer Vision der Erzengel Gabriel erschienen, so heißt es in der muslimischen Überlieferung. Mohammed begriff sich fortan als Gesandter des *einen* Herrn und begann, gegen die Vielgötterei seiner Heimat einen bedingungslosen Monotheismus zu predigen – das Wort *islam* bedeutet „sich unterwerfen".

Der Felsen, an dem **ALLES** *begann*

Mehr und mehr Anhänger scharten sich um ihn, und es waren Menschen, die für den neuen Glauben nicht nur zu beten, sondern auch zu kämpfen bereit waren: Binnen weniger Jahre eroberten sie mit ihrem Propheten an der Spitze Teile der Arabischen Halbinsel, darunter einen Korridor von Mekka bis an die syrische Grenze.

Doch erst nach dem Tod Mohammeds im Jahr 632 begann die eigentliche islamische Expansion: Unter dem ersten von der Gemeinde als Nachfolger gewählten Kalifen, dem „Stellvertreter" des Gesandten Gottes, brachten die Muslime die ganze Arabische Halbinsel unter ihre Kontrolle, später drangen sie weit in das Herrschaftsgebiet der persischen Sasaniden und des Byzantinischen Reiches vor.

Beide Imperien – geschwächt von fortwährenden Kriegszügen gegeneinander – leisteten kaum Widerstand. Die arabischen Heere waren zwar wenig organisiert, aber dafür aufs Äußerste motiviert durch ihren Glauben und wohl auch durch die Aussicht auf reiche Beute. Mehrere muslimische Verbände überrannten gleichzeitig Persien sowie die byzantinischen Territorien in Syrien und Ostanatolien. Dabei fielen in rascher Folge die antiken Metropolen Damaskus, Aleppo und Antiochia.

Und im Jahr 637 stand ein muslimisches Heer auch vor den Mauern Jerusalems.

Das Jerusalem jener Zeit ist eine durch und durch christliche Stadt. Seit Kaiser Konstantin, der erste dem Christentum zugeneigte Herrscher des Römischen Reiches, vor gut drei Jahrhunderten nach den Spuren Jesu suchen ließ und den Auftrag gab, am Ort der Kreuzigung und Beisetzung Christi die Kirche vom Heiligen Grab zu errichten, strömen Pilger aus aller Welt herbei. Herbergen für Tausende Gäste sowie Klöster und Gotteshäuser prägen die Silhouette der Stadt.

Vor allem Mönche, Nonnen, Priester und deren Gesinde haben sich in Jerusalem niedergelassen, leben im Rhythmus der Liturgie, begehen ihre Feste und Prozessionen. Das Zentrum der Christen in der Stadt ist die seit Konstantins Zeiten mehrfach erweiterte Grabeskirche – ein weitläufiger

Komplex mit einer großen Basilika und dem Rundbau über dem Felsgrab Jesu.

Nur ein Ort, gleich in Sichtweite der Grabeskirche, liegt leer und verlassen abseits allen religiösen Trubels: der Tempelberg, auf dem sich einst das Heiligtum der Juden erhob.

Ausgerechnet dort hinauf zieht es – glaubt man später verfassten Berichten – im Jahr 638 Kalif Umar, den Herrscher der Muslime, nachdem sich die Einwohner Jerusalems seiner Übermacht ergeben haben.

Dieser Kalif, der zweite nach dem Tod des Propheten, wünscht den Ort zu sehen, an dem einst David gebetet hat. Denn Mohammed, der den Islam als Erneuerung des jüdischen Monotheismus konzipiert hatte, bezog auch Abraham, David und Salomon sowie weitere wichtige Gestalten des Judentums als Propheten in seine neue Religion mit ein und verehrte diese Männer als seine Vorgänger.

Der Tempel der Juden existiert seit fast 600 Jahren nicht mehr. Nach einem Aufstand hatten römische Soldaten ihn im Jahr 70 n. Chr. in Brand gesetzt und zerstört, nach einer weiteren Rebellion 65 Jahre später ließ der Kaiser Hadrian die Stadt niederreißen und als römische Kolonie neu erbauen. Juden durften sich hier nicht mehr niederlassen. Der Tempelberg verkam zum Ruinenfeld.

Der Kalif, so ein Chronist, muss auf den Knien kriechend die von Trümmern versperrten Treppen überwinden. Beginnt, mit den Händen im Schutt zu graben, bis er den heiligen Felsen entdeckt und freigelegt hat, an dem einst David gewirkt hat. Wirft sich nieder zum Gebet.

In den folgenden Jahren lässt Umar den Tempelberg säubern und ihn zu einem Ort des muslimischen Gebets erklären – nicht aber eine Moschee errichten.

Im Jahr 644 wird der Kalif ermordet, und unter seinen beiden Nachfolgern (die ebenfalls gewaltsam ums Leben kommen) endet die Einigkeit der Muslime, es kommt zu Fehden und Machtkämpfen. Hinter den Konflikten verbirgt sich das Ringen mehrerer arabischer Stämme um Einfluss, Status und Beute.

Durchsetzen kann sich am Ende der Clan der Umayyaden. Ab 661 n. Chr. stellen sie die Kalifen und verlegen die Hauptstadt des Reichs nach Damaskus.

°

IM JAHR 685 wird der 40-jährige Abd al-Malik zum fünften Kalifen der Umayyaden erhoben. Der neue Herrscher sieht sich von Problemen aus allen Richtungen umstellt. Pest und Hungersnöte wüten in Syrien, die nördlichen Grenzen sind von byzantinischen Truppen bedroht – und in weiten Teilen des muslimischen Reichs gilt ein Rivale als rechtmäßiger Kalif, der von Mekka aus in Arabien herrscht. Gegen beide

KEIN GEBÄUDE der Zeit ist so aufwendig dekoriert wie der Felsendom: Mosaike bedecken auf 1200 Quadratmetern seinen Innenraum

IM ZENTRUM des Baus liegt der Felsen, an dem der Legende nach Gott den ersten Menschen schuf – und der Muslimen, Juden und Christen heilig ist

Kalifen erheben sich zudem Aufständische in Mesopotamien.

Doch Abd al-Malik erweist sich als fähiger Herrscher: Nach und nach festigt er seine Kontrolle über Syrien sowie über die muslimische Provinz Ägypten. Er stellt die Byzantiner mit einem Waffenstillstand und Tributen fürs Erste ruhig, unterwirft Mesopotamien und nimmt mit seiner 8000 Mann starken Armee schließlich Mekka ein.

In dieser Zeit der unaufhörlichen Konflikte, Fehden, Bürgerkriege widmet er viel Zeit der Planung eines ehrgeizigen Bauprojekts: eines Sakralbaus zu Jerusalem.

So ein Monument hat es in der islamischen Kultur noch nicht gegeben. Muslimische Gebetshäuser sind zu der Zeit nicht mehr als einfache Versammlungsräume. Selbst die Moschee, die in Medina an der Stelle des Wohnhauses Mohammeds errichtet wurde, besteht nur aus einer schmucklosen Säulenhalle mit einem Innenhof. Das neue Gebäude in Jerusalem aber, der Felsendom, ist etwas ganz anderes. Und es soll offenbar ein Zeichen setzen.

Dass der Bau für den Kalifen von höchster Bedeutung sein muss, zeigt sich schon daran, dass er einen Brief an alle Statthalter, Ratgeber und Gelehrten in seinem Herrschaftsgebiet geschrieben hat, um ihr Einverständnis zu dem Vorhaben einzuholen. Offenbar fürchtet er, das Projekt könnte auf Unmut stoßen – denn gibt es nicht schon zwei heilige Stätten des Islam: Mekka und Medina?

Doch die Adressaten stimmen zu, so berichten es die Chronisten, und bitten Gott, den Bau des Monuments als „einen Akt der Ehre und des Edelmuts" anzunehmen.

Auf Weisung des Kalifen fertigen die in Jerusalem versammelten Spezialisten ein Modell des geplanten Baus an. Sie präsentieren es Abd al-Malik, „und es erregte seine Bewunderung", wie ein muslimischer Chronist berichtet.

Der Kalif lässt eine Schatzkammer auf dem Tempelberg erbauen und mit Geld befüllen und gibt seinen zwei obersten Planern dann freie Hand. Insgesamt wenden sie angeblich eine Summe auf, die siebenmal den jährlichen Steuereinkünften aus Ägypten entspricht.

Wohl im Spätsommer des Jahres 688 beginnen Vermesser, Maurer und Zimmerleute mit den Arbeiten, legen auf dem Tempelberg die Fundamente für ein achteckiges Bauwerk mit einem Durchmesser von gut 50 Metern.

Offenbar soll es schnell gehen. So verwenden die Architekten Säulen und Kapitelle von römischen Gebäuden aus heidnischer oder christlicher Zeit und integrieren sie in das Bauwerk. Und bei den Mosaiken an den weniger auffälligen Unterseiten von Bogenreihen sind die symmetrisch gehaltenen Muster teils nur auf einer Seite sauber gearbeitet, auf der anderen aber etwas nachlässig.

Weshalb die Eile? Vermutlich ist der Felsendom auch eine politische Botschaft: Der Prachtbau soll verdeutlichen, dass Abd al-Malik der rechtmäßige Herr aller Muslime ist – und die Region Syrien, zu der auch Palästina zählt, das Machtzentrum des Reichs.

Überdies versucht der Umayyade wohl, Jerusalem zu einem weiteren Wallfahrtsort der Muslime machen. Denn der Prophet Mohammed soll von dem heiligen Felsen auf dem Tempelberg aus seine legendäre Himmelfahrt zur Zusammenkunft mit Gott angetreten haben, von der islamische Sagen berichten: Ein Fußabdruck Mohammeds auf dem Stein lege davon Zeugnis ab.

Und so lässt Abd al-Malik rund um den Tempelberg einen großen Pilgerkomplex planen. Arbeiter erneuern die mächtigen Stützmauern des Plateaus sowie die Tore und errichten ein großes Gebetshaus (die spätere al-Aqsa-Moschee). Direkt unterhalb des Hügels entstehen Verwaltungs- und Wohnhäuser sowie ein prächtiger Palast. Und schließlich sollen neu angelegte Straßen in Richtung Jerusalem die Pilgerströme zum Tempelberg bringen.

°

NACH NUR DREI JAHREN BAUZEIT ist der Felsendom fertiggestellt. Acht mit Arkaden gekrönte Treppenaufgänge führen hinauf auf seine Plattform – wie die acht Pforten zum Paradies. Das Gebäude selbst besteht aus zwei Elementen: einem Oktogon, dessen zwölf Meter hohe Außenwände halb mit weißem Marmor, halb mit weithin leuchtenden Mosaiken verkleidet sind; und einem davon umschlossenen, 20 Meter aufragenden Zylinder, auf dem die mit mehr als 10 000 Kupferschindeln gedeckte, vergoldete Kuppel thront. Ein staunenswertes Monument, das erste Meisterwerk islamischer Baukunst.

Vier nach den Himmelsrichtungen angeordnete Tore weisen ins Innere, wo zwei von Säulen und Pfeilern eingefasste Wandelgänge um die runde Halle mit dem Felsen in ihrer Mitte führen. Obwohl schlicht in seinem Grundriss, ist das Gebäude sorgsam konstruiert. Die Säulen und Pfeiler der Umgänge sind so errichtet, dass der Besucher von jedem Eingang aus den gesamten Innenraum betrachten kann, ohne dass ihm der Blick versperrt ist.

Im Inneren des Felsendoms füllen insgesamt 1200 Quadratmeter bunter Mosaike so gut wie jeden Winkel aus. Kein Bauwerk der Zeit ist so prachtvoll mit geometrischen Formen und Motiven dekoriert. Stilisierte Palmen sind schwer behangen mit Datteln, dazwischen rankt Blattwerk, aus Füllhörnern quellen Granatäpfel, Kirschen und Oliven. Gewundene Girlanden laufen in reichhaltigen Fruchtständen aus, Sterne, Halbmonde, Flügel bedecken Pfeiler und Arkaden.

Andere Mosaike zeigen Kronen und mit Juwelen besetzten Schmuck. Die Sinnlichkeit eines Paradiesgartens verbindet sich mit dem Prunk eines Palastes.

Über den Bögen der achteckig verlaufenden Arkaden, die die zwei Wandelgänge voneinander trennen, ist zudem an Außen- und Innenseite eine Inschrift in Mosaiken gearbeitet, insgesamt 240 Meter lang. In eleganten arabischen Schriftzeichen werden da Passagen aus dem Koran wiedergegeben sowie fromme Beschwörungen. Wer dem Verlauf des Textes folgt, umkreist dabei zweimal den heiligen Felsen in der Mitte – mit dem Uhrzeigersinn im äußeren Gang, im inneren dagegen. Es ist eine heilige Umschreitung, ganz ähnlich wie es Pilger an der Kaaba tun.

Der Kalif braucht ein **SYMBOL** *seiner Macht*

Und tatsächlich wird Jerusalem nun zum drittwichtigsten Wallfahrtsort des Islam nach Mekka und Medina – so wie Abd al-Malik es geplant hat.

Doch er betreibt nicht nur Symbolpolitik, sondern leitet auch zahlreiche Reformen ein, zentralisiert die Verwaltung, vereinheitlicht Maße und Gewichte. Um das riesige Reich mit seinen verfeindeten Nomadenstämmen und unterworfenen Völkern zu einem homogeneren Staatsgebilde zu formen, führt er Arabisch als Verwaltungssprache ein und ersetzt so das noch vielerorts genutzte Griechische oder Persische. Zudem öffnet er den Zugang zu hochrangigen Positionen auch für zum Islam übergetretene Menschen ohne arabische Abstammung und fördert das Aufkommen neuer Eliten, die nicht mehr auf die alten Clanstrukturen zurückgehen.

Und statt der verbreiteten byzantinischen und sasanidischen Währungen lässt er neue Münzen prägen – die zunächst sein eigenes Abbild tragen. Nach einigen Jahren entstehen dann aber nur noch solche, die nur mit Versen aus dem Koran versehen sind – die ersten islamischen Münzen, ganz im Sinne des Bilderverbots, das sich in den folgenden Jahrhunderten durchsetzen wird.

Auch nach außen wendet sich Abd al-Malik nun – und nimmt die *futuh* wieder auf, die Eroberungen von Gebieten der Ungläubigen. Im Norden drängt er die Byzantiner zurück – und sein Sohn wird über Nordafrika bis nach Spanien vordringen und im Osten Gebiete bis ins heutige Pakistan erobern. Größer als je zuvor ist das Reich unter Abd al-Maliks Nachfolgern.

Und als das mächtigste Symbol für diesen Siegeszug über alle rivalisierenden Reiche und Religionen steht auf einem Plateau in Jerusalem der Felsendom: im Herzen des Heiligen Landes gelegen, errichtet auf den Fundamenten des jüdischen Tempels und mit der christlichen Grabeskirche zu seinen Füßen, alles überstrahlend. Bis heute. ◊

DER HAMMER DER CHRISTENHEIT

Scheinbar unaufhaltsam dringen die muslimischen Araber im 8. Jahrhundert nach Europa vor, erobern fast die gesamte Iberische Halbinsel und entsenden ihre Armeen sogar nach Frankreich. Dort stellt sich ihnen ein Heerführer entgegen: Karl, den man später »Martell« nennen wird – den Hammer

TEXT: *Mathias Mesenhöller*

IM WESTEN FRANKREICHS prallen die Heere 732 n. Chr. aufeinander. Wohl rund 15 000 Mann kämpfen unter Karls (in Rot) Kommando, die arabische Streitmacht ist nur wenig kleiner

Dies ist die Geschichte eines Mannes ohne Gesicht. Ohne Körper, ohne Stimme: Kein persönliches Wort von ihm ist überliefert, kein Hinweis auf sein Äußeres. Wie er sich gibt, welche Vorlieben er hat, Ängste, Überzeugungen: Nichts davon halten die Chronisten fest.

Das Einzige, was von Karl Martell bleibt, sind seine Taten.

Doch die bringen ihm seinen Beinamen ein: „Martell“, abgeleitet von lateinisch *martellus*, „der Hammer“. Und sie bezeugen seine Kühnheit und entschlossene Disziplin, sie erzählen von einem mächtigen Kämpfer und gerissenen Politiker. Durch diese Eigenschaften wird Karl, der selbst sein Leben lang keinen Herrschertitel tragen wird, zum Vater eines Königs und Großvater eines Kaisers.

Mehr noch: Er wird zum Namensgeber einer gewaltigen Dynastie, die am Anfang eines neuen europäischen Zeitalters steht – der der Karolinger.

Überdies zieht er in eine Schlacht, die später als Wendepunkt in der Geschichte des Abendlandes gelten wird: weil ohne seinen Sieg in diesem Gefecht womöglich weite Teile des heutigen Frankreich muslimisch geworden wären. Ein Chronist verwendet bei der Beschreibung des Zusammenstoßes denn auch zum ersten Mal überhaupt den Begriff „Europäer“.

OFFIZIELL ist Karl Martell nur der höchste Verwalter des fränkischen Königs. Tatsächlich herrscht er an dessen Stelle – und ist oberster Heerführer in zahlreichen Kriegen

Das Datum dieser Schlacht ist umstritten, aber es ist vermutlich der 25. Oktober des Jahres 732 n. Chr., als auf einem Feld nahe Poitiers im Westen Frankreichs die beiden Streitmächte aufeinandertreffen: die der Franken unter Karl sowie eine muslimische Invasionsarmee, gebildet aus Arabern und nordafrikanischen Berbern, unter dem Oberbefehl ihres Heerführers Abd ar-Rahman.

Die Franken sind von Norden herangezogen; es sind mindestens 15 000 Kämpfer (vielleicht aber auch deutlich mehr), die meisten bewaffnet mit einem einfachen Kurzschwert und gedeckt von einem großen Holzschild. Viele tragen eiserne oder lederne Helme, einige sind zudem mit einem Kettenhemd geschützt.

Das muslimische Aufgebot, von Süden gekommen, ist vermutlich etwas kleiner, aber besser ausgerüstet: mit stärkeren Helmen und Panzern, Schwertern aus hochwertigem Stahl.

Frühere Eroberungszüge gegen Byzanz und Persien haben die Muslime zu Herren über deren Waffenschmieden gemacht, in denen spezialisierte Handwerker besonders harte, scharfe Stahlklingen fertigen sowie feine Rüstungen. Zudem verfügen sie über extrem weit schießende Bogen, die aus verschiedenen Materialien raffiniert zusammengesetzt sind.

Im Vergleich dazu liegt Europa technisch weit zurück, ist ärmer an Gold und Rohstoffen.

Darüber hinaus sind die Truppen der Muslime durch ihren seit 100 Jahren andauernden Vormarsch vor allem gegen die Heere der Perser und die Soldaten des Kaisers von Byzanz gestählt.

Nun ertönt an diesem 25. Oktober 732 ein Sausen vom Himmel: Die Bogenschützen der Muslime senden eine erste Wolke von Pfeilen. Möglichst dicht schieben die Franken ihre Schilde zusammen, drängen sich darunter.

Die Schlacht hat begonnen.

°

DAS REICH DER FRANKEN ist das mächtigste unter den germanischen Königtümern, die im Zuge der Völkerwanderung vom 5. Jahrhundert an auf dem Boden des römischen Imperiums entstehen. Bei Karl Martells Geburt um das Jahr 690 gebieten die fränkischen Herrscher über Städte, Vasallenfürsten und schwächere Stämme von der Rheinmündung im Norden bis zu den Alpen und den Pyrenäen im Süden.

Aber es ist auch ein von innerer Gewalt zerrissenes Reich.

Seine Könige entstammen dem Geschlecht der Merowinger, die sich einst, gestützt auf Besitz, Rang und vor allem militärische

Triumphe, als Anführer ihres Volks und seines kriegerischen Adels durchsetzen konnten.

Frieden gilt den fränkischen Monarchen und Aristokraten wenig, Macht und Ehre alles. Von früh an rivalisieren die Nachkommen der jeweiligen Herrscher mit Betrug, Mord und Intrigen um den Thron, befehden sie sich in Bruderkriegen, unterstützt von den ehrgeizigen Adelssippen.

Der fortwährende Kampf schwächt die Krone, führt immer wieder zu Reichsspaltungen, lässt zugleich aber die adeligen Hofbeamten erstarken und insbesondere den mächtigsten unter ihnen: den Hausmeier.

Die Hausmeier sind anfangs kaum mehr als Verwalter der königlichen Hofhaltung, doch im Laufe der Zeit werden sie auch aufgrund einer Häufung minderjähriger Thronerben zu Mitregenten – und so stark, dass ein Hausmeier namens Pippin Ende des 7. Jahrhunderts die Macht vollends an sich bringen und drei aufeinanderfolgende Könige de facto wie Gefangene in ihren Residenzen festhalten kann.

Sie abzusetzen und selbst den Thron zu besteigen – das wagt er indes nicht. Insbesondere die mächtigen Vasallen fühlen sich in erster Linie der ruhmreichen Merowinger-Dynastie verpflichtet. Und der fränkische Krieger-Adel, der das Rückgrat der Armee bildet, wähnt sich umso freier, je schwächer der König ist. Die Großen des Reichs würden kaum einen ihresgleichen über sich dulden.

DAS ARABISCHE Heer ist Teil einer furchteinflößenden Militärmaschine: Muslimische Armeen sind gut geführt, diszipliniert und mit den besten Waffen des Zeitalters ausgerüstet

Dennoch legt Pippin – als wäre er ein Herrscher – unter seinen Söhnen und Enkeln eine Erbfolge fest. Das aber wollen einflussreiche Adelige nicht hinnehmen.

Und so kommt es nach Pippins Tod im Dezember 714 zu einem inneren Krieg. Pippins Erben drohen bereits zu unterliegen, da greift ein Sohn aus einer Nebenehe ein, den der mächtige Hausmeier bei der Erbfolge nicht berücksichtigt hatte: Karl.

Auf dessen Seite kämpfen anfangs wohl vor allem die Verwandten seiner Mutter und seiner Ehefrau. Ein erstes Gefecht geht zwar blutig verloren, doch gelingt es Karl, binnen weniger Wochen die Überlebenden zu sammeln, weitere Männer zu rekrutieren. Dann greift er die vermeintlichen

NACHDEM die Araber ihre Pfeile gegen die Franken verschossen haben, verkeilen sich die beiden Heere ineinander. Ein Nahkampf Mann gegen Mann entbrennt

Sieger aus einem Hinterhalt an und schlägt sie. Der Erfolg treibt ihm neue Anhänger zu. Nach und nach erringt er die Oberhand.

Im Frühjahr 717 gewinnt er eine große Schlacht und macht daraufhin einen Merowinger-Spross zum Gegenkönig, lässt sich selbst zum Hausmeier ernennen und setzt sich mit einem weiteren Sieg 718 endgültig als neuer Herr über das Frankenreich durch.

Damit hat er sowohl die rebellischen Adeligen als auch die Erben seines Vaters und deren Anhänger bezwungen.

Noch im gleichen Jahr zieht er mit dem Heer gegen die zwischen Rhein und Weser siedelnden Sachsen, stößt in der folgenden Zeit noch mehrmals in diesen Raum vor, kämpft auch in Bayern sowie gegen die südwestdeutschen Alemannen. Kaum ein Jahr vergeht, in dem er nicht Krieg führt: um seine Macht zu sichern und zu erweitern, um Rebellen oder räuberische Nachbarn zu strafen.

Und um zu plündern.

Wie andere fränkische Herrscher vor ihm hält auch Karl sein Reich mit Gewalt zusammen – und erkauft mit großzügig verteilter Beute die Loyalität des Adels. Auch deshalb sind die Franken überaus aggressiv, bestehen ihre Heere aus gut ausgebildeten, disziplinierten Einheiten.

Die Masse der Männer stellt die Infanterie und wird als kompakte Einheit für das Gefecht gedrillt: in der geschlossenen, hinter einem Riegel aus Schilden geschützten Phalanx – wie einst die Römer, deren Militärhandbücher fränkische Offiziere studieren.

Soldaten üben die erforderlichen kunstvollen, fast tänzerischen Bewegungen zunächst gegen mannshohe, eingegrabene Holzpfosten: Druck auf den Gegner mit dem ganzen Leib und Schild, Schwertstöße gegen verschiedene Köperpartien, Sprünge vor und zurück, Wegducken – ohne dass die eng geschlossene Reihe aufreißt.

Wilde Hiebe mit dem Schwert sind verboten, denn im Gegensatz zum gezielten Stoß bleiben sie schwach und entblößen zudem den ausholenden Arm.

Die Ausbilder teilen dazu Holzschwerter und mit Flechtwerk verstärkte Schilde aus, die deutlich schwerer sind als Einsatzwaffen, um Kraft in Armen und Schultern aufzubauen.

Ähnlich lernen Kavalleristen zuerst an Holzrössern, mit Schild sowie Lanze oder gezogenem Schwert in der Hand schnell auf- und abzusitzen, zwischen Pferd- und Fußkampf zu wechseln.

Im Jahr 731 wendet sich Karl Martell gegen Aquitanien, den reichen Landstrich zwischen Loire und Pyrenäen, Atlantik und Rhône-Tal. Denn hier strebt ein eigenmächtiger Herzog namens Eudo nach Unabhängigkeit.

Doch seit einiger Zeit steht Eudo unter zunehmendem Druck. Von Süden her fallen Plünderer in Aquitanien ein: muslimische Araber und Berber.

In einem Sturmlauf haben die Anhänger des Islam binnen 100 Jahren Vorderasien und Nordafrika unterworfen, sind über die Meerenge von Gibraltar auf die Iberische Halbinsel vorgestoßen, haben dort das einst mächtige Reich der Westgoten zerstört. Nun bedrohen sie Aquitanien.

Wahrscheinlich will Karl die wachsende Bedrängnis des Herzogs nutzen, um Eudo mit Plünderzügen zu strafen; daher kommen ihm die Attacken der Muslime vermutlich nicht ungelegen.

Doch dann verwüsten die Angreifer unter Abd ar-Rahman Bordeaux, erobern Poitiers und brennen die berühmte Kirche der Stadt nieder. Nun muss Eudo den verhassten Hausmeier um Waffenhilfe bitten und sich ihm unterwerfen: Zu stark ist das arabische Heer. Zu verzweifelt seine Lage.

Nimmt Karl die Muslime als eine herausragende Bedrohung wahr? Als fremde, ungläubige Eindringlinge?

Oder sieht er in ihnen bloß eine weitere Kraft im chaotischen Ringen der Mächte seit dem Untergang Roms?

Die Quellen überliefern es nicht. Nur seine Taten sind bekannt: Er zieht den Invasoren entgegen. Nicht weit vom geschändeten Poitiers, an der alten Römerstraße nach der wegen ihrer Reliquien berühmten Stadt Tours, stellt er die vorrückenden Truppen des Feindes zum Kampf.

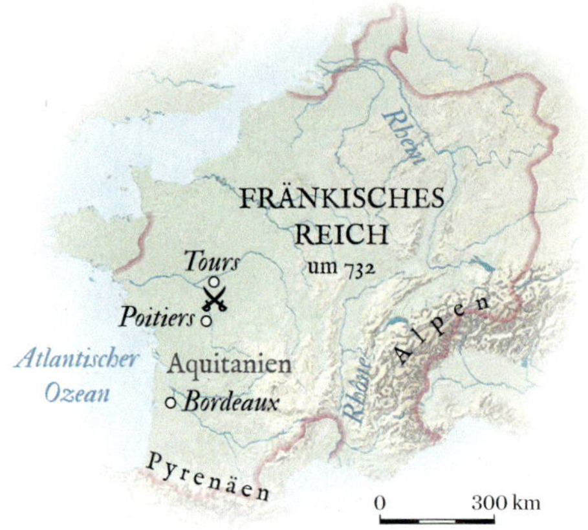

DAS REICH der Franken ist das mächtigste jener germanischen Königtümer, die nach der Völkerwanderung entstanden sind. Karl Martell schützt das Reichsgebiet durch etliche Kriegszüge

25. OKTOBER 732. Vermutlich sitzen die fränkischen Reiter nicht mehr auf ihren Pferden, sondern haben sich in die Phalanx der Infanterie eingereiht, die sich nun quer über ein offenes Feld zieht.

Manche der Krieger halten Wurfspeere bereit, einen hölzernen Bogen und Köcher mit Pfeilen. Die Masse aber steht, nur mit Schild und Kurzschwert bewaffnet, in der Schlachtreihe.

Unter ihre Schilde geduckt, erwarten die Franken den Aufschlag der Pfeile – schon das Sirren der heranfliegenden Geschosse zerfetzt die Nerven. Dann prasselnde Aufschläge. Die meisten Pfeile bleiben in den Schilden stecken; einige jedoch finden Lücken, durchschlagen schwache Stellen. Erste Kämpfer brechen zusammen, während bereits die nächste Salve in der Luft rauscht.

Die Männer können sich nicht wehren. Weder ihre wenigen Bögen noch ihre Wurfspeere haben die Reichweite der orientalischen Waffen. Wehrlos müssen sie den Beschuss ertragen.

Die Pfeile schwächen die Phalanx der Franken – aber sie vermögen sie nicht aufzubrechen. Daher lässt Abd ar-Rahman nun seine Nahkämpfer losstürmen, und so prallt die Masse der Araber auf die fränkische Schlachtreihe, krachen stählerne, scharf geschliffene Schwerter auf die Schilde.

Angesichts seiner Unterzahl und der festgefügten Abwehrreihe geht der muslimische Befehlshaber damit ein großes Risiko ein.

Denn durch den menschlichen Wall der Franken geht zwar ein Beben – aber er birst nicht. Vielmehr schießen aus der dichten, festen Holzwand nun die eisernen Kurzschwerter hervor, präzise geführt, tödlich.

Es ist ein Duell auf knappstem Raum, in nächster Nähe zum Nebenmann, zum Feind.

So eng kämpfen die Krieger in einer Phalanx, dass ein Chronist notiert, die Toten hätten keinen Platz zum Fallen gehabt, sondern seien aufrecht eingeklemmt stehen geblieben.

Selbstkontrolle und Drill sorgen bei den Franken dafür, dass sie ihre Fluchtreflexe unterdrücken. Dass sie nicht in Panik um sich schlagen, sich keine Blöße geben, nicht die Mitstreiter treffen – sondern Stich um Stich die Oberhand erringen.

Irgendwann wohl steigt ein vielfacher, triumphaler Schrei auf: Abd ar-Rahman, der unter seinen Männern ficht, ist gefallen. Daraufhin wanken die Angreifer. Sie verlieren ihre Ordnung, weichen vom Schlachtfeld.

Nun bewährt sich die Truppendisziplin der Franken ein weiteres Mal. Viele Heere erliegen in einer solchen Situation ihrer Beutegier, setzen wild nach – und geben dem bereits geschlagenen Feind so die Chance zu einem letzten Gegenangriff.

DICHT AN dicht kämpfen Christen und Muslime. Bis schließlich der Feldherr der Invasoren erschlagen wird – und seine Männer fliehen

NACH SEINEM Sieg über die Araber ist Karl Martell so mächtig, dass er nach dem Tod des formal regierenden Monarchen allein herrschen kann. Sein Sohn Pippin wird sogar König des Frankenreichs

Die Franken aber bleiben diszipliniert. Ihre Phalanx hält auch im Triumph die Reihe, rückt nur geschlossen vor – und folgt Karls Befehl zum Rückzug, als der bei anbrechender Dunkelheit die Einnahme des arabischen Lagers auf den nächsten Tag verschiebt.

Am Morgen finden die Franken die feindlichen Zelte verlassen vor, sind die Araber abgezogen.

Ein großer Sieg. Und ein Wendepunkt in der Geschichte des Abendlands? Eine Entscheidungsschlacht zwischen Christen und Muslimen? Das ist schwer zu entscheiden, weil niemand die Folgen eines arabischen Sieges kennen kann. Sicher ist nur, dass es manche späteren Historiker so sehen werden.

Unumstritten aber ist, dass Karl Martell sich und seinem Heer nach dem Triumph abermals aus kaltem strategischen Kalkül einen Verzicht auferlegt: keine Verfolgung. Zwar wäre in Spanien nochmals enorme Beute zu machen. Doch das Risiko scheint zu groß, der Gewinn kurzfristig.

Stattdessen baut der Hausmeier seine Macht im Frankenreich aus, ringt rebellische Adelsfamilien in mehreren Regionen nieder. Nahezu jährlich zieht er ins Feld, ist ebenso zielstrebig wie pragmatisch, rücksichtslos hart, aber wohl nicht unnötig grausam. Seit seiner Frühzeit hat das Reich der Franken nicht so dauerhaft im Krieg gestanden.

Nicht jedes Gefecht kann Karl gewinnen; im Norden bleiben die Sachsen unruhige Nachbarn, von Süden her fallen immer wieder die Muslime zu Raubzügen ein. Doch insgesamt nimmt die Macht der Franken zu – und mit ihr die des Hausmeiers.

Im Jahr 737 ist Karl so stark, dass er nach dem Tod des von ihm kontrollierten Königs Theuderich IV. darauf verzichtet, einen Nachfolger zu küren: Vielmehr regiert er von nun an formal als Hausmeier eines Toten. Vielleicht will er den Adel darauf vorbereiten, doch eine neue Dynastie auf dem Thron zu dulden.

Es wird sein letzter Erfolg. Vier Jahre nach Beginn seiner unverblümten Alleinherrschaft stirbt Karl 741 an einem Fieber.

EINDRUCKSVOLL erweist sich nun die Stärke seines Geschlechts: Karls Söhne Karlmann und Pippin können sich mit geringem Blutvergießen als Erben durchsetzen, teilen das Reich und regieren gemeinsam als Hausmeier.

Zwar müssen sie ihre Macht 743 noch einmal mit einem Merowinger-König absichern – doch acht Jahre später wagt Pippin den entscheidenden Schritt: Mit dem Segen des Papstes und der Zustimmung fränkischer Adeliger setzt er den Monarchen aus dem Haus der Merowinger offiziell ab und besteigt selbst den Thron.

Ein halbes Jahrhundert später wird Pippins Sohn am Weihnachtstag des Jahres 800 vom Papst in Rom zum ersten abendländischen Kaiser seit dem Zusammenbruch des Römischen Reiches im Westen gekrönt.

Er wird in die Geschichte eingehen als Karl „der Große“: als Herrscher des auf unablässiger Gewalt, militärischer Disziplin und politischer Umsicht gegründeten Imperiums der Franken – aus dem schließlich zwei europäische Vormächte hervorgehen werden, Frankreich und das Reich der Deutschen.

Am Anfang der karolingischen Großmacht aber steht jener persönlich kaum sichtbare Feldherr hinter dem Schildwall bei Poitiers, den die Chronisten nun bald den „Hammer“ nennen.

Karl Martell. ◊

IM REICH DES

Um 860 n. Chr. ist China das modernste Land der Erde. Neuartige Düngemittel bringen reiche Ernten, Innovation vollzieht sich nicht auf Äckern oder in Häfen – sondern in kleinen Werkstätten, in denen frü pressen. Diese Technik ermöglicht es erstmals, Texte rasch und massenhaft zu vervielfältigen – eine Er

FLORIERENDER Handel lässt Chinas Städte im 8. Jahrhundert rasant wachsen. Diese Bildrolle zeigt die Millionenmetropole Kaifeng um 1120

LESENS

Schiffe transportieren täglich Waren wie Seide, Salz oder Tee. Doch die folgenreichste
he Buchdrucker Papierbögen auf in Holzblöcke gearbeitete, tintenfeuchte Schriftzeichen
findung, die die Welt grundlegend verändert **TEXT:** *Svenja Muche*

Nur ein paar Sekunden, länger braucht er nicht. Der Mann taucht den Rosshaarpinsel in die Tinte und streicht damit in raschen Bewegungen über die Schriftzeichen, die aus dem Holzblock vor ihm ragen. Dann legt er ein rechteckiges Stück Papier auf die tintenfeuchten Zeichen, reibt mit einem Stoffballen darüber und zieht den Bogen wieder ab. Vorsichtig, nichts darf verschmieren.

Und da stehen die Worte gedruckt auf dem Papier: „Von Wang Jie zur freien Verbreitung zugunsten seiner Eltern, am 15. Tag des vierten Mondes des neunten Jahres in der Ära des Xiantong."

Das Blatt, das der Drucker nun zum Trocknen auslegt, ist das letzte Teilstück einer Schriftrolle mit einem buddhistischen Lehrtext: dem Diamant-Sutra.

Das Werk, von einem Mann namens Wang Jie am 11. Mai des Jahres 868 n. Chr. in Auftrag gegeben, ist das erste gedruckte Buch, dessen Entstehungsdatum man kennt – und Zeugnis einer Revolution, die in China ihren Anfang nimmt. Denn die Drucktechnik ist eine der bedeutendsten Erfindungen der Geschichte: Sie macht es erstmals möglich, Gedanken und Ideen rasch zu vervielfältigen.

In seiner Werkstatt zieht der Handwerker ein neues Blatt heran. Wieder taucht er den Pinsel ein, streicht über die Zeichen auf dem Block.

Tauchen, streichen, legen, reiben: Wohl mehr als 1000-mal am Tag führt der Mann diese Arbeitsschritte aus. Ein professioneller Schreiber bräuchte zwei Tage, um die Texte für die sieben Bögen dieses Sutra zu fertigen – ein Drucker schafft in der gleichen Zeit 300 Exemplare des Werks. Und selbst wenn man die Zeit für die Vorbereitung des Drucks mit einberechnet, ergibt sich eine dramatische Beschleunigung des Vermögens, Gedanken schriftlich zu verbreiten.

Einer Kunst, nach der die Menschen wohl nirgendwo auf der Erde so sehr streben wie in China.

°

VIELE JAHRHUNDERTE lang ist das Kopieren von Texten in China allein den Schreibern zugekommen. Ihre Ausbil-

DAS DIAMANT-SUTRA (unten) ist das erste gedruckte Buch der Welt, das bis heute erhalten ist. Das gut fünf Meter lange Lehrwerk preist die Weisheit Buddhas

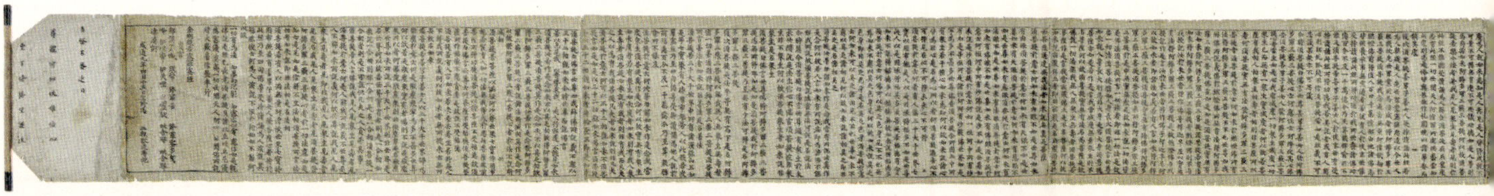

dung ist aufwendig, denn man braucht lange, um die Unzahl komplexer chinesischer Zeichen zu lernen und in Vollendung auszuführen. Die Ursprünge der chinesischen Schrift liegen im Dunkeln, doch bereits um 1400 v. Chr. bestand sie aus mehr als 3000 Zeichen. In den folgenden Jahrhunderten kamen Zehntausende Schriftsymbole hinzu, immer mehr Wörter sollten eindeutig festgehalten werden, auch in lokalen Varianten.

Anfangs zeichnen die Schreiber die Texte vor allem auf Holz, Bambusstäbe und Seide. Später nutzen sie Papier, dass die Chinesen spätestens seit dem 2. Jahrhundert v. Chr. herstellen, erst aus Lumpen, etwa aus Hanf, dann aus frisch gewonnenen Pflanzenfasern.

Das neue Material ist günstig herzustellen, leicht formbar und nimmt Tinte gut auf. So ermöglicht es die Erfindung einer frühen Form der mechanischen Vervielfältigung: der Abreibung. Dazu legt der Handwerker ein feuchtes Blatt auf eine in Stein gravierte Inschrift, drückt das Papier in die vertieften Zeichen und tupft vorsichtig Tinte über das Blatt. Das Papier in den Vertiefungen nimmt keine Farbe an. So erscheint der Text weiß auf schwarz auf dem Blatt.

CHINAS hochgebildete Staatsbeamte gieren nach Wissen. Sie sind die Käufer im entstehenden Buchmarkt, lesen Werke über Mathematik, Landwirtschaft oder Rechtsprechung

Eine andere frühe Kopiertechnik sind Siegel, die Handwerker spiegelverkehrt in harte Materialien wie Jade oder Holz schneiden. Würdenträger prägen damit Symbole ihrer Autorität in Ton oder pressen sie auf Papier.

Einzelne Elemente solcher Verfahren führen findige Chinesen schließlich zusammen und entwickeln so jene Technik, die Tausenden Schreibern ihre Stellung rauben wird: den Blockdruck.

Niemand kann sagen, wann genau es dazu kommt, aber wahrscheinlich im 8. Jahrhundert. Auf jeden Fall aber in einer Zeit des kulturellen Umbruchs, in der Chinas Kunst kühner, seine Technik innovativer wird als je zuvor.

Florierender Handel lässt die Städte wachsen, damit verändert sich die Gesellschaft. Dichter entdecken das urbane Leben als Thema. Sie schreiben nun über ihre eigene Gemütsbewegung, schockieren mit Zeilen über Huren und Trunksucht, Ekstase und Verzweiflung.

Auch Maler schaffen Unerhörtes, degradieren den Menschen in ihren betörenden Landschaften zum bloßen Detail oder provozieren mit mutigem

Gekleckse. So viel Seelenschau und Experimentierlust werden Europas Künstler noch 1000 Jahre später nicht wagen.

Immer mehr Chinesen lernen lesen. Und vor allem jene, die zur Leistungselite des Reiches gehören, gieren nach Erkenntnis. Sie sind gebildet und intellektuell gestählt durch das staatliche System der Beamtenprüfungen.

Doch es ist nicht der Wissensdurst, der die Verbreitung von Texten zu Beginn entscheidend vorantreibt – sondern der Buddhismus. Die aus Indien über die Seidenstraße importierte Heilslehre, um 700 der in China dominierende Glaube, verspricht ihren Anhängern die Erlösung im Nirvana, den Ausweg aus dem ständigen Kreislauf der Wiedergeburten – allerdings nur, wenn sie zuvor gute Taten vollbringen: Sie können die Wahrheit sprechen, einem Kloster spenden oder einfach das Antlitz des Religionsstifters zeichnen.

Doch was wäre verdienstvoller, als die Worte des Erhabenen zu verbreiten?

Die Lehren Buddhas sind in Tausenden Sutras überliefert. Mit dem Vervielfältigen der Texte kann jeder sich verdient machen, was dazu führt, dass die Gläubigen Zehntausende Abschriften anfertigen. Und höchstwahrscheinlich ist es vor allem diese Nachfrage nach massenhafter exakter Wiedergabe der Worte des Meisters, die zur Erfindung und Ausbreitung des Buchdrucks führt.

UM DAS JAHR 1000 stehen in manchen chinesischen Wohnungen über 100 000 gedruckte Bücher – zu einer Zeit, da in Europa nur wenige Menschen das Schreiben und Lesen beherrschen

Denn mit der neuen Technik kann in zuvor unvorstellbarer Geschwindigkeit eine große Zahl von Kopien angefertigt werden, ohne die Patzer, die zuweilen selbst einem guten Schreiber unterlaufen. Und jede einzelne Kopie hilft voran auf dem Weg ins Nirvana.

Im Diamant-Sutra heißt es dazu, wenn man „auch nur einen vierzeiligen Vers aus dieser Vollkommenheit der Weisheit andere ausführlich und korrekt lehrt", erwerbe man große Verdienste.

Daher ordert Wang Jie im Mai 868 vermutlich mehrere Hundert Ausgaben des Diamant-Sutra „zur freien Verbreitung", um sich und seinen Eltern zum Heil zu verhelfen. Und so macht sich die beauftragte Druckerei ans Werk.

Für jeden der sieben etwa 76 mal 28 Zentimeter messenden Papierbögen dieses Sutra muss ein eigener Druckblock geschnitzt werden. Dafür zeichnet zunächst ein Kalligraf den Text auf Papier, das ein Handwerker, die beschriftete Seite nach unten, auf einen flachen Holzblock klebt. Durch Bürsten überträgt er die Farbe auf den Holzblock.

Dann schält er die Papierschicht ab. Schließlich arbeitet er mit Messern und Beiteln die nun spiegelverkehrte Schrift als Relief aus dem Block heraus.

Hunderte solcher Druckblöcke lagern vermutlich in der Werkstatt, die Wang Jies Auftrag bearbeitet. Dazu stapelweise Papier. Ist der Drucker mit einem Stoß durch, trägt ein Mitarbeiter neue Blätter heran. Ein anderer fügt die fertigen Seiten mit Leim zu einer Rolle zusammen – mehr als fünf Meter misst das Diamant-Sutra.

Das Buch ist ein Meisterwerk der Druckkunst: Die Striche und Haken der chinesischen Schriftzeichen sind klar und deutlich, nicht so ein unleserliches Geschmiere, wie es sonst oft produziert wird. Da sind Experten am Werk.

Wang Jie muss wohlhabend sein, denn er kann es sich leisten, dem Buch ein aufwendiges Titelbild voranstellen zu lassen. Buddha thront dort unter einem Baldachin, umringt von kahl geschorenen Weisen und Mönchen.

Vor dem Erleuchteten kniet barfüßig ein Schüler, die Schuhe sorgsam neben sich gestellt, die Handflächen andächtig aneinandergelegt. Zwischen ihm und dem Buddha entspinnt sich ein Gespräch, das den Rahmen für die im Sutra verkündete Lehre bildet. Wie eine unverwüstliche Diamantklinge soll sie durch weltliche Illusionen schneiden.

°

DAS DIAMANT-SUTRA zählt zu den beliebtesten buddhistischen Lehrtexten – auch wegen seiner Kürze: Es kann in 40 Minuten rezitiert werden. Für andere Sutras braucht es Tage. Und es lässt sich schnell reproduzieren. Kaum ein anderer buddhistischer Text wird daher so häufig abgeschrieben oder gedruckt.

Gut möglich, dass Wang Jie seine Ausgaben an Klöster verteilen lässt, wo Mönche das Buch entrollen und das Sutra rezitieren. Vielleicht geraten einige Exemplare auch in Privathaushalte.

Denn mancher Chinese besitzt bereits um die Jahrtausendwende mehr als 100 000 Bücher. Die Ausgaben werden bei steigenden Auflagen immer billiger. Zudem braucht es keine jahrelange Ausbildung, um mit Druckblöcken Schrift auf Papier zu bringen – das hält die Lohnkosten gering.

Die Regierung gibt Werke zu Mathematik, Landwirtschaft, Rechtsprechung in Druck. Auch über Philosophie, Geschichte, Geographie kann man Bücher kaufen. Gedichte und Romane sind ebenfalls auf dem Markt, und so wird das neue Medium spätestens im 11. Jahrhundert zur Massenware – zu einer Zeit, in der in Europa Texte noch mit dem Federkiel niedergeschrieben werden.

Erst 300 Jahren später gelangt der Blockdruck ins Abendland. Vermutlich bringen europäische Missionare, die nach China gereist sind, um dort das Wort des Christengottes zu verbreiten, die Technik auf ihrer Rückreise mit in die Heimat.

Im 14. Jahrhundert jedenfalls erscheinen in Europa die ersten im Blockdruck produzierten Bücher. Meist sind es reich illustrierte, religiöse Texte.

Zum Durchbruch verhelfen dem Buchdruck in Europa aber erst weitere Erfindungen: 1454 präsentiert der Mainzer Johannes Gutenberg eine von ihm gedruckte Bibel – gesetzt in beweglichen Lettern aus Metall, hergestellt auf einer Druckerpresse, mit deren Hilfe sich nun beide Seiten eines Blattes bedrucken lassen. Überdies ist das Schriftbild schärfer als bei den weichen Holzblöcken.

Gutenbergs Novitäten lassen die Zahl der Druckerzeugnisse rasant ansteigen – und leiten so die zweite Stufe jener Kulturrevolution ein, die mehr als ein halbes Jahrtausend zuvor in China begonnen hat. ◊

Zauber des ISL

KUNSTVOLLE MOSAIKE und ein Hain aus 1000 steinernen Säulen zieren den Betsaal der Hauptmoschee im Zentrum Córdobas. Weil die Stadt rasant wächst, wird das Gotteshaus mehrmals erweitert

Im 10. Jahrhundert erblüht auf der Iberischen Halbinsel das Reich von al-Andalus, in dessen glanzvoller Kapitale Córdoba Muslime, Christen und Juden friedlich zusammenleben. 956 trifft ein Mönch aus dem Ostfrankenreich den dortigen Herrscher

AM

ABD AR-RAHMAN III., seit 920 Kalif von Córdoba, hat weite Teile der Iberischen Halbinsel unter seiner Herrschaft vereint

TEXT: *Katharina von Ruschkowski*

Dieser Duft von Moschus! Schwer und süß schlägt er ihm schon an der Schwelle zum Kalifenpalast nahe Córdoba entgegen. Bedienstete haben Johannes von Gorze, dem Besucher aus dem Ostfränkischen Reich, Teppiche ausgerollt und die Wände des Eingangsportals mit edlen Tüchern verhängt.

Den Weg bis dorthin hatten militärische Abteilungen gesäumt, Kämpfer mit silberblitzenden Lanzen und prächtig gewandete Reiter, die ihre Pferde zum Schnauben und Aufbäumen anstacheln. Schaut Johannes zurück, sieht er eine gewaltige Menschenschlange, die bis zur Stadt im Tal reicht. Es ist ein Anblick, der ihm, dem Mönch aus einem kargen Kloster, den Atem rauben muss.

Johannes aber will sich nicht beeindrucken lassen: Drei Jahre hat der Gesandte in Diensten von Otto I., dem König des Ostfrankenreichs, hier bereits auf eine Audienz beim Kalifen gewartet. Nun, an einem Junitag wohl im Jahr 956, darf er endlich im Namen seines mächtigen Herrschers vor den Regenten von al-Andalus treten – jenem muslimischen Reich, das den größten Teil der Iberischen Halbinsel einnimmt.

Vornehme Herren, die ihn am Eingang in Empfang nehmen, führen den Geistlichen durch verwinkelte Gänge, über marmorne Böden in ein luxuriöses Gemach, geschmückt mit schweren Wandbehängen, kostbaren Lampen, hölzernen Truhen. Auf einer großen Liege ruht Kalif Abd ar-Rahman III.

Als der Herrscher dem Ankömmling seine Handinnenseite zum Kuss entgegenstreckt, eilt sogleich ein Bediensteter herbei, um einen Sessel bereitzustellen. Schweigend blicken sie einander an: der Kalif im hellen Gewand aus Leinen oder Seide – sein Gast im dunklen Habit aus derbem Stoff.

Seine wichtigste Botschaft hat Abd ar-Rahman III. dem Abgesandten aus dem Norden bereits übermittelt, noch ehe er ein Wort gesprochen ist: dass er es zu verschwenderischer Pracht und gewaltiger Macht in seinem Imperium gebracht hat; dass seine Residenz, ja die gesamte Stadt glänzt wie keine andere.

Tatsächlich ist Córdoba unvergleichlich. Fast sternförmig haben sich die hellen, oft aus Kalkstein gemauerten Bauten in einer Kehre des Flusses Guadalquivir ausgedehnt, liegt die Stadt da wie ein Schmuckstück im iberischen Hügelland. 200 Kilometer sind es bis zur Atlantikküste im Südwesten; im Osten, keine 150 Kilometer entfernt, brandet das Mittelmeer an.

Fast eine halbe Million Menschen leben in der Metropole, mehr als in jeder anderen des Kontinents. Köln, eine der größten Städte im Reich Ottos I., zählt etwas mehr als 15 000 Bewohner.

Und aus jedem Winkel der Metropole strahlen Eleganz und Fortschritt. Während es in den Städten nördlich der Alpen vor allem unbefestigte, ewig verdreckte Pfade gibt, sind die Straßen im Zentrum Córdobas bereits sorgsam gepflastert, verfügen über eine Kanalisation. Beamte streifen umher und geben acht darauf, dass niemand seinen Müll fortwirft. Die Villen und Paläste der Reichen, die sich im Stadtkern erheben, sind beständig mit Frischwasser versorgt. Es gibt Hospitäler in den verwinkelten Gassen und ungezählte Badehäuser.

Gut möglich, dass Johannes in den Jahren des Wartens sich mit Gelehrten ausgetauscht hat. Gewiss wird er gestaunt haben, wie selbstverständlich hier christliche, jüdische und muslimische Wissenschaftler ihre Gedanken austauschen – und voneinander lernen.

Und vielleicht haben sie ihm auch von dem waghalsigen Ingenieur berichtet, der sich vor einiger Zeit nahe der Metropole in die Lüfte erhoben hat: In ein gefiedertes Gewand gehüllt, mit einem Paar Flügel an den Armen, die denen der Vögel gleichen, sprang er von einem Hügel ab – und glitt tatsächlich einige Meter weit, ehe er hinabstürzte und sich das Gesäß verletzte.

Johannes von Gorze wird in seiner Heimat später fast ausschließlich über seine Audienz beim Kalifen und die beschwerliche Reise dorthin berichten. Andere Besucher aber haben längst den Ruf vom Reichtum der Stadt und der Gelehrsamkeit ihrer Bürger auch jenseits der Alpen verbreitet.

Und so preisen nicht nur andalusische Poeten Córdoba, sondern auch ostfränkische Schreiber. Für Roswitha von Gandersheim, eine Nonne und

Dichterin, ist es gar die „Zierde des Erdkreises“.

WOHL BEREITS im 7. Jahrhundert v. Chr. haben sich erste Siedler etwas oberhalb des trägen, trüben Guadalquivir niedergelassen. Die Felsrücken der Sierra Morena im Nordosten Córdobas bergen wertvolle Bodenschätze wie Silber, die Erde ist fruchtbar, Wein, Oliven, Weizen gedeihen hier. Vor allem aber ist der Strom auch für Schiffe befahrbar und lässt die Stadt so spätestens unter römischer Herrschaft zum bedeutendsten Handelszentrum in der Region werden.

Wechselnde Völkerschaften beherrschen Córdoba im Laufe der Jahrhunderte und hinterlassen ihre Spuren. Um 200 v. Chr. nehmen die Römer die Halbinsel in Besitz und bauen die Stadt am Guadalquivir zu einem wichtigen Außenposten ihres Imperiums aus.

Die von ihnen über den Fluss geschlagene Brücke mit den 16 Steinbögen bietet die einzige direkte Verbindung vom Norden in den Süden der Halbinsel. Im 5. Jahrhundert, als Krisen das gesamte Römische Reich beuteln, wird das Gebiet von germanischen Scharen erobert. Doch erst die Muslime lassen Córdoba vollkommen aufblühen.

Im Sommer 711 überquert ein arabischer Heerführer mit 7000 Kämpfern die Meerenge von Gibraltar. Die Truppen der Muslime sind gefürchtet: In nur einem Jahrhundert haben sie ihr Reich bis an die Küsten Nordafrikas ausgedehnt. Und nun dringen sie auch nach Europa vor. Binnen fünf Jahren nehmen die Anhänger Mohammeds fast die gesamte Iberische Halbinsel ein.

Al-Andalus, wie die Araber das Gebiet wohl nach einer kleinen Insel nen-

CÓRDOBAS WELTOFFENE Atmosphäre lockt Besucher von weither an – darunter Gelehrte, die in der Stadt die Mathematik revolutionieren und die Schriften der Antike übersetzen

nen, die das muslimische Vorauskommando 710 erreicht hatte, wird zum Teil des islamischen Imperiums und lange Zeit aus dem fernen Damaskus von der mächtigen Dynastie der Umayyaden regiert. Im Jahr 750 aber stürzt ein Putschist den Kalifen und gründet die neue Dynastie der Abbasiden, die Bagdad zur Machtzentrale des Reiches machen.

E

Einem der Umayyaden-Prinzen, dessen Mutter aus Nordafrika stammt, gelingt die Flucht von Damaskus nach al-Andalus: Abd ar-Rahman. Dank militärischen Geschicks, vor allem aber durch diplomatische Raffinesse gewinnt er bald die Macht über die Halbinsel. 756 ernennt er sich in Córdoba zum ersten Emir, zum Befehlshaber über al-Andalus; die Oberhoheit der Abbasiden erkennt er nur noch pro forma an.

Als Zeichen der neuen Zeit lässt er in seiner Kapitale Córdoba einen riesenterzugehen: Arabische und berberische Lokalfürsten, denen die Stammesloyalität noch immer über alles geht, begehren gegen die Regenten in Córdoba auf, verweigern ihnen die Steuern.

Im Jahr 912 besteigt ein junger Mann von gerade einmal 21 Jahren den Thron des wankenden Reiches: Abd ar-Rahman III. Als rundlich und klein beschreiben ihn Zeitgenossen; nur hoch zu Ross wirke er groß.

Und im Sattel wird er die nächsten zwei Jahrzehnte sitzen, um al-Andalus wieder unter die Kontrolle seines Herrscherhauses zu bringen. Die Köpfe niedergerungener Rebellenführer schaffen seine Männer zuweilen in die Kapitale und hängen sie an den Toren des Palasts auf.

Nach etlichen Erfolgen lässt sich Abd ar-Rahman III. 929 eigenmächtig zum Kalifen, zum Nachfolger des Propheten Mohammed ernennen – und löst sich damit endgültig von Bagdad. Der inzwischen geschwächte Abbasiden-Herrscher lässt ihn gewähren; Jahre zuvor ist bereits in Nordafrika ein selbstständiges Kalifat entstanden.

Als unabhängiger Monarch setzt Abd ar-Rahman nun seine Feldzüge auf der Iberischen Halbinsel fort. Er bringt die großen Städte wie Toledo und Saragossa auf seine Seite und beginnt Erobe-

Ein Palast, so groß wie eine Stadt

haften Palast erbauen. Und gleich nebenan entsteht später, auf den Trümmern einer niedergerissenen christlichen Kirche, eine Moschee.

Der Hof von Córdoba zieht Adelige der umayyadischen Familie an, die mit guten Posten und üppigen Pensionen versorgt werden, aber auch Musiker, Künstler, Gelehrte, Kaufleute – und sogar Dichter und Denker aus Bagdad.

Doch immer wieder erschüttern Rebellionen die Macht der Herrscher, droht das junge Emirat al-Andalus unrungszüge in Nordafrika: Unter seiner Regentschaft gelingt es, Handelsrouten bis nach Westafrika auszubauen und al-Andalus so Zugang zu Gold zu verschaffen – ein Quell unfassbaren Reichtums für das Kalifat.

Abd ar-Rahman III. ist längst einer der bedeutendsten Herrscher Europas, als er sich 939 überraschend in seine Hauptstadt zurückzieht: Nachdem er in einer Schlacht beinahe in die Hände von Feinden geraten ist, scheint der mittlerweile fast 50-Jährige seine kriegerische Kraft und seinen Mut verloren zu haben. Er gesteht vielen Provinzfürsten des Reiches mehr Autonomie zu – und widmet sich fortan seinem Lebensprojekt: dem Bau einer neuen Palastanlage, rund sieben Kilometer vor den Toren Córdobas, die seinem Reich noch mehr Glanz verleiht.

Arbeiter aus allen Winkeln von al-Andalus bringen die Materialien für das Anwesen herbei. Vier Jahrzehnte vergehen bis zu seiner Vollendung, in denen das Projekt jährlich vermutlich

LANGE MUSS DER MÖNCH Johannes von Gorze (Mitte) warten, ehe der Kalif ihn endlich empfängt – und von dem Geistlichen eine Botschaft des ostfränkischen Königs entgegennimmt

fast ein Drittel des höfischen Haushaltsbudgets verschlingt.

°

AUF DREI EBENEN zieht sich die Palaststadt eine Anhöhe hinauf – eine sich selbst versorgende Welt von weit über 100 Hektar Größe.

Seidenwebereien, Ställe, Geschäfte, Lagerhallen und Badehäuser liegen hier, überdies eine Münzprägeanstalt und ein Gefängnis sowie Wohnanlagen für Handwerker, Höflinge und den gewaltigen Harem von mehr als 6000 Frauen, über den der Kalif gebietet.

Der Herrscher selbst residiert inmitten weiter, üppiger Gärten, in denen Wasser aus gold glasierten Brunnen und durch Rinnen plätschert, wo Pfauen meckern und Löwen brüllen.

Hoch ragt sein riesenhafter, um 956 noch nicht ganz vollendeter Thronsaal mit dem golden und silbern schimmernden Dach aus dem Grün. Die dicken Wände sind aus farbigem Marmor errichtet, seine Türen von Säulen und Edelhölzern eingefasst.

An der Decke hängt eine riesenhafte Perle. Neben dem mit Edelsteinen besetzten Thron steht ein großes Becken, in dem flüssiges Quecksilber gleißt. Will der Kalif einen Gast besonders beeindrucken, weist er einen Sklaven an, das Becken zum Vibrieren zu bringen – sodass im gesamten Raum Lichtblitze zucken.

Unter den zahlreichen Besuchern sind viele muslimische Adelige, die bei Hofe Karriere machen oder ihre Söhne dort ausbilden lassen wollen, aber auch christliche Gesandte aus dem Ausland,

die Kontakte knüpfen sollen zu einem der wichtigsten Herrscher Europas.

°

ALS JOHANNES VON GORZE die glanzvolle Stadt im Jahr 953 erreicht, hat er eine monatelange Reise per Pferd und Schiff hinter sich. Sein Auftraggeber König Otto I. und Abd ar-Rahman III. stehen da schon seit geraumer Zeit in Kontakt, doch es hat Verstimmungen gegeben: Nachdem der Kalif von Ottos militärischer Stärke erfahren hatte, ließ er ihm Geschenke und einen Brief überbringen. In dem aber verstieg sich der muslimische Herrscher, so sah es zumindest Otto, zur Gotteslästerung.

Der christliche Machthaber verfasste daraufhin ein heftiges Antwortschreiben, das Johannes von Gorze nun Abd ar-Rahman übermitteln soll – gemeinsam mit einem Freundschaftsangebot. Eine heikle Mission für den in diplomatischen Fragen unerfahrenen Mönch.

Überwältigend muss ihm Córdoba erscheinen. Über eine Strecke von sieben Kilometern erstreckt sich die Stadt entlang des Guadalquivir, wohl noch weiter reicht sie ins Land hinein, ausgebreitet wie die Zacken eines Sternes.

Die Kernstadt, die fast ein Fünftel der Fläche ausmacht, ist von einer massiven, noch aus römischer Zeit stammenden Mauer umgeben.

Sie fasst den alten Herrscherpalast, die große Moschee, den Hauptmarkt der Stadt sowie etliche, hoch aufragende Paläste der Noblesse ein. Drumherum breiten sich 19 weitere Stadtviertel aus, in denen Hunderttausende Handwerker, Händler und Hilfsarbeiter wohnen.

VON ÜBERWÄLTIGENDER SCHÖNHEIT ist die neue Palaststadt, die der Kalif nahe Córdoba erbaut. Auch seine Nachfolger errichten imposante Bauwerke – wie die Festung Alhambra in Granada (links)

Die Häuser mögen sich in der Größe unterscheiden, in ihrem Aufbau gleichen viele einander: Es sind quaderförmige Gebäude mit schlichten, nur selten von Fenstern durchbrochenen Fassaden.

Dahinter aber öffnen sich teils weite Innenhöfe, in denen die Bewohner viel Zeit verbringen; dort liegen die Kochstellen, wachsen schattenspendende Bäume. Je weiter man sich von Córdobas Stadtkern entfernt, desto offener ist die Bebauung.

Der Kalif hat Johannes angewiesen, in einem seiner Gästehäuser auf die Audienz zu warten. Wohl nur selten verlässt der Gesandte das Haus.

Stets eskortiert von Wachen, wird er dann sehen, wie die Bewohner Córdobas ihrem Alltag nachgehen; wie etwa die Frauen zu den öffentlichen Öfen streben, um ihr Brot zu backen – oder eines der rund 300 Badehäuser besuchen, in deren Innerem sich Kuppeln wölben. Die Bäder sind zu bestimmten Zeiten allein den Frauen vorbehalten.

Die Reinheit ist für die meist muslimischen Einwohner Gottesgebot und Gesundheitsfürsorge zugleich: Anders als im Norden Europas haben die Menschen in den Städten von al-Andalus längst ein Verständnis von Hygiene.

Während die Bewohner der Vororte außerhalb der Stadtmauer ihr Wasser vor allem aus Brunnen schöpfen, ist das Zentrum der Stadt durch ein Netz von Wasserleitungen beständig mit frischem Nass versorgt. Gespeist wird es aus mehreren gewaltigen Zisternen, die Regenwasser speichern, sowie aus den Aquädukten, die in der Ferne aufragen. Über diese Leitungen rauscht Wasser aus den Bergen in die Stadt.

Die muslimischen Herrscher Córdobas haben recht bald nach der Eroberung der Stadt begonnen, die noch aus der Römerzeit stammenden Aquädukte wiederherzustellen – vor allem, um ihren eigenen Wohnkomfort zu verbessern.

Prächtige, weitläufige Häuser mit blühenden Gärten haben sie sich unweit des alten Palastes im Stadtkern errichten lassen, sogar eigene Bibliotheken und Salons, in denen Córdobas Elite am Abend Musik und Dichtung genießt.

Abd ar-Rahman hat an seinem Hof hochgeschätzte Poeten engagiert, deren klangvolle arabische Sprache Menschen aller Schichten und aller Kulturen verzückt. Doch nicht nur zur Unterhaltung, auch zur Propaganda dient die Wortkunst: Die Verse und Erzählungen der Hofdichter, die ihn und seine Erfolge feiern, werden vor Publikum vorgetragen und so im Reich verbreitet.

Zur Elite zählen die Mitglieder des umayyadischen Geschlechts sowie zahlreiche, der Herrscherfamilie oft schon seit Langem loyal verbundene Clans.

Auch andere Araber haben es als Kaufleute und Gelehrte in al-Andalus zu Reichtum und Ansehen gebracht – kaum aber zu politischer Macht: Um seine Stellung abzusichern und mögliche Gegner fernzuhalten, lässt Abd ar-Rahman die hohen Posten in den Ministerien, lokalen Verwaltungen und im Heer mit seinen Getreuen besetzen sowie mit verdienten Sklaven.

Der Kalif gebietet über eine der größten und bestorganisierten Machtzentralen in Europa. Zahllose Männer, viele in Kalligrafie und der arabischen Kultur ausgebildet, kümmern sich um seine Korrespondenz und übermitteln die herrschaftlichen Verordnungen und Befehle an die Provinzen.

Mindestens ebenso wichtig sind für den Kalifen die Finanzbeamten. Über ein kompliziertes Steuersystem nehmen sie große Summen ein, denn Handwerk und Handel blühen.

In den Gassen der Vororte arbeiten Schreiner, Schneider, Seifenmacher, Gold- und Silberschmiede, die das begehrteste Geschmeide weit und breit fertigen. Schnitzer fertigen reich verzierte Vasen und Döschen aus Elfenbein. Töpfer formen aus Ton feinste Krüge und Schalen. Glasmacher blasen aus der in Feuern glühend gemachten Masse blitzende Gefäße.

Unten am Fluss liegen die Werkstätten der Gerber, denn sie brauchen viel Wasser, um aus den Häuten von Tieren das wohl weichste Leder des Kontinents zu gewinnen und es zu Taschen, Sätteln und Wandbildern zu verarbeiten.

Oft punzieren Spezialisten mit Hammer und Metallstift edle Muster in die Waren. Oder sie verzieren diese mit Gold- und Silberfarben, malen prachtvolle Figuren, Früchte, Pfauen darauf.

Die Reichen der Stadt gieren nach solchen Luxuswaren – und treiben deren Schöpfer zu immer neuen Höchstleistungen an. Abd ar-Rahmann gibt den Handwerkern die Zeit, ihre Produkte weiter zu verfeinern: Er hat die Männer seines Imperiums vom Militärdienst befreit, längst kämpfen Söldner für ihn.

Kaufleute verbreiten die begehrten Handwerkswaren im gesamten Reich und über die Grenzen hinaus. Córdoba zählt zu den größten Umschlagplätzen des Kontinents, Waren aus dem gesamten Mittelmeerraum werden hier angeboten – Flachs, edle Hölzer, funkelnde Steine und betörende Parfüms aus Ägypten. Arzneien aus dem Orient. Wolle, Gewürze und Getreide aus Nordafrika.

Und auch junge Frauen und Männer, herbeigeführt wie Vieh, stehen zum

Verkauf: Sklaven sind eines der wichtigsten Handelsgüter der Stadt.

Daneben ist Córdoba ein bedeutender Umschlagplatz für Eunuchen. Geschäftsleute bringen Jünglinge aus Afrika sowie Ost- und Südosteuropa hierher, um sie entmannen zu lassen und sie anschließend in die islamische Welt zu verkaufen. Vor allem Herrscher setzen die Eunuchen in ihrem Hofstaat ein; denn außer ihnen selbst soll kein ganzer Mann ihren Frauen und Konkubinen nahe sein.

°

VERBLÜFFEN MÜSSEN einen Fremden wie Johannes von Gorze aber auch die für Andalusier alltäglichen Waren wie Obst und Gemüse, die in großer Fülle und Qualität vor allem auf dem Hauptmarkt im Stadtzentrum feilgeboten werden. In den Auslagen der Verkaufsstände liegen Karotten, Aprikosen, Kirschen, Mandeln, Pinien- und Pistazienkerne.

Zudem haben die Gutsbesitzer Kochbananen, Reis, Auberginen, Granatäpfel, Zuckerrohr und Safran aus fernen Ländern eingeführt, die nun im Umland der Stadt Wurzeln schlagen und den Speiseplan der Bürger bereichern.

Dabei ist die Gegend im Sommer heiß und trocken: Häufig fällt über Monate kaum Regen auf die sonnenverbrannte Erde. Beiderseits des Guadalquivir aber zieht sich ein bewässerter grüner Saum die Hänge hinauf.

Viele Felder sind als Terrassen angelegt, wie es etwa in Asien schon seit Langem üblich ist. Denn die in die Hänge gehauenen Stufen schützen das Land vor Erosion. Und sie verhindern ein schnelles Verdunsten des Wassers, das die Menschen geschickt aus dem Fluss hangaufwärts bewegen, mit von Schaufelrädern angetriebenen Pumpen.

Die Händler verkaufen vieles – auch Menschen

Die stete Bewässerung lässt die Früchte selbst bei sengender Hitze gedeihen. In nicht endenden Karawanen transportieren Arbeiter die Feldfrüchte meist schon vor Tau und Tag auf die Märkte von Córdoba – und nehmen auf dem Rückweg den Dünger für die Felder wieder mit: menschliche Fäkalien wohl aus Latrinen und Gruben.

Während Händler werben und feilschen und die derben Flüche Unzufriedener umherwehen, streifen die Marktmeister und ihre Gehilfen durch die Reihen der Verkaufsstände. Sie weisen Geschäftsleute, die betrügen, und Bettler, die die Menschen bedrängen, scharf zurecht – wenn nötig, mit Unterstützung von Polizisten.

Doch fünfmal am Tag wird alles ruhig: wenn die Rufe der Muezzine über der Stadt erschallen. Sogleich ziehen sich viele Händler und Marktgänger zur stillen Einkehr zurück.

Und wenn die Muezzine zum Freitagsgebet rufen, das stets in Gemeinschaft vollzogen werden soll, sind der Markt und viele Straßen Córdobas nahezu verwaist. Denn dann streben die muslimischen Männer (für Frauen ist das Gebet nicht verpflichtend) in eines der vielen Tausend kleinen Gebetshäuser in ihren Vierteln – oder in die große Moschee im Zentrum der Metropole.

Das Gotteshaus kann die wachsende Zahl der Gläubigen kaum mehr fassen, obwohl es bereits erweitert worden ist. Abd ar-Rahman III., vor allem aber sein Sohn und späterer Nachfolger al-Hakam lassen die Moschee prächtig ausbauen und vergrößern: Sie soll den Gotteshäusern in Medina oder Jerusalem in nichts mehr nachstehen.

Schier grenzenlos erscheint schließlich der Gebetsraum, in dem ein steinerner Hain aus mehr als 1000 Säulen emporwächst. Überwältigend der angrenzende, vor Prunk gleißende Mihrab, jene Gebetsnische, die in jeder Moschee die Gebetsrichtung nach Mekka anzeigen soll.

Eine Jakobsmuschel, geschaffen aus einem einzigen, makellosen Marmorblock, überwölbt den Raum. Kunstvolle Mosaike schmücken die Wände, gefertigt aus Unmengen goldglänzender Steinchen. Die Glasur soll der byzantinische Kaiser aus Konstantinopel gesandt haben, zu dem der Kalif gute Beziehungen pflegt.

Unwahrscheinlich, dass Johannes von Gorze, der Mönch aus dem rauen Norden, diesen Prunkbau je betritt. Überliefert ist allerdings, dass er regelmäßig eine der Kirchen der Stadt besucht, um dort Gottesdienst zu feiern.

Denn obwohl die Muslime nun schon seit Jahrhunderten über Córdoba herrschen, leben dort auch Christen und Juden. Die Herrscher haben sie zu Dhimmis erklärt, Schutzbefohlenen. Und als solche dürfen sie ihren Glauben leben, ihre Feste feiern, gar Kirchen bauen: solange sie eine Zusatzsteuer zahlen. Die wird zu einer wichtigen Einnahmequelle des Kalifats – und so dulden die Herrscher von al-Andalus das Nebeneinander der Religionen nicht allein aus Nächstenliebe, sondern vor allem aus kühler Berechnung.

Das gilt auch bei Hofe: Mag Abd ar-Rahman III. das Weltbild der Andersgläubigen auch ablehnen, so weiß er, dass er auf die Expertise der jüdischen Kaufleute und Gelehrten sowie auf die guten Verbindungen der christlichen Geistlichen nicht verzichten kann.

Daher nutzt er sie für seine Ziele: Bischöfe etwa spielen eine wichtige Rolle bei der Verwaltung der christlichen Wohnbezirke. Er schickt sie als Gesandte an europäische Höfe, ins ostfränkische Reich und nach Konstantinopel. Und er holt Juden an seinen Hof, als Beamte und Gelehrte.

Von jeher fördern die Kalifen die Künste und Wissenschaften. Keinen aber treibt der Wunsch, das Wissen der Welt unter seinen Dächern zu sammeln, so sehr um wie Abd ar-Rahmans Sohn al-Hakam.

Der spätere Kalif lässt eine gewaltige Bibliothek aufbauen, die in der zweiten Hälfte des 10. Jahrhunderts rund 400 000 Bücher fassen wird, mehr als im gesamten übrigen Europa. Es sind Werke zu beinahe jedem Wissensgebiet: Philosophie, Religion, Medizin, Astrologie, Ingenieurswissenschaften, Geographie, Geschichte, Literatur.

Unzählige Schreiber und brillante Übersetzer sind in Córdoba tätig. Tief gebeugt hocken die Wortkundigen vor den Schriften der Griechen, um sie ins Arabische zu übertragen.

Hakam II. ist besonders fasziniert von den antiken Philosophen und Naturforschern, die schon Jahrhunderte zuvor grundlegende Schriften zu Logik, Mechanik, Medizin verfasst haben.

Manches Wissen wäre wahrscheinlich schon verloren, hätten nicht muslimische Gelehrte in Bagdad, aber auch in Córdoba und anderen Städten des Kalifats die antiken Ideen bewahrt.

Die guten Arbeitsbedingungen und die weltoffene Atmosphäre bei Hofe

BIS NACH AFRIKA schickt der Herrscher seine Soldaten – und verschafft seinem Reich so Zugang zu unermesslichen Goldschätzen (Palastwächter)

BALD NACH DEM TOD Abd ar-Rahmans erschüttern Unruhen dessen Reich; al-Andalus zerfällt in verschiedene Herrschaften. Der Glanz seiner Kultur aber überdauert die Zeiten

ziehen Gelehrte aus jedem Winkel des Kalifats, gar aus Europa, Afrika und dem Nahen Osten nach Córdoba, um dort zu philosophieren, zu tüfteln und zu forschen.

Revolutionär ist das Schaffen der Mathematiker, die wohl schon im 10. Jahrhundert mit „arabischen" Ziffern rechnen. Muslimische Gelehrte haben die eigentlich aus Indien stammenden Zahlen 1 bis 9 und, als Neuheit, die Null auf die Iberische Halbinsel gebracht.

Damit lässt sich nun jede beliebige Zahl viel übersichtlicher schreiben als mit römischen Zahlen, sind komplizierte Berechnungen einfacher. Von al-Andalus aus werden sich die arabischen Ziffern in ganz Europa verbreiten.

Andere Gelehrte verfassen Handreichungen zu Fragen des Ackerbaus und der Wirtschaft, die Kaufleuten den Alltag erleichtern. Ingenieure tüfteln an Automaten, Uhren, einem Perpetuum mobile und verbessern das Astrolabium, mit dem Kundige etwa die Himmelsrichtung präzise bestimmen können.

Die Astronomie gilt den Kalifen als besonders wichtige Wissenschaft, denn die Erkenntnisse der Himmelskundler erleichtern es ihnen, die Daten für religiöse Feste genau festzulegen – und die Mirhabs in ihren Gebetshäusern exakt in Richtung Mekka auszurichten.

Der erste muslimische Herrscher Córdobas verfügte noch nicht über solches Wissen: Die alte Moschee im Zentrum weist deshalb zu weit nach Süden – die in der Palaststadt von Abd ar-Rahman III. indes ist perfekt ausgerichtet.

E

Endlich, im Juni des Jahres 956, darf Johannes von Gorze zur Audienz beim Kalifen aufbrechen, drei Jahre nach seiner Ankunft in Córdoba.

Die Gründe für die lange Wartezeit sind vielfältig und verworren. In jedem Fall hatte Abd ar-Rahman schon vor dem Eintreffen der ostfränkischen Gesandtschaft vom scharfen Inhalt des Briefes erfahren – und sich daher geweigert, ihn anzunehmen. Nur die Geschenke des ostfränkischen Herrschers wollte er empfangen. Johannes aber sträubte sich, von seiner Mission abzuweichen.

Schließlich schickte der Kalif selbst eine Gesandtschaft zu Otto I. und bat ihn, ein milderes Schreiben aufzusetzen.

Nun, da seine Leute mit dem Brief zurückgekehrt sind, bittet Abd ar-Rahman Johannes zu sich. Er lässt dem Mönch sogar zehn Pfund Silber zukommen, damit er sich für den Empfang angemessen einkleiden könne. Doch Johannes verteilt den Betrag an Arme und besteht darauf, in seinem traditionellen Habit vorzutreten – was ihm Abd ar-Rahman gestattet.

Der Kalif empfängt Johannes nicht in einem großen Prunksaal, sondern in einem kleineren Gemach – vielleicht, weil er auf den seltsamen und standhaften Gottesmann aus dem Norden neugierig geworden ist und ihn in privater Atmosphäre kennenlernen möchte.

Sicher ist, dass das Treffen gut, fast freundschaftlich verläuft.

Abd ar-Rahman entschuldigt sich bei Johannes für die Wartezeit und versichert ihm, dass er nun alles bekomme, was er verlange.

Anschließend lädt er den Gast zu einem weiteren Treffen ein, um sich über die Pläne und Probleme beider Reiche auszutauschen.

Was dann passiert, ist nicht überliefert: Jener Bericht, den ein Ordensbruder von Johannes später über dessen Erlebnisse in al-Andalus verfasst – das erste Schriftstück überhaupt, das die Audienz eines christlichen Europäers beim Kalifen dokumentiert –, endet plötzlich.

Daher ist nicht bekannt, wann genau der Mönch zurückreist, wie er empfangen wird in seiner Heimat und was genau er dort über die große, glanzvolle Stadt Córdoba berichtet.

Als Abd ar-Rahman knapp ein Jahrzehnt nach der Audienz mit 72 Jahren stirbt, übernimmt sein Sohn als Hakam II. die Macht. Unter ihm erreicht die Stadt ihre höchste kulturelle Blüte.

Nach dessen Tod aber bricht 976 eine düstere Ära an. Ein minderjähriger Enkel Abd ar-Rahmans erbt den Thron – was ein ehrgeiziger Höfling ausnutzt, um mithilfe von Intrigen die Macht über al-Andalus an sich zu reißen.

Jahrzehntelang hält er den jungen Kalifen gefangen und führt derweil die Staatsgeschäfte: Al-Andalus wird nun von einem gierigen Feldherrn und eifrigen Frömmler regiert, der alles an Kultur zerstört, was die muslimischen Machthaber in den Jahrzehnten zuvor aufgebaut haben.

Der Emporkömmling lässt zahllose aus aller Welt zusammengebrachte Werke vernichten, weil sie angeblich den wahren islamischen Glauben gefährden,

AUF DEM HÖHEPUNKT seiner Macht erstreckt sich al-Andalus bis zu den Pyrenäen. Doch ab dem 12. Jahrhundert erobern christliche Herrscher aus dem Norden die Iberische Halbinsel von den Muslimen zurück

und führt nach einer Ära des Friedens wieder Feldzüge gegen die Christen im Norden. 1002 stirbt er auf der Rückkehr von einer Kampagne.

Unter der Herrschaft seiner Söhne bricht ein Bürgerkrieg aus, in dessen Verlauf etliche Villen in Córdoba zu Schutt und Asche vergehen. Viele Kaufleute und Gutsbesitzer, die letzten Gelehrten fliehen, selbst die einst mächtige Umayyaden-Familie verschwindet scheinbar spurlos aus der Stadt.

Schließlich lösen die führenden Bürger Córdobas das Kalifat im Jahr 1031 auf. Da ist das iberische Reich der Muslime längst in knapp zwei Dutzend Kleinkönigtümer zerfallen, deren Herrscher ständig miteinander streiten.

Jenen Heeren, die nun aus dem Norden immer weiter auf die Iberische Halbinsel vordringen, haben sie nur wenig entgegenzusetzen: Die Herrscher christlicher Reiche wie Kastilien und León erobern Land und Macht von den Muslimen zurück.

Im Jahr 1236 fällt Córdoba in die Hände des kastilischen Königs Ferdinand III. Die „Zierde des Erdkreises", in der ein Jahrhundert zuvor noch Reisende aus aller Welt zu Gast waren, ist bald nur eine Stadt unter vielen.

Von al-Andalus bleibt ein winziges Territorium im äußersten Süden übrig, das Emirat um die Stadt Granada. Dort erschaffen die letzten muslimischen Herrscher auf der Iberischen Halbinsel noch einmal eine imposante Festung: die Alhambra. Doch ab 1492 ist auch dieses Bollwerk in Christenhand, geht al-Andalus endgültig unter.

Aber seine Erben bemühen sich, Geist und Glanz des sagenumwobenen Reiches neu zu beleben. Bereits im 12. Jahrhundert ist mit Unterstützung der kastilischen Könige in Toledo ein internationales Übersetzer-Kolleg entstanden. Heere von Schriftkundigen übertragen die Schriften der alten Denker ein weiteres Mal – nun vom Arabischen ins Lateinische, die Gelehrtensprache des Abendlandes. So können auch die Schüler europäischer Universitäten die Klassiker bald lesen.

Auch in der Architektur offenbart sich die Ehrfurcht der neuen Herrscher vor dem Werk der Muslime: Während der Eroberung Córdobas befiehlt der christliche König Ferdinand III. seinen Männern, nicht die große Moschee im Zentrum zu zerstören, wie sie es zuvor mit den Gebetshäusern anderer Städte getan haben. Stattdessen lässt er sie zur Kirche umwidmen, und anstelle des Minaretts erhebt sich dort bald ein Glockenturm.

So bleibt die einzigartige Schönheit des Bauwerks erhalten – und ist bis heute ein Zeuge jener Zeit, in der Córdoba eine Stadt ohnegleichen war. ◊

AUF IHREM STAMMSITZ, der Burg Canossa, empfängt Mathilde immer wieder Adelige und Gelehrte (oben rechts den Bischof Anselm von Canterbury)

Die FRAU im HINTERGRUND

Sie ist eine der wenigen Frauen unter den Mächtigen des Mittelalters: Mathilde von Canossa ist gebildet, selbstbewusst, eng verbunden mit Kirche und Krone. Und so wird die Markgräfin zur entscheidenden Vermittlerin, als im Jahr 1077 ein Konflikt zwischen Papst und König die christliche Welt zu spalten droht

TEXT: *Constanze Kindel*

So viel hängt ab von diesen Tagen, so viel lastet auf ihr. Vor Mathilde liegt eine Mission wie keine andere: Auf ihrer Burg soll sich die Zukunft der christlichen Welt entscheiden. Versteckt und uneinnehmbar liegt die Festung auf einer Felskuppe an der Nordseite des italienischen Apenningebirges: Canossa. Der Stammsitz ihrer Vorfahren. Und in diesem Januar des Jahres 1077 der Mittelpunkt des Abendlandes.

Hier sollen die Gegner zusammentreffen, der Papst und der König des römisch-deutschen Reiches – die beiden mächtigsten Männer Europas. Seit fast einem Jahr steht König Heinrich IV. unter dem Kirchenbann, exkommuniziert von Papst Gregor VII. Der Pontifex hat Heinrich ausgeschlossen aus der Gemeinschaft der Christen, hat ihm sein Amt verboten.

Und Mathilde von Canossa, die Markgräfin von Tuszien, hat die Bürde der Vermittlerin in dem Konflikt, der die Ordnung der Welt bedroht. An ihr ist es, dafür zu sorgen, dass diese Ordnung nicht zerbricht.

Sie ist etwa 30 Jahre alt, verwitwet, kinderlos, eine Frau, die andere beeindruckt: hochgewachsen, die Haare auffallend hell. Sie ist, nach den Maßstäben ihrer Zeit, ungewöhnlich gebildet, spricht mehrere Sprachen, kann lesen und ein wenig schreiben – auch wenn man ihrer ungelenken Unterschrift ansieht, dass sie den Federkiel mit zu viel Kraft führt.

Die Markgräfin weiß, wie viel ihr Wort gilt im Reich. Als Herrin von Canossa kontrolliert sie einen großen Teil der wichtigsten Verbindungsstraße zwischen Rom und dem Norden Europas, die durch ihr Territorium führt. Und, noch bedeutsamer: Beide Oberhäupter des Abendlandes stehen ihr nahe. Mit dem deutschen Monarchen ist sie verwandt – Heinrich IV. ist ein Cousin ihrer Mutter. Und mit dem Papst verbindet die Tiefgläubige schon seit vielen Jahren ein enges Vertrauensverhältnis.

Ihr Herrschaftsgebiet und ihre Verbindungen machen die Markgräfin zur wohl mächtigsten Frau im römisch-deutschen Reich, zu dem der nördliche Teil Italiens gehört – in einer Zeit, in der Frauen Macht nur ausnahmsweise zufällt, vorübergehend, stellvertretend für abwesende Männer und Söhne.

Wie zur Antwort auf die Frage, ob das sein darf, ein weiblicher Herrscher, unterzeichnet sie stets mit der gleichen Formel: Matilda, *dei gratia, si quid est* – Mathilde, von Gottes Gnaden, was immer sie ist. Was immer man in ihr sehen mag: Ihre Stellung ist gottgegeben.

°

MATHILDES FAMILIE pflegt schon seit Langem die Nähe zur geistlichen wie zur weltlichen Macht. Die Herren von Canossa haben etliche Klöster gegründet und wurden für ihre Unterstützung der jeweiligen Regenten mit Ländereien belohnt. Nach und nach wurden sie immer reicher und stiegen auf zu wichtigen Verbündeten von Kaisern und Päpsten. Sie herrschten schließlich über die Toskana und weite Teile der Lombardei.

Im Mai 1052 aber tötet ein Attentäter Mathildes Vater Bonifaz bei der Jagd mit einem vergifteten Pfeil. In den Jahrzehnten seiner Herrschaft hatte Bonifaz seine Besitztümer gnadenlos ausgebeutet und daher vielen Grund gegeben, ihn zu hassen.

Mathilde ist da etwa sechs Jahre alt. Wenig später sterben ihre älteren Geschwister noch als Kinder. Das Haus Canossa hat keine männlichen Nachkommen mehr.

Das bedeutet für die weiblichen Mitglieder einer Adelssippe in der Regel einen großen Verlust an Ansehen und Status. Denn sie verlieren häufig das Territorium und den Herrschertitel des Mannes, die an den Lehnsherrn zurückfallen, etwa den König, der sie dann an einen neuen Vasallen vergibt. Doch es gibt Ausnahmen, vor allem in Flandern, Frankreich – und eben Norditalien.

Und so schafft es auch Mathildes Mutter Beatrix, den Titel und das Land ihres Mannes zu erben.

Möglich ist das nur, weil Beatrix eine selbstbewusste Frau ist, die die Macht will, sich gleich nach dem Tod des Gatten überall im Reich zeigt, öffentlich Recht spricht, sich dabei als umsichtige Gebieterin erweist – und so die Unterstützung ihrer Untertanen gewinnt.

Rasch bringt sie auch Mathilde als zukünftige Herrscherin in Stellung, nimmt sie mit auf ihre Reisen, lässt sie an Gerichtsverhandlungen teilhaben und lehrt sie, offizielle Urkunden zu verfassen.

Über die Grenzen ihres Reiches hinaus pflegt Beatrix enge Kontakte zur Kirche. Mit Papst Gregor VII., der

IM JANUAR des Jahres 1077 wird die kleine Festung Canossa zum Zentrum des Abendlandes: Papst und König treffen hier aufeinander, um ihren Konflikt zu entscheiden

1073 den Heiligen Stuhl besteigt, verbindet sie gar eine freundschaftliche Beziehung. In seinen Briefen an Beatrix und Mathilde schreibt Gregor offen über die Bürde seines Amtes. Einmal nennt er die beiden sogar seine „teuersten und geliebten Töchter". Bald kursieren Gerüchte, Mathilde und er führten eine heimliche Liebesbeziehung.

Aber Gregor verbinden mit den zwei Frauen vor allem politische Ziele. Er braucht sie als Vermittlerinnen in einem Konflikt mit dem deutschen König.

Es geht um die Frage, welcher der beiden Gewalten der Vorrang gebührt: der geistlichen oder der weltlichen.

Konkret streiten sie darüber, wer die Bischöfe im Heiligen Römischen Reich einsetzen darf – der Monarch oder der Heilige Vater? Seit Langem haben dieses Vorrecht die Könige inne, und es ist ein wichtiges Instrument ihrer Herrschaft. Denn die Bischöfe, die sie berufen und mit Lehen (also mit Land und Herrschaftsrechten) ausstatten, sind ihnen treue Verbündete im Spiel der Macht. Deshalb hat der schwelende Streit eine Sprengkraft, die die Einheit der abendländischen Christenheit bedroht.

Beatrix und Mathilde bemühen sich darum, zwischen den beiden Seiten zu vermitteln. Sie waren auf Bitten

ÜBER TAGE tragen Gesandte Botschaften zwischen Papst und König hin und her. Mathilde muss zwischen zwei Gegnern vermitteln, die nicht direkt miteinander sprechen

Gregors schon aktiv als Diplomatin des Heiligen Stuhls, haben genügend Erfahrung und die weitreichenden Verbindungen, um in einem Konflikt dieser Tragweite für Ausgleich zu sorgen.

Aber Heinrich IV. beharrt darauf, dass er als König über die Kirche in seinem Reich bestimmen darf. Gregor VII. dagegen besteht auf den Vorrang des Papstes in der gesamten christlichen Welt. Schriftlich hält er seinen Anspruch auf Universalherrschaft fest. Er allein könne Bischöfe berufen und ihres Amts entheben. Alle Fürsten sollen „allein des Papstes Füße küssen". Und er geht noch weiter: Es sei ihm auch erlaubt, den weltlichen Herrscher abzusetzen. Denn er als Pontifex maximus sei „unzweifelhaft heilig". Wenig später droht er Heinrich sogar mit der Exkommunikation, dem Ausschluss aus der Christenheit, sollte er weiterhin Bischöfe ernennen.

Als Heinrich IV. nicht nachgibt, vollzieht Gregor tatsächlich den Bann. Am 22. Februar 1076 erklärt er: Weil Heinrich es verschmäht habe, wie ein Christ zu gehorchen, „binde ich ihn mit der Fessel des Fluchs".

Damit ist der König ausgeschlossen aus der Gemeinschaft der Christen – und auch kein legitimer Herrscher mehr. Denn Gregor verkündet: „Ich verbiete ihm die Lenkung des gesamten Reichs der Deutschen und Italiens."

Der Kirchenbann schwächt Heinrichs Position im Reich: Einem Exkommunizierten wollen viele Fürsten (die ihn einst zum König gewählt haben) nicht folgen. Sie wenden sich gegen ihn, zwingen ihn schließlich dazu, schriftlich zu erklären, dass er bereit ist, Buße zu leisten.

Bis zum Jahrestag der Verdammung muss er den Papst dazu bringen, so fordern sie, dass der ihn vom Kirchenbann löst. Nur unter dieser Bedingung sind die Fürsten bereit, darüber zu beraten, ob er sein Amt behalten darf. Die endgültige Entscheidung darüber wollen sie im Februar 1077 auf einer Versammlung in Augsburg treffen, gemeinsam mit dem Papst.

°

DER HEILIGE VATER aber weigert sich, Heinrich vor dieser Zusammenkunft in Rom zu empfangen. Stattdessen begibt er sich auf die lange Reise nach Augsburg.

Heinrich muss handeln. Er will die Loslösung vom Bann erreichen, ehe das Kirchenoberhaupt in Süddeutschland mit den Fürsten zu Gericht sitzt. In der persönlichen Begegnung mit seinem Gegner sieht der König die einzige Möglichkeit, seine endgültige Absetzung zu verhindern. Und so bricht er mit seiner Familie und einigen Vertrauten kurz vor Weihnachten in Speyer auf, um den Papst auf dessen Weg nach Norden aufzuhalten. In einem klirrend kalten Winter überquert die Gruppe die Alpen.

Ihr Weg führt über den besonders steilen Mont Cenis – alle anderen Pässe haben die süddeutschen Herzöge gesperrt, die zu den Gegnern des Königs gehören. Oft kriechen die Reisenden auf allen vieren im Schnee.

Gerüchte kommen auf, Heinrich werde in Italien ein Heer sammeln; das Gerede erreicht auch den Papst.

Gregor wartet in der norditalienischen Stadt Mantua auf deutsche Geleittruppen, die ihn sicher über die Alpen bringen sollen, als er erfährt, dass sich Heinrich ihm bis auf eine Tagesreise genähert hat. Eilig verlässt der Papst die Stadt und zieht sich mit seinem Gefolge zurück in die Sicherheit der Berge, in eine Burg, die nur über einen einzigen schmalen Felsgrat zu erreichen ist.

Canossa.

°

VIELLEICHT WIRD MATHILDE (deren Mutter kurz zuvor gestorben ist) von den Entwicklungen überrascht. Vielleicht wird Canossa in den folgenden Wochen nur zufällig zum Schauplatz einer Schicksalswende. Wahrscheinlich aber wirkt die Markgräfin von Beginn an im Hintergrund, holt den Papst in den Schutz ihrer Burg, um hier Pontifex und König zusammenzubringen.

Denn ganz sicher haben sie und ihr Stab die kleine Festung auf die mehreren Hundert Besucher vorbereiten müssen, mitten im Winter, wo alles, was diese Gäste brauchen, so viel schwerer zu beschaffen ist – eine Aufgabe, die ohne Vorplanung gar nicht zu meistern gewesen wäre.

Als der König von Gregors Rückzug auf die Burg erfährt, folgt er dem Papst nach Canossa. Am 20. Januar 1077 wird er mit seinen Begleitern zum ersten Mal in der Nähe der Festung gesehen. Mathilde quartiert die deutsche Gruppe auf einer ihrer anderen Burgen ein, nur wenige Kilometer entfernt.

Die Verantwortung lastet gleich doppelt auf ihr: Als Burgherrin muss sie Hunderte Menschen versorgen, die nun unter ihrem Schutz stehen. Und zudem nimmt sie sich vor, als Vermittlerin den größten aller Konflikte beizulegen.

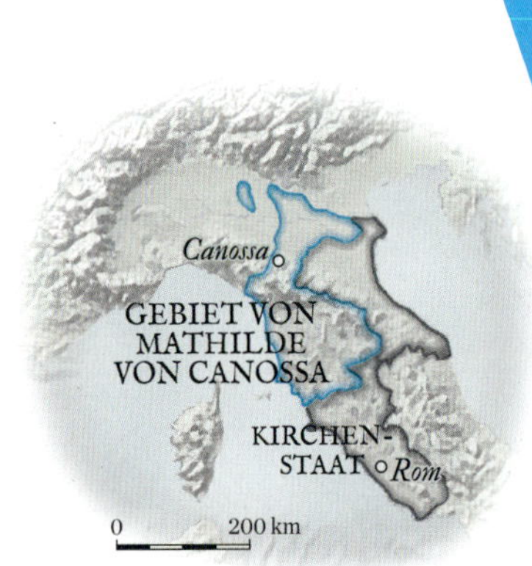

DIE LÄNDEREIEN der Herren von Canossa erstrecken sich im 11. Jahrhundert vom Gardasee bis nach Mittelitalien. Ihr Stammsitz liegt nahezu uneinnehmbar auf einer Felskuppe an der Nordseite des Apenningebirges

Auch andere Fürsten sind als Unterhändler nach Canossa gereist. Aber nur vor Mathilde, so berichtet ein Chronist, kniet der König nieder und bittet sie, sich für ihn einzusetzen. Über Tage reiten nun Gesandte zwischen den Burgen hin und her. Welche Botschaften genau sie übermitteln, weiß heute keiner mehr.

Der Papst jedenfalls bleibt unnachgiebig. In Augsburg will er gemeinsam mit den Fürsten über Heinrich zu Gericht sitzen und sein weiteres Schicksal beraten.

Doch Mathilde und die übrigen Vermittler drängen darauf, Heinrich sofort vom Kirchenbann zu lösen – denn sonst könnten die Reichsfürsten versuchen, eigenmächtig einen neuen König zu bestimmen. Die Verhandlungen geraten ins Stocken.

Der König will jedoch nicht länger warten. Am 25. Januar 1077 macht er sich auf nach Canossa und steht schließlich allein vor der Burgmauer im Schnee: barfuß, im Büßergewand aus rauer Wolle, quälend kratzig auf bloßer Haut – ein Zeichen der Demut, wie es die Gläubigsten tragen, Heilige und Ordensleute.

Kein Wort vom Papst.

Und so erscheint Heinrich auch an den beiden folgenden Tagen vor der Mauer, schutzlos in der Kälte, ein reuiger Sünder. Die Unterhändler um Mathilde drängen den Papst, die Buße anzunehmen. Versprechen in Heinrichs Namen Genugtuung und Gehorsam.

Schließlich bleibt Gregor VII. keine andere Wahl mehr: Am 28. Januar lässt er die Pforte der Burg für Heinrich und dessen Begleiter aufschließen. Unter Tränen begrüßen sich die Kontrahenten, so berichten es später die Chronisten. In der Burgkapelle erteilt der Papst dem knienden König seinen Segen und feiert die Messe. Als er die Hostie aus den Händen des Papstes entgegennimmt, ist Heinrich wieder in die Kirche aufgenommen.

Auch Mathilde gehört zu den Fürsten, die sich noch am gleichen Tag mit ihrem Wort dafür verbürgen, dass der König die Bedingungen dieser Versöhnung einhalten und dem Papst künftig den schuldigen Gehorsam erweisen wird.

Die Katastrophe ist abgewendet. Der Bußgang des Königs war ein Erfolg im letzten Moment, erwirkt von einer Frau, die ihren Einfluss leise geltend macht, im Verborgenen, und deren entscheidende Rolle in diesem Konflikt auch deshalb bald in Vergessenheit geraten wird.

ALS HEINRICH schließlich im Büßergewand vor die Burg tritt, löst der Papst den über den König verhängten Bann. Doch der Frieden zwischen Krone und Vatikan ist brüchig – und nur von kurzer Dauer

Lange hält der Friede allerdings ohnehin nicht. Denn schon wenig später bricht wieder Streit darüber aus, wer Bischöfe ernennen darf und wer nicht.

Im Jahr 1080 exkommuniziert Gregor VII. Heinrich erneut. Doch diesmal lässt der König die ihm ergebenen Bischöfe kurzerhand einen anderen Papst wählen. Mit einer Streitmacht zieht er nach Rom, besiegt die dort stationierten Truppen des Kirchenoberhaupts und lässt sich von seinem Gegenpapst zum Kaiser krönen.

Mathilde stellt sich nun eindeutig an die Seite des Heiligen Vaters. Mehr als zwei Jahrzehnte streitet die Herrin von Canossa aufseiten der Gegner Heinrichs, versorgt sie über Gregors Tod hinaus mit Geld und Truppen. Für die Kirche ist ihre Unterstützung derart unverzichtbar, dass die Kardinäle im Jahr 1088 erst zur Papstwahl schreiten, nachdem sie über einen Boten Mathildes Rat eingeholt haben.

Unter dem neuen Pontifex Urban II. schwelt der Streit mit der weltlichen Macht weiter – und Mathilde ist weiterhin daran beteiligt. Auf Wunsch des Heiligen Vaters heiratet sie den Sohn des Herzogs von Bayern, der die Opposition gegen den König mit anführt: einen Jungen von vielleicht 16 Jahren.

Doch es wird noch Jahrzehnte dauern, bis der Streit zwischen Kirche und Königtum 1122 in einem Kompromiss endet. Der sieht vor, dass fortan allein der Papst die Bischöfe ernennt – aber nur der König darf sie mit Lehen ausstatten.

Mathilde erlebt diese Einigung nicht mehr. In ihren letzten Jahren beschäftigt sie immer stärker die Sorge um ihr Vermächtnis. Mit ihr wird das Haus von Canossa aussterben, sie ist kinderlos geblieben (ihr junger Mann hat sich bald wieder von ihr getrennt). Schenkungen an Klöster und Kirchen, Spenden für den Dombau in Modena und Pisa sollen ihr die ewige Seligkeit sichern.

Als sie in der Nacht des 24. Juli 1115 mit knapp 70 Jahren stirbt, ist es still geworden um Mathilde. Aber die Kirche in Rom wird sie nicht vergessen: Ein halbes Jahrtausend später lässt Papst Urban VIII. die sterblichen Überreste der Markgräfin nach Rom bringen. Als erste Frau wird sie im März 1644 im Petersdom bestattet, an der Seite der Päpste.

Den Schmuck des Grabmals entwirft der berühmte Bildhauer Gianlorenzo Bernini. Das Relief auf dem Marmorsarkophag zeigt jenen Augenblick, in dem Mathilde im Mittelpunkt des Weltgeschehens stand.

Den Kniefall von Canossa. ◊

ZU EHREN

Im 9. Jahrhundert begründen die Khmer in Südostasien das Reich Angkor, das bald zur Großmacht aufsteigt. Tempelanlagen – darunter Angkor Wat, den größten Sakralbau der Welt. Nach dem Niedergang des Impe

FAST WIE EIN TEIL des Dschungels wirkt der Tempel Bayon. Wo sich heute seine Überreste erheben, war einst das Zentrum der Hauptstadt Angkor

DER GÖTTER

Seine Herrscher identifizieren sich mit hinduistischen Göttern und errichten zu deren Ehren Hunderte
riums überwuchert die Natur die Monumente – und schafft seltsame Gebilde aus Steinen und Vegetation

FOTOS: *Jaroslav Poncar* **TEXT:** *Charlotte Alt*

Thom, die der Herrscher der Khmer im späten 12. Jahrhundert bauen ließ und in der mehr als eine Million Menschen lebten

DA JEDER HERRSCHER Angkors zahlreiche Tempel in Auftrag gibt, entstehen Hunderte Gotteshäuser im Reich. Banteay Chhmar etwa liegt weit im Nordwesten

PREAH KO, im 9. Jahrhundert errichtet, ist vermutlich das erste große Gotteshaus in Angkor. Trotz seines Alters gehört es zu den am besten erhaltenen Bauten

DIE WURZELN mächtiger Tetrameles-Bäume schlängeln sich durch die Ruinen Ta Prohms. Fast wirkt es, als würde nur ihr Klammergriff die alten Mauern zusammenhalten

TAUSENDE SKLAVEN SCHUFTEN AUF DEN BAUSTELLEN

ZEICHEN DER MACHT: Die großen, in Türme gearbeiteten Gesichter zeigen vermutlich oft die Herrscher, die den Bau des jeweiligen Tempels befohlen haben (Banteay Chhmar)

S

Suryavarman II. hat einen Wunsch, und er denkt groß. Mitten im Dschungel Südostasiens will der Herrscher des Königreichs Angkor ein Monument seiner Macht bauen lassen: einen riesigen Tempel, imposanter als alles Dagewesene.

Es ist ein Vorhaben, das kaum zu verwirklichen scheint. Doch Suryavarman verfügt über viele Ressourcen, denn er regiert ein prosperierendes Reich in der Region des heutigen Kambodscha und gebietet über Millionen Untertanen vom Volk der Khmer.

Angkors Wohlstand beruht vor allem auf einem ausgeklügelten Bewässerungssystem: Reservoirs und Kanäle machen die Landwirtschaft unabhängig von Regen- und Trockenzeiten und ermöglichen bis zu vier Reisernten pro Jahr.

Die ertragreiche Landwirtschaft ernährt neben den Bauern zahlreiche Menschen, die anderswo eingesetzt werden können, etwa beim Bau von Palästen. Auf diese Weise wächst die Hauptstadt Angkor stetig und zählt zu Beginn des 12. Jahrhunderts, als Suryavarman an die Macht kommt, mehr als eine Million Einwohner.

Zu den größten Gebäuden der Kapitale gehören die Tempel. Seit der Hinduismus bald nach der Reichsgründung im 9. Jahrhundert zur dominanten Glaubensrichtung aufgestiegen ist, identifiziert sich jeder Herrscher mit einer bestimmten hinduistischen Gottheit, als deren Ebenbild er sich betrachtet. Ihr widmet er mindestens einen Tempel, lässt überdies weitere Sakralbauten errichten. Und so gibt es Hunderte religiöse Gedenkstätten im Reich.

Sie alle soll Suryavarmans Bau nun übertreffen. Der junge König, ebenso

DER TEMPEL ANGKOR WAT soll das hinduistische Universum auf Erden darstellen: So steht der rechteckige Wassergraben für den kosmischen Ozean, verkörpern die Türme den heiligen Berg Meru

kunstsinnig wie machtbewusst, plant seinen Tempel nicht nur als prächtiges Ehrenmal für den Gott Vishnu, den obersten Bewahrer der naturgegebenen Ordnung – sondern als Anlage, die in ihren gewaltigen Ausmaßen den hinduistischen Kosmos auf Erden darstellen soll.

Der rechteckige Wassergraben, der den gesamten Bau umschließt, stellt den kosmischen Ozean dar; die fünf Türme stehen für den heiligen Berg Meru, das Zentrum des Universums; und die Balustraden des gepflasterten Damms, der vom Wasser bis zum Tempel verläuft, symbolisieren die Verbindung der menschlichen und der göttlichen Welt.

Für den Transport der Materialien, darunter Bronze für Statuen hinduistischer Gottheiten und Gold für Außenverzierungen, lässt Suryavarman neue Straßen pflastern und Wasserwege anlegen. Er fordert Tausende Sklaven aus den umliegenden Provinzen an sowie Hunderte Steinmetze, Goldschmiede und Künstler, lässt Arbeitselefanten und Büffel, Boote und Karren heranschaffen.

Auf der 1500 mal 1300 Meter großen Baufläche fällen Arbeiter Tausende Bäume, heben dann mit Schaufeln Millionen Kubikmeter Erde aus und füllen die mehrere Meter tiefe Grube schließlich mit Sand – dem Volk der Khmer zufolge das reinste Material.

Tag für Tag bringen Elefanten und Büffel Sandsteinblöcke aus einem 30 Kilometer entfernten Gebirge. Da die Khmer keinen Mörtel kennen, müssen Steinmetze für die Mauern jeden einzelnen der insgesamt mehr als eine Million Quader präzise zurechtschleifen. Arbeiter hieven die fertigen Blöcke mithilfe von Seilen an die zugewiesenen Plätze.

Alle festgelegten Maße sind genau einzuhalten, denn zur Tag-und-Nacht-Gleiche im Frühling, wenn die Sonne im Glauben der Khmer ihre jährliche Reise beginnt, soll das Zentralgestirn direkt über dem Hauptturm aufgehen – das bringe das Gebäude in Einklang mit dem Universum, so haben es Suryavarmans Gelehrte ihm beschieden.

DIESE BUDDHISTISCHE Götterfigur trägt ein Diadem auf dem Kopf. Ihre Handhaltung erinnert an Aufführungen, die Tänzerinnen auf königlichen Festen zeigten (Ta Prohm)

MITTE DES 19. Jahrhunderts stoßen französische Forscher auf die überwucherten Tempel. Sie lassen manches unangetastet, um das einzigartige Zusammenspiel von Natur und Kultur zu wahren

UM 1200 lässt König Jayavarman VII. die Kapitale Angkor Thom errichten – und zu ihrem Schutz eine mit Gesichtern verzierte, acht Meter hohe Stadtmauer bauen

Doch immer wieder sind Korrekturen nötig, und so dauert es insgesamt fast 40 Jahre, bis der nun größte und gewaltigste Sakralbau der Welt schließlich vollendet ist.

Der Komplex erstreckt sich über eine Fläche von zwei Quadratkilometern, umgeben vom rund 200 Meter breiten Wassergraben. Der zentrale Turm steht auf einer 23 Meter hohen Plattform und ragt vom Boden aus 65 Meter in die Höhe.

Fertiggestellt ist das Monument damit aber noch lange nicht. Denn Hunderte Künstler sind nach wie vor damit beschäftigt, lächelnde Götter, gekrönte Schlangengottheiten oder Blumenmuster in seine Oberflächen zu kerben.

In eine Außenwand arbeiten sie ein 500 Meter langes Relief ein, bis heute das längste plastische Bildwerk der Welt. Es zeigt unter anderem 37 Himmel und 32 Höllen sowie etliche göttliche wie irdische Kämpfe – und den Milchozean, dessen Trank nach hinduistischer Legende unsterblich macht.

Maler lassen das Relief in leuchtenden Farben erstrahlen, und Goldschmiede verzieren die Kuppeln der insgesamt fünf Türme, die fortan weithin sichtbar in der Sonne glänzen. Der Tempel wird zu jenem Meisterwerk, das Suryavarman sich erwünscht hat.

Doch ehe alle Verzierungen vollendet sind und er das Bauwerk feierlich einweihen kann, stirbt der König überraschend um 1150 – und das stolze Angkor taumelt in eine Zeit der Wirren und Demütigungen. So nutzt das konkurrierende Nachbarreich vom Volk der Cham das vorübergehende Machtvakuum, greift das Imperium an, plündert und besetzt die Hauptstadt.

Die Elite der Khmer muss in eine abgelegene Region Angkors flüchten und von dort aus den Widerstand gegen die Invasoren führen. Erst drei Jahrzehnte und etliche Kriegszüge später gelingt es dem neuen König Jayavarman VII., die Cham zu vertreiben. Als Zeichen der wiedergewonnenen Größe lässt der ambitionierte Herrscher nahe der alten eine neue Kapitale bauen: Angkor Thom.

Ein Wassergraben und ein acht Meter hoher Mauerring sollen die Stadt vor weiteren Angriffen schützen. Auch einen neuen Palast lässt Jayavarman errichten sowie einen riesigen Platz für militärische Paraden, Feste und Zeremonien.

Ins Zentrum der Stadt setzt der König einen gewaltigen Tempel, in dessen 50 Türme Steinmetze meterhohe Gesichter meißeln, die vermutlich den König selbst darstellen.

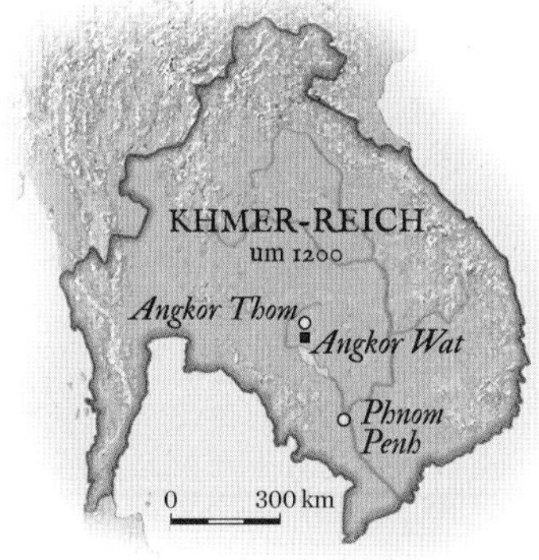

DAS KHMER-REICH erreicht um 1200 seine größte Ausdehnung. Danach setzen Nachbarmächte es immer mehr unter Druck – bis es im 19. Jahrhundert zum französischen Protektorat wird

Er widmet das Gotteshaus Buddha und erklärt damit den Buddhismus, hinter dem Hinduismus schon immer die zweitwichtigste Glaubensrichtung der Khmer, zu seiner bevorzugten Religion.

Tempel um Tempel wächst auf Jayavarmans Befehl nun um Angkor Thom in die Höhe, und so entstehen auf einem Areal von 400 Quadratkilometern nach und nach insgesamt mehrere Hundert größere und kleinere Gotteshäuser.

Auch Suryavarmans gewaltiges Heiligtum zu Ehren Vishnus wird Teil dieses Komplexes. Buddhistische Mönche benutzen es nun als Kloster – und geben ihm den Namen Angkor Wat: „die Stadt, die ein Tempel ist".

Doch nach wie vor bedrängen äußere Feinde Angkor – neben den Cham im Osten die Sukhothai im Westen, denen es im Jahr 1431 tatsächlich gelingt, bis nach Angkor Thom vorzustoßen.

Erneut müssen die Khmer ihre Kapitale verlassen, weichen in die 240 Kilometer südlich gelegene Stadt Phnom Penh aus. Von dort aus versuchen sie nun, ihr schrumpfendes Territorium zu halten, dem Druck der Nachbarreiche zu trotzen. Nach Angkor Thom aber kehren sie nicht mehr zurück.

Und so beginnen die Tempel der einstigen Kapitale zu verwildern. Die wenigen Khmer, die sich in der Gegend wieder ansiedeln, können die riesigen Bauten nicht instand halten. Bald überzieht Moos die Steine, verblassen die Farben und Vergoldungen, streifen Affen durch die leeren Gänge.

Riesige Würgfeigen brechen durch die Mauern, schlingen sich um Torbögen und Türmchen. Mächtige Kapokbäume wachsen durch die mit Reliefs verzierten Fassaden, umweben Gemäuer und Eingänge – ein faszinierendes Zusammenspiel von Natur und Kultur.

Die Bedeutung der Khmer schwindet indes weiterhin; nun erringen die Herrscher der Königreiche von Siam und Vietnam immer mehr Einfluss. Im Verlauf der Jahrhunderte müssen Angkors Führer weitere Gebiete abtreten – bis sie im 19. Jahrhundert schließlich die Kolonialmacht Frankreich um Hilfe bitten. Und so wird das Restreich der Khmer unter dem Namen „Kambodscha" französisches Protektorat.

In jenen Jahren stößt der französische Naturforscher Henri Mouhot zufällig auf das in Teilen längst überwucherte Angkor Wat. Imposant erhebt sich das Gotteshaus wie aus dem Nichts vor dem Fremden, umgeben von dichtem Dschungel. Dieses Bauwerk, notiert Mouhot fassungslos, müsse „die Arbeit von Riesen" sein. ◊

STURM aus dem OS

DIE ARMEE der Mongolen ist eine der modernsten der Welt. Sie beschießt Bagdad unter anderem mit mauerbrechenden Riesenkatapulten

Niemand kann diese Streitmacht aufhalten: Mit unvorstellbarer Grausamkeit haben die Mongolen bereits weite Teile Asiens und Europas unterworfen und dringen nun auch ins Zweistromland vor. Nur wer sich unterwirft, kann der Vernichtung entgehen. Doch der Kalif von Bagdad will sich nicht ergeben

TEXT: *Johannes Böhme und Frank Otto*

T E N

Es ist der September 1257, und ein gewaltiger Heereszug hat sich nach Bagdad aufgemacht, der Hauptstadt des muslimischen Kalifats: Zehntausende mongolische Reiter, ausgerüstet mit Bogen und Lanze, jeder mit mehreren Pferden. Dazu georgische Kavalleristen, Tausende Soldaten aus Armenien und Persien. Sowie zahllose Ochsen und Kamele, die schwere Waffen und Vorräte transportieren. Eine kaum zu überblickende Prozession aus Menschen und Tieren.

400 Kilometer ist die Armee noch von ihrem Ziel entfernt, da fordert ihr Anführer Hülegü den Kalifen von Bagdad per Brief zur Kapitulation auf: Al-Mustasim, der spirituelle Führer aller Muslime, solle freiwillig die Mauern seiner Kapitale niederreißen und sich ihm unterwerfen. Leiste er Widerstand, so schreibt der mongolische Befehlshaber, „werde ich dich vom Gipfel des Himmels herabstürzen lassen und wie ein Löwe in die niedersten Tiefen reißen. Ich werde nicht eine Menschenseele am Leben lassen in deinem Land. Ich werde deine Stadt, dein Land, dein Reich in Flammen aufgehen lassen."

Doch Al-Mustasim ist ein stolzer Mann. Der Kalif, Stellvertreter des Propheten Mohammed auf Erden, will sich nicht beugen. Seine Streitmacht ist zwar schlecht vorbereitet, die Soldaten bekommen zu wenig Sold, und viele sind in den Monaten zuvor desertiert. Dennoch entgegnet er Hülegü mit hochfahrenden Worten: „Junger Mann, der du deine Karriere gerade erst begonnen hast, glaubst du, dass du mit deinen größten Anstrengungen einen Stern zum Fallen bringen kannst?"

Ist das ein riskanter Bluff oder Blindheit – oder grenzenlose Arroganz gegenüber dem weit überlegenen Feind?

Verlässt sich der Kalif auf die Stärke der Mauern? Oder glaubt er seinen Beratern, die ihm gesagt haben, die Mongolen könnten durch eine Demonstration angeblicher Stärke von einem Angriff abgehalten werden?

Die einst unbezwingbaren Mauern werden den modernen Katapulten der Mongolen kaum gewachsen sein. Und die mächtigsten muslimischen Reiche werden dem Kalifen keine Hilfe leisten: Den persischen Schah haben die Mongolen bereits vernichtend geschlagen. Die Rum-Seldschuken in der Türkei sind seit 1243 ihre Vasallen, und der in Ägypten und Syrien regierende Sultan ist mit internen Machtkämpfen beschäftigt.

MÖNGKE KHAN, ein Enkel Dschingis Khans, herrscht über das Mongolenreich. Im Jahr 1257 entsendet er seine Streitmacht gegen Bagdad

Überdies ist Hülegü kein Mann, der sich schnell einschüchtern lässt. Als Enkel des Mongolenführers Dschingis Khan gehört er zu einer Herrscherdynastie, die mit unvorstellbarer Brutalität eines der größten Reiche der Geschichte erobert hat. Die Worte des Kalifen lassen ihn unbeeindruckt.

Bagdad ist ein Ort der Schönheit und des Geistes, das spirituelle Zentrum des Islam, eine „Stadt ohnegleichen in der Fülle ihrer Reichtümer", wie ein Zeitgenosse notiert. Die Paläste sind Kunstwerke aus Marmor, Jade und Alabaster. Es gibt eine Universität und eine Sternwarte, eine der bedeutendsten Bibliotheken der Welt. Wohl mehr als eine Million Einwohner leben hier am Tigris, Muslime, Christen und Juden.

Nun ist diese Metropole in größter Gefahr – zumal die Reiterkrieger der wohl schlimmste denkbare Feind sind: Wer von ihnen im Kampf besiegt wird, darf nicht auf Gnade hoffen.

°

NOCH GUT 60 JAHRE zuvor haben die Mongolenstämme, die als Nomaden in den Steppen nördlich von China lebten, vor allem gegeneinander gekämpft. Doch dann einte ein Fürstensohn namens Temüdschin mit Gewalt und Diplomatie die einzelnen Clans und ließ sich zum „Weltenherrscher" ausrufen, zum Dschingis Khan.

Unter seiner Führung drangen die heidnischen Krieger in den ersten Dekaden des 13. Jahrhunderts an die Pazifikküste im Osten und in das persische Hochland im Westen vor. Die Truppen erreichten Sibirien und den Hindukusch, unterwarfen weite Teile Chinas, nahmen das heutige Beijing ein.

Nach Dschingis Khans Tod im Jahr 1227 dehnten seine Nachfolger den Herrschaftsbereich noch weiter aus. Sie überfielen Russland, durchquerten die flachen Graslandschaften Ungarns und standen schließlich vor Wien.

Der Kampfstärke und Disziplin der Steppenkämpfer hatten ihre Gegner nichts entgegenzusetzen. Zudem nutzten die Mongolen systematischen Terror als Waffe: Oft ermordeten sie nahezu sämtliche Bewohner einer von ihnen eroberten Stadt, ließen nur eine Handvoll am Leben, damit sie den Menschen in den Nachbarorten von dem Schrecken erzählen konnten – und derart in Angst versetzten, dass sie beim Herannahen des Feindes kampflos aufgaben. Allein in China sollen die Krieger Dutzende Städte zerstört und mehr als 18 Millionen Menschen getötet haben.

Während im Fernen Osten so in rasantem Tempo eine neue Großmacht entsteht, befindet sich das Imperium des Kalifen schon seit Langem im Niedergang: Lokale Potentaten haben die Kontrolle in weiten Teilen des Kalifats übernommen, das sich einst vom Zweistromland über Arabien und Nordafrika bis nach Spanien erstreckte. Wirkliche Autorität übt Al-Mustasim, der 1242 zum Kalifen erhoben wurde, nur noch über ein Territorium aus, das dem Irak sowie Teilen Syriens und des Iran entspricht.

Allerdings führt er noch immer ein Leben in grenzenloser Pracht: Seine Bagdader Palastanlage, die der Herrscher kaum je verlässt, umfasst eine Fläche von mehr als 700 Hektar, mit einem ummauerten Park, Obstgärten und wilden Tieren für die Jagd. Viele Gebäude sind aus Marmor, ihre Säulen mit Gold, Silber und Edelsteinen verziert.

Von seinen Zeitgenossen wird Al-Mustasim als entscheidungsschwacher Mann beschrieben, der am liebsten Limonade nippt, während er sich von Clowns und Musikern unterhalten lässt.

Aber große Willensstärke muss er lange Zeit auch nicht zeigen, in seinem ereignisarmen Luxusleben. Der Kalif glaubt, dass es für ihn und seine Familie noch ewig so weitergehen wird – dass sie bis zum Ende der Zeit regieren, bis zum Jüngsten Tag, wie er im Koran vorhergesagt wird.

Und so ist er nicht vorbereitet, als die Apokalypse aufzieht.

VON KINDHEIT AN trainieren die Reiter aus der Steppe das Kämpfen und Töten. Dem Angriff dieser abgehärteten und disziplinierten Krieger haben die Männer des Kalifen von Bagdad nichts entgegenzusetzen

Im Jahr 1251 wird Möngke Khan, Enkel des legendären Dschingis Khan, zum Führer der vereinigten Mongolenstämme gewählt. Der neue Herrscher will sich mit weiteren Eroberungen beweisen. Und er muss seine Truppen zufriedenstellen: Da die mongolischen Kriegsherren keinen Sold zahlen, vergüten sie ihre Soldaten mit Plünderungen. Und Bagdad ist eine wertvolle Beute.

Als Feldherrn entsendet er seinen Bruder Hülegü an den Tigris. Dessen Order lautet, alle Völker bis nach Syrien und Ägypten zu unterwerfen, milde gegenüber jenen zu sein, die freiwillig kapitulieren, und alle anderen zu töten oder zu versklaven. Hülegü hat vermutlich 300 000 Mann unter Befehl. Es ist eine der größten Armeen des Zeitalters.

Die mongolischen Krieger sind fast alle Reiter, gedrillt seit frühester Kindheit. Die meisten haben mit drei Jahren das Reiten gelernt und mit fünf Jahren das Schießen mit Pfeil und Bogen. Bei der Jagd in der Steppe haben sie trainiert, wie man Opfer einkreist, sie in die Enge treibt und dann im Pfeilhagel tötet.

Sie können tagelang im Sattel verbringen und sind Kälte und Hitze gewohnt. Auf ihren Pferden vermögen sie mehr als 100 Kilometer am Tag zurückzulegen. Zur Not ernähren sie sich vom Blut ihrer Reittiere, deren Halsvenen sie öffnen.

Hülegü bereitet seinen Feldzug präzise vor. Er lässt Proviantlager entlang des mehr als 6000 Kilometer langen Weges anlegen. Nach und nach stoßen Hilfstruppen hinzu. Aus Georgien kommt ein christliches Reiterheer. Aus Persien und Aserbaidschan schließen sich Adelige an, ebenso wie zwei Seldschuken-Fürsten. Dem Heer gehören mehrere Tausend Muslime an. Ihre Führer hoffen darauf, ihre eigene Macht mit Hilfe der Ungläubigen auszubauen – und sie ahnen wohl auch, dass jeder Widerstand ohnehin zwecklos wäre.

Und dann sind da noch jene chinesischen Ingenieure, die riesige Armbrüste konstruieren, mit denen sich brennende Bolzen fast 800 Meter weit feuern lassen, sowie muslimische Katapult-Experten, deren Waffen zentnerschwere Steine mehrere Hundert Meter weit schleudern können.

Es ist eine Armee, die im Feld fast unbesiegbar ist – und zudem modernste Belagerungstechnik mit sich führt.

Am 18. Januar 1258 erreicht die mongolische Vorhut Bagdad. Die Bewohner sehen mit Schrecken, wie groß das feindliche Heer ist. „So zahlreich wie Heuschrecken" seien die Soldaten, notiert ein Augenzeuge. Hülegüs Truppen umschließen die Metropole, dann bereiten die Belagerer ihren Sturmangriff vor.

Sie errichten einen Palisadenzaun um die Stadt, um sich vor den Geschossen der Verteidiger zu schützen, schaufeln Hügel für ihre Wurfmaschinen auf, bauen Rammen aus Holz für die Tore.

Am 29. Januar 1258 beginnt das Bombardement. Geschütze katapultieren Steinbrocken und ganze Palmenstämme gegen die Mauern, werfen Eimer mit brennenden Flüssigkeiten in die Stadt.

Die Einwohner Bagdads wehren sich erbittert: Sie beschießen die Angreifer mit Pfeilen und schweren Bolzen, schleudern Speere von den Mauern, lassen Steine aus Katapulten niederregnen.

Doch gegen die Feuerkraft des Gegners kommen sie nicht an. Bald liegen überall in den Straßen Verwundete und Sterbende, beginnen die Wälle unter dem Dauerbeschuss zu bröckeln.

Die Mongolen schließen auch noch den letzten Fluchtweg: Über den Tigris konnte man auf schnellen Booten immer noch entkommen – nun lässt Hülegü zu beiden Seiten der Stadt riesige Pontonbrücken über den Strom legen. 10 000 Soldaten besetzen diese Wassersperren.

Am 4. Februar, dem siebten Tag der Angriffe, stürzt einer der Türme auf der östlichen Mauer unter den Treffern der Geschütze ein. Nun können sich die Angreifer auf der Befestigung ausbreiten.

Al-Mustasim, der sich in seinem Palast verschanzt hat, gerät in Panik – und versucht nun doch mit dem Feind zu verhandeln. Er sendet zwei seiner Söhne mit Geschenken zum mongolischen Hauptquartier und bittet um eine Feuerpause. Doch Hülegü lehnt ab.

Kurz darauf kapituliert der Kalif. Auf seinem Weg in das Lager des Feindes wird er von 3000 angesehenen Persönlichkeiten der Stadt begleitet. Er befiehlt seinen Soldaten, die Waffen niederzulegen und den Kampf einzustellen.

Die Mongolen tun den Gefangenen zunächst nichts an. Und als Hülegü im Triumph in den Kalifenpalast einzieht, erscheint es den Bewohnern der Stadt für einen kurzen Moment, als könnte das Leben nun weitergehen, nur unter neuen Herrschern.

Doch am 13. Februar lässt der Feldherr seine Truppen auf die Stadt los. Zuerst treiben sie alle noch in Bagdad gebliebenen Bewohner aus der Stadt und bringen sie in Lager. Dort kommt es zum Massaker: Die Soldaten ermorden wehrlose Männer, Frauen, Kinder. Eine ganze Generation Gelehrter, Ärzte, Künstler wird getötet – die intellektuelle Elite des Islam. Muslimische Autoren sprechen von 800 000 Ermordeten, deren Leichen, zu Hügeln aufgeschichtet, vor der Stadt verwesen.

Hülegü kennt keine Nachsicht. Er handelt, wie es die mongolische Sitte gebietet: Die Bagdader haben Widerstand geleistet, also müssen sie sterben.

Als das Morden in den Lagern beendet ist, durchstreifen die Sieger die Stadt nach Überlebenden; wen auch immer sie treffen, erschlagen sie. Nur Bagdads christliche Minderheit wird verschont – weil Hülegüs Mutter und seine Ehefrau Anhänger Jesu sind. Die Soldaten stellen Wachen vor die Häuser der Christen, um sie zu beschützen.

Dann wird die Tigrismetropole geplündert – und vernichtet: Die Mongolen zerstören die Kalifengräber, die große Moschee, den Palast Al-Mustasims sowie etliche Stadtviertel. Märkte, Rechtsschulen, Moscheen, Bibliotheken gehen in Rauch auf. Der Harem des

Herrschers – 700 Ehefrauen und Konkubinen – wird unter den Offizieren des siegreichen Heeres aufgeteilt.

Und der Mann selbst, der seine Stadt ins Unglück gestürzt hat?

Nachdem Al-Mustasim verraten hat, wo seine Goldschätze versteckt sind, lässt Hülegü auch ihn töten. Da es in den Augen der Mongolen Unglück bringt, wenn das Blut eines Herrschers die Erde berührt, wird der höchste aller Muslime in einen Teppich gesteckt und von Pferden zu Tode getrampelt. Nie wieder wird in Bagdad ein Kalif regieren.

DER ERFOLG AM TIGRIS ist der größte aller Siege Hülegüs. Doch bald darauf kommt sein Feldzug ins Stocken. Als er 1260 auf dem Weg nach Ägypten vom überraschenden Tod des Großkhans Möngke erfährt, eilt er heim, um bei der Thronfolge seine Interessen durchzuset-

NUR WENIGE TAGE LANG halten die Mauern Bagdads den Geschossen der Mongolen stand; am 10. Februar 1258 kapituliert der Kalif. Zu spät: Ohne Gnade plündern die Angreifer die Stadt und ermorden einen Großteil der Einwohner

zen. Eine zurückgelassene kleinere Armee unterliegt dem ägyptischen Heer, und so bleibt das Land muslimisch.

In den folgenden Jahren spaltet sich das Imperium der Mongolen in mehrere Teilreiche auf, und Hülegü ist der Herrscher über eines von ihnen: das mächtige Il-Khanat, zu dem neben Persien große Teile Anatoliens, Afghanistans und des heutigen Iraks gehören.

Anders als der Anführer eines anderen mongolischen Teilreichs, anders auch als seine eigenen Nachfolger im Il-Khanat ab 1295, tritt Hülegü nie zum Islam über. Bei seinem Begräbnis im Jahr 1265 werden, nach heidnischer Tradition seines Volkes, junge Frauen als Menschenopfer dargebracht.

Für die islamische Welt ist der Fall Bagdads ein Schock, der lange nachwirkt. Vom 7. Jahrhundert an hatten muslimische Herrscher mit ihren Truppen binnen kürzester Zeit riesige Gebiete unter der grünen Fahne des Propheten erobern können. Und die Verluste, die sie in den Jahrhunderten darauf erlitten – in Spanien etwa oder der Levante –, waren unbedeutend im Vergleich zu der Niederlage, die Hülegü ihnen zugefügt hat. Denn dieses Mal ist das Zentrum des Islam selbst verwüstet worden.

Zwar können die Sultane von Ägypten, nun die bedeutendsten muslimischen Fürsten, in den folgenden Jahrzehnten die Kreuzritter aus Palästina und Syrien vertreiben – und sie vermögen auch den wiederholten Angriffen der Mongolen standzuhalten.

Kulturell aber sind die Verluste unwiederbringlich, sind das Wissen und die Güter, die in Bagdad im Verlauf von fast fünf Jahrhunderten zusammengetragen worden waren, für immer verloren: Millionen Bücher in den Bibliotheken verbrannt oder in den Tigris geworfen, Hunderte Philosophen, Wissenschaftler und Dichter ermordet.

Überdies haben die Belagerer große Teile des Bewässerungssystems in der Umgebung verheert, auf denen der Reichtum der Stadt beruhte. Sie haben Dämme durchbrochen, Kanäle zerstört, fruchtbares Ackerland überflutet.

Das vernichtete Bagdad wird in den folgenden Jahrzehnten teilweise wieder aufgebaut, ist nun aber nicht mehr als ein unbedeutender Außenposten am Rand des mongolischen Herrschaftsgebietes. Ihren alten Glanz wird die einstige Millionenmetropole, mehrere Jahrhunderte lang eine der prächtigsten und wohlhabendsten Städte der Welt, nie mehr zurückgewinnen.

Und mit dem Ruin des spirituellen und intellektuellen Zentrums der Muslime wandelt sich auch der Charakter des Islam. Bis zum Angriff der Mongolen war die arabisch-persische Zivilisation die (neben der chinesischen) fortschrittlichste auf dem Globus: mit einer einzigartigen Blüte von Kunst und Architektur, Wissenschaft und Technik; mit bahnbrechenden Fortschritten in Medizin, Astronomie, Mathematik, Chemie. Muslimische Denker entwickelten die Einsichten der antiken Gelehrten weiter, während die im christlichen Europa weitgehend in Vergessenheit gerieten. Forscher sprechen heute vom „goldenen Zeitalter" des Islam.

Die mongolische Zerstörungswut im Februar 1258 beendet diese Ära brutal: Unter dem Eindruck der Invasion wendet sich die einst so offene, erkenntnishungrige arabisch-muslimische Zivilisation nach innen, beginnt sich abzuschotten gegen Einflüsse von außen, wird wissensfeindlich.

Und wird es für sehr lange Zeit bleiben. ◊

GUT 25 JAHRE lang regiert Mansa Musa ab etwa 1312 über Mali. Er inszeniert sich prunkvoll – verteilt aber zugleich üppige Almosen

Die Reise des GOLDKÖNIGS

Mächtig sind die Reiche Westafrikas, doch keines übertrifft Mali. Dessen muslimischer Herrscher Mansa Musa gebietet um 1325 über Millionen Menschen – und riesige Bodenschätze. So wird er zum wohl reichsten Menschen aller Zeiten

TEXT: *Dominik Bardow*
ILLUSTRATIONEN: *Leo und Diane Dillon*

Es ist der 19. Juli 1324, und in Kairo herrscht Aufruhr: Von den Marktplätzen, aus den Moscheen und den Basaren der Metropole strömen die Menschen zum Westtor, schauen staunend in Richtung der Pyramiden von Gizeh.

Aus der schattenlosen Gluthitze der Sahara nähert sich eine gewaltige Karawane. Trommeln und Trompeten kündigen ihr Kommen an. Tausende Sklaven, Männer und Frauen von vielerlei Hautfarbe, gehüllt in Brokat und persische Seide schreiten über den Sand.

Die Prozession funkelt in der Sonne: Etliche der Teilnehmer tragen Geschmeide aus Gold und Silber, haben Goldfäden in ihre Haare, ihre Kleidung oder die Mähnen ihrer Pferde gewoben.

Eine Kohorte aus 500 Sklaven präsentiert kiloschwere Stäbe aus purem Gold. 80 Kamele sind beladen mit Taschen voll mit dem edlen Metall. Tausende Fußsoldaten mit Bögen und Lanzen marschieren neben bewaffneten Reiterkriegern.

Stunde um Stunde durchquert der Zug das Stadttor, er scheint kein Ende zu nehmen – arabische Chronisten schreiben später von mehreren Zehntausend Menschen.

Am Ende der Karawane schließlich reitet auf einem schwarzen, mit goldenem Geschirr geschmückten Hengst ein vielleicht 35-jähriger Mann, gekleidet in ausladende Pluderhosen, das Haupt durch einen seidenen Schirm vor der Sonne geschützt. Seine Haut ist dunkel, das Gesicht freundlich, seine Erscheinung stattlich. Über ihm wehen von Begleitern getragene, riesige rote Banner.

Die Ägypter haben schon viele afrikanische Muslime gesehen, die ihre Stadt auf der Pilgerreise nach Mekka passieren. Auch mächtige Männer sind darunter gewesen – aber keiner, der eine solche Gefolgschaft mit sich brachte.

Der Wallfahrer, der an diesem Tag in Kairo für Aufsehen sorgt, ist Mansa Musa I., Herrscher des westafrikanischen Mali. Der wohl reichste Mensch seiner Zeit – vielleicht sogar der reichste, der je gelebt hat.

Der Monarch stammt aus einer Region fernab von den bekannten Machtzentren der Zeit. Seit dem 8. Jahrhundert hat sich dort der Islam ausge-

AUCH DER Karawanenhandel durch die Sahara trägt zum Wohlstand Malis bei

SEIT GENERATIONEN schon sitzen Männer des Malinke-Stamms auf dem Thron in Malis Hauptstadt Niani: Mansa Musa, der zehnte König, ist der erfolgreichste

UM SEINEN ISLAMISCHEN Pflichten nachzukommen – und Malis Ruhm zu mehren –, kündigt Mansa Musa bald nach seiner Krönung eine Pilgerfahrt nach Mekka an

breitet: zum einen durch Kriegszüge islamisierter Berber-Nomaden, die die Einheimischen mit dem Säbel missionierten, zum anderen durch arabische Händler, die mit Karawanen durch die Sahara zogen und Handelsstützpunkte errichteten.

Sie tauschten mit örtlichen Fürsten Salz, Waffen und Pferde gegen Rohstoffe wie Gold und Elfenbein, gegen Sklaven und exotische Tiere.

Mit Glaubensbrüdern lassen sich leichter Geschäfte machen. Und so traten etliche heidnische Herrscher zum Islam über; ihre Untertanen folgten ihnen nach. Manche Fürsten kamen durch den Handel zu großem Reichtum; sie stellten starke Armeen auf, unterwarfen ihre Nachbarn – und erschufen so mächtige Reiche, die die Handelswege von Nord- nach Westafrika beherrschten.

Das bedeutendste dieser Imperien ist seit dem 13. Jahrhundert Mali, ein Vielvölkerstaat, dominiert von den Angehörigen des Malinke-Stammes. Nach und nach haben seine Herrscher ein Territorium erobert, das vom Atlantik bis zum Niger-Fluss reicht, von der Sahara bis zu den Regenwäldern im Süden. Dort auch liegen ergiebige Goldminen: die Quelle des malischen Reichtums.

Knapp zwei Drittel des weltweit produzierten Goldes stammen laut einer Schätzung aus dieser Gegend. Das Edelmetall liegt nicht weit unter der Oberfläche; aus einfachen Erdgruben fördern es die Einheimischen und reichen es als Tribut weiter an die Herrscher Malis. Die verkaufen das Gold und das ebenfalls dort abgebaute Kupfer sowie Elfenbein an arabische Karawanenhändler.

Um 1312 besteigt der etwa 23-jährige Musa den Thron in der Hauptstadt Niani. Er ist der zehnte Mansa („König") und gilt als gottesfürchtiger Herrscher.

Schon bald ordnet der Monarch eine Unternehmung von nie gekannter Dimension an: Der fromme Gebieter plant seine Pilgerreise nach Mekka, denn die gehört zu den fünf heiligen Pflichten eines Muslims. Gut denkbar, dass der König mit der Reise auch die politischen und wirtschaftlichen Beziehungen zur islamischen Welt vertiefen will. Und sicher geht es ihm darum, den Ruhm seines Reiches zu mehren.

Vielleicht aber treibt ihn auch ein ganz persönlicher Grund: Einer Legende zufolge hat Mansa Musa aus Versehen seine Mutter getötet und will nun voller Reue am Grab des Propheten die Vergebung Allahs suchen.

Was auch immer den König bewegt, dessen Vermögen nach einer Schätzung einem heutigen Wert von etwa 400 Milliarden Dollar entspricht: Er will, dass seine Pilgerreise prachtvoller ist als die aller seiner Vorgänger.

Daher lässt er die Goldförderung intensivieren, nimmt immer neue Sklaven in Dienst, ordnet an, dass seine Untertanen ungeheure Mengen an Lebensmittelvorräten bereitstellen.

PARADE OHNEGLEICHEN: Monatelang zieht Mansa Musa durch die Wüste in Richtung Mekka – mit Tausenden Soldaten, Sklaven sowie schätzungsweise 17 Tonnen Gold

Wohl am 12. November 1323 setzt sich seine Karawane in Bewegung. Bis nach Mekka sind es knapp 6000 Kilometer. 17 Tonnen an Gold, so schätzt es ein Chronist, führt der Monarch in den Taschen seiner Kamele mit sich.

Rund 8000 Soldaten und 12 000 Sklaven begleiten ihn, darunter Lastenträger sowie persönliche Diener; Sängerinnen sollen für seine Unterhaltung sorgen. Köche bereiten ihm frischen Fisch und Gemüse, standesgemäß isst der Herrscher stets allein.

Auch Verwandte des Königs und andere Mächtige werden gezwungen, sich der Pilgerreise anzuschließen, um ja keine Rivalen unbeobachtet zurückzulassen. Sein Sohn hütet während Mansa Musas Abwesenheit den Thron.

Zunächst durchquert der Zug das weite Grasland Zentralmalis. Dann erreichen die Reisenden die Südgrenze der Sahara, müssen felsiges Ödland und scheinbar endlose Dünenlandschaften unter der sengenden Sonne passieren.

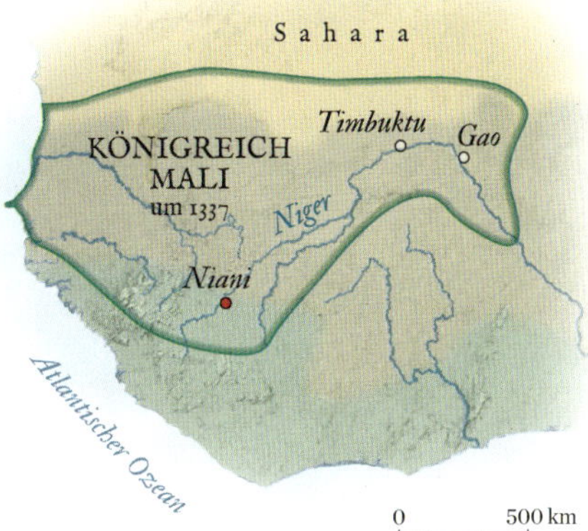

WEIT RAGT DAS REICH MALI von der Atlantikküste ins Innere Afrikas. In den Regenwäldern und Savannen des Südens verlaufen Goldadern dicht unter der Erde

Nach acht Monaten nähert sich die Karawane Kairo, der Kapitale des Mameluken-Reiches und wichtigstem Knotenpunkt zwischen Afrika und Arabien und. Ein Bediensteter des ägyptischen Sultans kommentiert, dieser Konvoi wetteifere in seinem Glanz mit der afrikanischen Sonne selbst.

Tonnenweise verschenkt Mansa Musa auf seiner Reise Gold, als Almosen an die Armen, als Aufmerksamkeiten an Offizielle, Emire und Würdenträger. In Kairo lässt er dem Sultan An-Nasir Muhammad ibn Qalawun 50 000 Golddinare als Willkommensgruß zukommen.

Der ägyptische Herrscher lädt ihn in seine auf einem Felssporn errichtete

IN KAIRO macht der König Zwischenstation. Hier prahlt er über seine Heimat und gibt so viel Gold aus, dass er eine Inflation auslöst

Zitadelle, beschenkt den Gast mit Pferden und Kamelen, weist ihm einen eigenen Palast für den mehrmonatigen Zwischenhalt vor der Pilgersaison zu, denn traditionell findet die eigentliche Wallfahrt an nur wenigen Tagen im Jahr statt.

In dem Kairoer Palast empfängt Mansa Musa die hohe Gesellschaft des Mameluken-Reichs, unterhält sich mit Gelehrten, freundet sich mit Würdenträgern an – und erzählt fantastische Geschichten: dass sein Vorgänger versucht habe, mit 2000 Schiffen den Atlantik zu überqueren, und verschollen sei. Dass es ein Jahr dauere, sein Reich zu durchwandern. Und dass es in Mali in tributpflichtigen Gebieten eine Goldpflanze gebe, die man nur ernten müsse.

Der Monarch und sein Gefolge fluten die Stadt mit ihrem Reichtum. Sie kaufen auf den Märkten Kleidung, Literatur, türkische und äthiopische Sklavinnen. Bald merken die Händler, dass die Fremden anstandslos auch völlig überzogene Preise zahlen – Geld scheint für sie keine Rolle zu spielen.

Weil so viel Edelmetall im Umlauf ist, kommt es zu einer Inflation. Der Tauschkurs des Golddinars stürzt ab (und wird noch zwölf Jahre später nicht den alten Stand erreicht haben).

Am 28. Oktober 1324 setzt sich die Karawane wieder in Bewegung, bis Mekka sind es noch etwa 1500 Kilometer, über den Sinai und die Arabische Halbinsel, durch trockenes, zerfurchtes Land.

Noch vor Beginn der Pilgersaison erreicht die Reisegruppe zunächst Medina, wo Mansa Musa am Grab des Propheten Mohammed betet.

Anschließend absolviert der Herrscher den knapp 400 Kilometer langen Weg von Medina nach Mekka, reinigt sich und streift das einfache weiße Gewand eines Wallfahrers über, strömt mit den Massen zum eckigen, schwarz verhängten Kaaba-Schrein.

Sieben Mal umschreitet der König mit den anderen Gläubigen entgegen dem Uhrzeigersinn das Heiligtum.

Musa bleibt noch einige Zeit in Mekka, kauft Häuser, verteilt 20 000 Goldmünzen an die Armen und überredet arabische Gelehrte, Dichter und Juristen, ihn in sein Reich zu begleiten.

Die Rückreise aber wird zum Desaster – denn die Malier verlieren auf dem Weg nach Kairo ihre ägyptischen Führer aus den Augen und verirren sich schon bald in der Wüste. Etliche sterben, an Durst oder Kälte, oder werden zum Opfer räuberischer Beduinen, die es auf Nachzügler abgesehen haben.

Erst am 27. Dezember erreichen die ersten Pilger wieder Kairo, aber Mansa Musa ist nur noch ein Drittel seiner Entourage geblieben. Zudem sind die zuvor scheinbar unerschöpflichen Schatzkoffer offenbar leer, der Monarch muss sich Geld leihen – 50 000 Dinar allein von einer Kaufmannsfamilie.

Einige der Gläubiger begleiten ihn, als Musa Kairo mit vermutlich 15 000 Gefolgsleuten Richtung Heimat verlässt.

Doch kurz darauf wendet sich das Schicksal des Monarchen wieder zum

MANSA MUSA verlässt Kairo und zieht weiter Richtung Mekka. Doch der anschließende Rückweg nach Mali wird zum Desaster. Viele Getreue sterben

Positiven: Bereits in Mekka hat er wohl erfahren, dass ein General seiner Armee Timbuktu eingenommen hat, die bedeutende Oasenstadt am Rand der Sahara, sowie den Stadtstaat Gao. Auf dem Rückweg kann Mansa Musa nun die Huldigung seiner neuen Untertanen entgegennehmen. Über mehr als 40 Millionen Menschen herrscht er jetzt. Und so kehrt er auf dem Höhepunkt seiner Macht in sein Reich zurück.

Timbuktu wird fortan zu einem Zentrum des Islam in Westafrika. Bald gibt es mehr als 180 Koranschulen in der vielleicht 15 000 Einwohner zählenden Handelsstadt.

Mansa Musa lässt Bibliotheken errichten, darunter wohl auch für jene Koranschriften, die er von seiner Pilgerreise mitgebracht hat, sowie eine Universität, Moscheen und einen Palast.

Ein andalusischer Architekt, der ihn aus Mekka begleitet hat, führt eine neue Bautechnik ein: Da es in der Region an Steinen mangelt, lässt er Prachtbauten aus getrocknetem Lehm errichten.

Die Geschichten über Mansa Musas Pilgerfahrt und den Glanz Timbuktus verbreiten sich rasch; das malische Goldreich wird nun weit über seine Grenzen bekannt.

Im Jahr 1375 zeigt ein wohl auf Mallorca entstandener Weltatlas einen schwarzen König mit Krone, Zepter und einem Klumpen Gold in der Hand, der über Westafrika thront: Mansa Musa.

Zu diesem Zeitpunkt lebt der Herrscher schon nicht mehr. Vermutlich stirbt er 1337 – woran, ist nicht überliefert. Sein Sohn übernimmt nach Mansa Musas Tod die Regierungsgeschäfte.

Doch bald darauf setzt der Niedergang Malis ein, unterworfene Völker rebellieren, kriegerische Nachbarn nutzen die Schwäche der Maliherrscher.

Zugleich erwächst den afrikanischen Fürsten eine neue Bedrohung. Europäische Mächte, vor allem die Portugiesen, erkunden ab 1415 die Westküste Afrikas. Sie suchen einen Seeweg nach Indien, aber auch jene Schätze, die im Inneren des Schwarzen Kontinents liegen sollen: das Gold des Mansa Musa.

Und so werden das Streben des Königs nach Ruhm, seine Reise und die Zurschaustellung seines Wohlstands Afrika zum Verhängnis: als gierige Europäer auf der Jagd nach Reichtümern den ganzen Kontinent unterwerfen. ◊

VAN EYCK

Während die meisten Maler zu Beginn des 15. Jahrhunderts noch die immer gleichen idealisierten Heiligenfiguren darstellen, will der Flame Jan van Eyck die Realität auf Holz und Leinwand bannen, den Menschen so wirklichkeitstreu wie möglich zeigen, ihm durch Präzision bisher ungekannte Individualität verleihen. Als wohl erster Künstler ist van Eyck nicht mehr Handwerker – sondern Schöpfer

TEXT: *Raphael Dillhof*

IN DER »MADONNA des Kanzlers Nicolas Rolin« (um 1435) zeigt van Eyck sein Können: die Strahlkraft der Farben, die perspektivische Tiefe, das Spiel mit dem Licht – und die fast fotografisch wirkende Wirklichkeitstreue

DER »GENTER ALTAR« (um 1432) erzählt die biblische Erlösungsgeschichte. Über allem thront das mehr als zwei Meter hohe Bildnis des Gottvaters, daneben Maria und Johannes der Täufer. Und am Rand, ungewöhnlich realistisch dargestellt, Adam und Eva

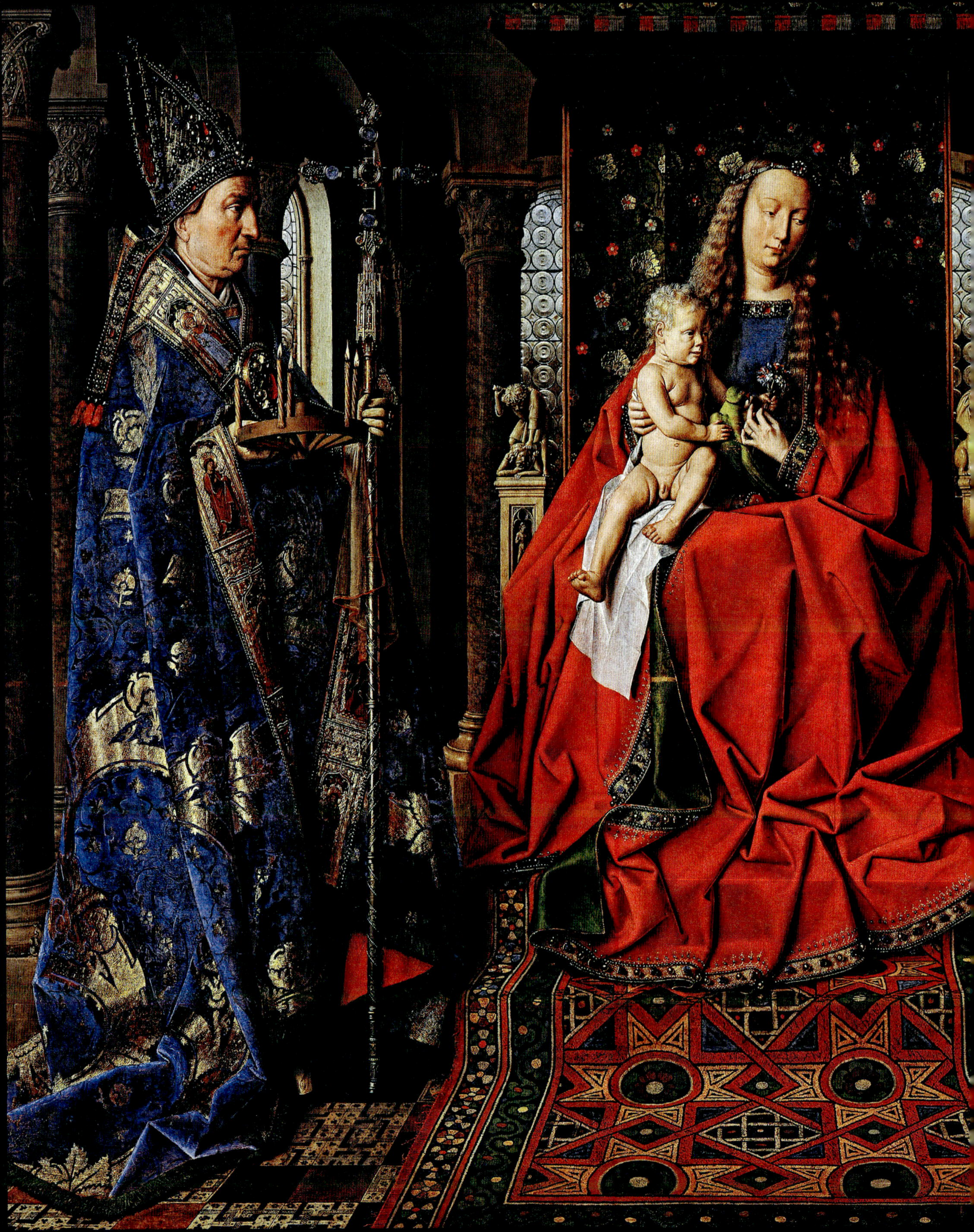

UM DIE MENSCHEN möglichst wahrheitsgetreu darzustellen, plant van Eyck jeden Pinselstrich ganz genau. Auf dieser Skizze für das später entstandene »Bildnis eines Kardinals« vermerkt er auch die Farben, die er nutzen will

IN SPÄTEREN JAHREN neigt van Eyck immer mehr zu monumentalen, symmetrischen und somit weniger dynamischen Kompositionen. So auch in »Die Madonna des Kanonikus van der Paele« (1436), in dem dem knienden Kirchenmann die Gottesmutter in einer Vision erscheint

WIE AUS DEM NICHTS blickt der Mann aus dem Gemälde. Es ist möglicherweise ein Selbstbildnis van Eycks – und eines der ersten nachantiken Porträts, in dem ein Dargestellter direkten Augenkontakt mit dem Betrachter aufnimmt

Die Krone der Madonna scheint wie von selbst zu leuchten. Das Licht, das den Thronsaal flutet, glänzt in den Edelsteinen am Mantelsaum der Gottesmutter.

Jede Falte im Gesicht des vor ihr knienden Mannes ist zu sehen, jede Ader unter seiner ausrasierten Schläfe, jedes einzelne Haar seines Pelzkragens. Auch alle anderen Details wirken gestochen scharf, die gemusterten Fliesen des Steinbodens, die Blumen auf der Terrasse.

Und die Tiefe des Raums zieht den Blick des Betrachters in die sonnige Landschaft, über die schneebedeckten Berge, in den Himmel hinauf.

Nur 62 mal 66 Zentimeter groß ist die Eichenholztafel, auf die Jan van Eyck um 1435 den burgundischen Kanzler Nicolas Rolin in Anbetung der Gottesmutter bannt – doch mit diesem Bild stößt der Maler ein Fenster in eine neue Welt auf: Wohl noch nie zuvor hat ein Künstler ein Werk von solcher Wirklichkeitsnähe und Klarheit geschaffen.

Wo die Bildtafeln seiner Vorgänger noch idealisierte Figuren vor meist flachem Hintergrund drapierten, lässt er Personen lebendig, Gegenstände beinahe real erscheinen, spielt er mit Licht und Schatten.

Das macht van Eyck zum Begründer einer Bildsprache, die Farbkraft und Präzision auf nie da gewesene Weise miteinander verbindet – und lässt ihn aufsteigen zu einem Maler völlig neuer Art: zum vielleicht ersten Künstler des Abendlandes, der nicht mehr Handwerker ist, sondern Schöpfer.

Die Karriere des Malers aus Flandern nimmt rund eine Dekade zuvor Fahrt auf. Im Jahr 1425 kommt van Eyck in den Dienst des Burgunderherzogs Philipp des Guten. Der junge und selbstbewusste Herrscher ist dabei, die Eigenständigkeit seines kleinen, aber wohlhabenden Reiches im Westen Europas gegenüber Frankreich durchzusetzen – und will seine wachsende Macht zeigen.

Für seinen Hofstaat, der im Burgund von Residenz zu Residenz zieht, lässt er Feste, Turniere, Großjagden und Bankette mit zahlreichen Gästen ausrichten. Das Prunkgeschirr, die Pokale für den Wein, die kostbar bestickte Kleidung, die Bildteppiche und bemalten Tafeln dafür werden extra hergestellt, und so finden Schnitzer, Weber, Goldschmiede, Maler und Bildhauer an Philipps Hof Arbeit.

Darunter ist auch van Eyck, über dessen Leben in der Zeit davor nur wenig bekannt ist. Wahrscheinlich ist er in der Maasgegend geboren, und vielleicht beginnt er sein Schaffen mit dem Illustrieren von Gebetsbüchern – Miniaturen, an denen er sein Auge schulen, den Umgang mit den teils winzigen Pinseln erlernen kann, mit denen er später so detailreich malen wird. Wohl ab 1422 ist er Hofmaler des Grafen von Holland.

Im Dienst des Burgunderherzogs beteiligt er sich vermutlich zunächst an der Ausgestaltung der rauschenden Feste. Er wird Teil einer Gesellschaft, für die Stand und Etikette alles ist: Der Maler hat offiziell den Titel eines Kammerdieners – und muss Bildwerke ausführen, „wann immer der Herzog es wünscht".

Vielleicht inspiriert das reiche Leben am Hof seine Sinne; er öffnet jedenfalls die Augen, studiert die ihn umgebenden Gegenstände wahrscheinlich ebenso wie die Werke mancher Zeitgenossen, die bereits versuchen, die Natur möglichst wirklichkeitsgetreu wiederzugeben. Doch ihre Bilder überzeugen nicht – sie sind noch unbeholfen, wirken schwerfällig.

Van Eyck will es besser machen. Schon sein erstes großes Werk, das sich klar datieren lässt, ist ein Geniestreich. Der reiche Händler Jodocus Vijd wünscht für eine von ihm gestiftete Kapelle in Gent einen monumentalen Flügelaltar: 24 teils meterhohe Bilder, im Zentrum der Vorderseite eine Darstellung der Anbetung des Lammes, eine Szene aus der Offenbarung des Johannes.

Es ist eine Prozession von unzähligen, oft im Detail ausgeführten Figuren, die van Eyck in die paradiesische Landschaft malt, flankiert von musizierenden Engeln und gekrönt von einem triumphierenden Gottvater in prächtigem Gewand.

Der Genter Altar ist ein Meisterwerk, ein Vorbote seines späteren Könnens, den er aber mit ziemlicher Sicherheit nicht allein vollbringt: Eine rätselhafte Inschrift des Altars erwähnt einen Bruder van Eycks namens Hubert, der die Komposition eigentlich begonnen habe. Der allerdings ist bis heute ein Mysterium; bis auf diesen Altar hat sich kein gesichertes Werk erhalten.

EIN NEUER BLICK AUF DIE WELT

Nicht nur die Größe und Pracht der Darstellung sowie der fast obsessiv wirkende Umgang mit Details sind an diesem Altar beeindruckend – sondern auch van Eycks Fähigkeit, die Farben wie aus sich heraus leuchten zu lassen.

Das liegt an seinem Material, dem er ebenso viel Aufmerksamkeit widmet wie seinen Darstellungen: Der Flame mischt seine Farbpigmente nicht wie üblich mit Öl und Wasser, sondern mit reinem Öl an, was die Farben kräftig, aber dennoch transparent macht. Zwar ist er nicht der Erste, der so malt, doch keiner vor ihm nutzt die neue Technik so gekonnt. Aus zahlreichen Schichten baut er seine Bilder auf, kann so die Adern von Evas Körper blass durch die helle Haut scheinen lassen.

Doch nicht im Technischen liegt das eigentliche Geheimnis seiner Kunst – vielmehr holt van Eyck das Leben selbst ins Bild: Auch im Detail schafft er nahezu wissenschaftlich treue Abbildungen, seine Felsen sind wie aus echtem Stein, seine Schwertlilien so lebensnah, als könne man sie pflücken. Und sein Adam ist kein idealisierter Mensch, sondern ein Mann aus Fleisch und Blut, könnte ein Zeitgenosse des Malers sein.

°

MIT SEINER Kunst, aber auch sozial und finanziell lässt van Eyck die Kollegen hinter sich. In einer Zeit, in der Maler als Handwerker gelten, erarbeitet er sich am Hof eine Sonderstellung.

Offenbar ist Herzog Philipp hochzufrieden mit seiner Arbeit, denn er zahlt ihm mehr als anderen Malern, stellt ihm einen Diener und gestattet ihm, freie Aufträge anzunehmen.

So weit reicht das Vertrauen des Fürsten, dass er van Eyck auch auf diplomatische Missionen entsendet: Als eine Gesandtschaft am portugiesischen Hof um die Hand der Prinzessin Isabella anhalten soll, ist der Künstler dabei, um die Prinzessin zu malen. Tatsächlich wird Isabella Philipps dritte Frau.

Im Jahr 1430 lässt sich Jan van Eyck in Brügge nieder, gründet bald darauf eine Werkstatt. Die Stadt ist ein Zentrum des aufstrebenden Bürgertums.

DAS PORTRÄT des Kaufmannspaares Arnolfini (1434) bleibt ein Rätsel. Zeigt es eine Hochzeit? Schließlich hat der Mann eine Hand wie zum Schwur erhoben, hält mit der anderen die seiner Partnerin. Vielleicht grüßt er aber auch nur – im Spiegel an der Rückwand sind zwei weitere Personen zu sehen

Flandern ist reich geworden durch die Textilherstellung, und Brügge ist sein Handelszentrum: Hier werden Luxusgegenstände und edle Stoffe gehandelt, hört man Leute auf den engen Straßen italienisch, deutsch, spanisch sprechen.

Ihr wachsender Wohlstand lässt die Bürger anspruchsvoll werden – was van Eyck viele Aufträge verschafft. Neben Höflingen und Kardinälen lassen sich auch Großkaufleute und Goldschmiede von ihm porträtieren. Sein Stil passt perfekt in die Zeit: Wo herkömmliche höfische Porträts meist idealisierte Darstellungen waren, spiegelt seine Genauigkeit, seine Freude am Beobachten die langsam erwachende Individualität und das Selbstwertgefühl der bürgerlichen Oberschicht wider.

ER WEISS UM SEINEN WERT

Auch van Eyck weiß nun um seinen Wert: Als einer der ersten Maler beginnt er, seine Bilder zu signieren. Er sieht sich nicht mehr als Handwerker, sondern als Künstler.

Die italienischen Kaufleute in Brügge sind begeistert von seinen Gemälden, die detaillierter, leuchtender, funkelnder sind als die der Künstler ihrer Heimat. Zu seinen Bewunderern zählen Mitglieder der Familie Arnolfini aus Lucca, für die er 1434 ein Doppelporträt anfertigt, das die Darstellung des bürgerlichen Menschen in der Kunst revolutionieren wird.

Denn nicht wie üblich isoliert vor leerem Hintergrund malt er den Kaufmann Giovanni Arnolfini und eine Frau, die vielleicht seine Verlobte, vielleicht seine Braut ist, sondern in der intimen Atmosphäre einer Wohnstube, die er zudem auch noch täuschend echt wiedergibt – man scheint den Raum betreten zu können, so überzeugend zeigt er dessen Tiefe. Wo für seine mittelalterlichen Vorgänger Schatten kaum eine Rolle spielten, nutzt er Lichtquellen im Bild, malt Reflexionen im Metall genau wie das Halbdunkel der Raumecken.

Bis ins kleinste Detail zeigt van Eyck den Besitz des Paars, von den filigranen Rüschen des Schleiers über die teuren Orangen am Fenster bis zum Hund zu den Füßen der Dargestellten.

Wie um mit seinem Können anzugeben, malt er die Reflexion der ganzen Kammer auf einen runden Spiegel hinten an der Stubenwand – wodurch außer Arnolfini und seiner Partnerin noch zwei Männer sichtbar werden, die dem Paar gegenüberstehen.

Bis heute versuchen Kunsthistoriker, in der Komposition des Gemäldes einen geheimen Sinn zu lesen. Hat der Maler in diesem Doppelporträt eine Hochzeitszeremonie und ihre Zeugen festgehalten? Hat er sich hier selbstbewusst persönlich im Spiegel verewigt?

Und was bedeutet es, dass er an die hintere Wand nicht mit dem typischen „Johannes de Eyck me fecit" – „Jan van Eyck hat mich gemacht" signiert, sondern mit „Johannes de Eyck fuit hic" – „Jan van Eyck ist hier gewesen"?

Die Bürgerbildnisse sind für ihn aber wohl nur Zwischenspiel. Ein viel wichtigerer Klient ist der mächtige Kanzler Nicolas Rolin, der entscheidend dazu beigetragen hat, in langen Verhandlungen mit der französischen Krone die politische Unabhängigkeit für Philipps Burgunderreich zu sichern. Rolin will seinen Status mit einem Porträt festhalten lassen, das ihn zugleich auch als frommen Christen ausweisen soll; natürlich kann es nur van Eyck sein, der den Auftrag bekommt, ihn mit der Jungfrau Maria und dem Jesuskind zu malen.

Und der Flame erschafft ein Werk, in dem er all seine Stärken in Vollendung zusammenführt. Mühelos löst er das Problem, Innen- und Außenraum auf einem Bild zu kombinieren: Wenn er das Licht des Tages durch die Arkaden in das Palastzimmer strömen lässt, vereinen sich in seinem Gemälde Landschaftsdarstellung, religiöses Bild und Porträt.

Der Realismus ist nahezu ins Fotografische gesteigert: Der Betrachter spürt förmlich die Kühle des herrschaftlichen Gemachs, die Wärme der sonnendurchfluteten Landschaft, die Anspannung Rolins, die Güte der Madonna.

Das Bild des Kanzlers ist ein Höhepunkt im Schaffen van Eycks – und eines seiner letzten wichtigen Werke.

°

NUR WENIGE JAHRE später, 1441, stirbt Jan van Eyck, noch immer im Dienst Philipps. Ein Jahr nach seinem Tod wird er in der monumentalen Brügger Domkirche beigesetzt. Ein hochgeschätztes Mitglied der Gesellschaft, ein Mann von Rang – der nicht nur die Kunst seiner Zeit tiefgreifend verändert hat, sondern auch den Status des Künstlers in der Gesellschaft: von der ausführenden Kraft zum kreativen Geist, vom simplen Handwerker zum geehrten Meister.

Nach und nach gelangen seine Bilder auch nach Italien, dem wichtigsten Kunstland der Zeit – wo man die Werke staunend aufnimmt: Der König von Neapel erwirbt Gemälde, und auch Giovanni Santi, der Vater Raffaels, kennt Jan van Eycks Namen und dichtet einen Vers auf „gran Iannes". Dessen Arbeiten erscheinen dem Italiener fast übermenschlich – so gut, dass sie „oft selbst die Wirklichkeit noch übertreffen". ◊

MEHR ALS 10 000 Mann bietet der Dänenkönig gegen 6000 Bauernkrieger auf. Am 17. Februar 1500 kommt es zur Schlacht

KAMPF um die BAUERNREPUBLIK

Jahrzehntelang leben die Dithmarscher Landleute unabhängig von ihrem Adelsherrn. Doch im Jahr 1500 versucht Dänemarks mächtiger König, sie niederzuzwingen – und schickt eine gefürchtete Söldnertruppe

TEXT: *Martin Pfaffenzeller*

Knietief versinken die beiden Späher im Schlamm, als sie gegen Mittag des 17. Februar 1500 auf der schmalen Straße Richtung Norden stapfen. Eisiger Regen prasselt auf sie ein, durchnässt ihre Kleider, raubt ihnen die Sicht auf ihrem Weg durch das Marschland. Eine braune, morastige Fläche umgibt sie, durchzogen von Entwässerungsgräben. Irgendwo zu ihrer Linken wogt die Nordsee im Sturm gegen Deiche. Vor ihnen führt der aufgeweichte Weg in konturloses Grau.

Die beiden Kundschafter, die hier nahe dem Dorf Hemmingstedt durch Dithmarschen ziehen, knapp 100 Kilometer nordwestlich von Hamburg, gehören zur Schwarzen Garde, einer gefürchteten Söldnertruppe, deren Kämpfer sich oft in dunkle Wämser kleiden. Greise, Frauen, Kinder, Soldaten, Ritter – alle machen sie nieder. Ihr Anführer Thomas Slentz kommt wohl aus Köln, unter seinem Befehl stehen Tausende Deutsche, Niederländer, Spanier, Schotten, Schweizer.

Jetzt hat einer der mächtigsten Könige Europas die Kämpfer angeheuert: Johann von Dänemark, Herrscher auch über Schleswig und Holstein, Norwegen und Schweden. Den etwa 3500 Gardisten hat er eigene Ritter, Fußsoldaten sowie knapp 30 Kanonen zur Seite gestellt. Insgesamt marschieren hinter den zwei Kundschaftern mehr als 10 000 Kämpfer durch die flache Ebene.

Und diese Soldaten sind nicht an die Nordseeküste gezogen, um gegen das Heer eines anderen Fürsten zu kämpfen, ja nicht einmal gegen Soldaten. Es geht gegen Landleute, die sich weigern, die Autorität des dänischen Königs anzuerkennen und in einem autonomen Staat zusammenleben: der Bauernrepublik Dithmarschen.

Bislang konnte das Heer des Dänenkönigs fast ohne Widerstand vorrücken, hat weitgehend ungestört die Stadt Meldorf geplündert. Jetzt zieht es weiter Richtung Hemmingstedt, um auch Dithmarschens Norden zu erobern. Da zeichnen sich vor den Augen der Kundschafter dunkel die Umrisse eines Hindernisses ab.

Wie eine Wand zieht es sich über die Straße. Plötzlich hallt Kanonendonner über die Marsch; ein Geschoss zerreißt einen der Späher. Die Bauern greifen an!

So beginnt an diesem Februartag des Jahres 1500 die Schlacht zweier ungleicher Armeen: ein zu weiten Teilen hochgerüsteter Militärapparat gegen eine Schar meist untrainierter Landleute. Doch die Bauern verfügen über eine Waffe, von der die Soldaten nichts ahnen und die mächtiger ist als jedes Schwert: die Nordsee.

3500 MIT SPIESSEN bewaffnete Söldner bilden die Elitetruppe der dänischen Streitmacht

DITHMARSCHEN IST EINE 50 Kilometer lange und bis zu 35 Kilometer breite Region an der Westküste des heutigen Schleswig-Holstein. Begrenzt wird der Landstrich im Norden von der Eider, im Süden von der Elbe und im Osten von Sümpfen und Mooren. Der Großteil des Gebiets ist so flach, dass Stürme die Fluten der Nordsee oft weit ins Landesinnere tragen.

Im 12. Jahrhundert haben die Menschen vielerorts begonnen, Deiche aufzuschütten und Entwässerungskanäle zu graben, um dem Meer so Boden abzuringen. Der Aufwand lohnte sich, denn die Äcker sind sehr fruchtbar. Ihren Weizen verkaufen die Einheimischen bis nach Spanien, England und ins Baltikum; manche Großbauern unterhalten dafür sogar eigene Hochseeschiffe. Nebenbei plündern sie Schiffe, die bei Niedrigwasser im Watt stecken bleiben. So werden die Dithmarscher reich – und selbstbewusst.

Rechtlich gehört die Gegend seit 1227 dem Bremer Erzbischof. Dessen Territorien sind wiederum Teil des Heiligen Römischen Reiches. Doch der Kaiser ist weit und der Erzbischof von Bremen schwach. Und so stellen die Dithmarscher seine Vertreter vor Ort bereits um 1300 vor die Wahl, ihren Adelsrechten abzuschwören oder die Region zu verlassen. Offiziell sagen sich die Bauern zwar nie von ihrem Herrn los – faktisch aber bestimmen sie ihre Geschicke nun selbst (und die Obrigkeit kann wohl nichts dagegen unternehmen).

Mitte des 15. Jahrhunderts schreiben die Bauern sogar eine Art Verfassung nieder. Jeweils zwölf gewählte Vertreter aus vier Bezirken Dithmarschens bilden einen Rat, der sich jeden Samstag im Wirtshaus von Heide versammelt, das so zu ihrem Hauptort wird. Dort sprechen sie Recht und entscheiden auch darüber, mit wem die Republik Handel treibt oder ob sie in den Krieg zieht und sich gegen Feinde verteidigt.

Eine echte Volksvertretung ist dieser Rat der 48 aber nicht: Wer erst einmal zu dem Gremium gehört, behält das Amt auf Lebenszeit. Stirbt ein Ratsherr, wählen vermutlich die restlichen Mitglieder des Rats seinen Nachfolger – meist aus der Familie des Verstorbenen. So sichern sich einige reiche Bauernsippen die Macht im Land.

Auch in anderen norddeutschen Küstenregionen leben die Bauern zu jener Zeit in Freistaaten zusammen, etwa auf der friesischen Insel Butjadingen, im benachbarten Stadland oder im nördlich davon liegenden Wursten.

Im 15. Jahrhundert erwachsen den Bauernrepubliken mit den erstarkenden Fürsten jedoch mächtige Gegner. Viele Landesherren modernisieren ihre Staaten: Sie professionalisieren die Verwaltung,

OFFIZIER einer Söldnertruppe. Landsknechte aus ganz Europa kämpfen im dänischen Heer

um besser Steuern eintreiben zu können, und nehmen dem niederen Adel angestammte Rechte. Zudem arrondieren sie auf Kosten schwächerer Nachbarn ihre Gebiete. Bald versuchen norddeutsche Fürsten, auch die Territorien der Bauernrepubliken zu annektieren, und setzen sie unter Druck.

Dithmarschen bleibt vorerst weitgehend unbehelligt, denn der Bremer Erzbischof zeigt weiterhin kein Interesse an der abgeschiedenen Gegend. Auch von anderen Herrschern droht der Republik zunächst kaum Gefahr: Durch Flüsse und Meer ist der Landstrich gut von Feinden abgeschirmt und nur vom östlich gelegenen Holstein ernsthaft angreifbar. Das dort seit Langem regierende Adelsgeschlecht aber ist zu schwach für einen effektiven Schlag gegen die Bauern.

Aber als 1459 der letzte Graf dieser Linie stirbt, fällt Holstein an den Dänenkönig. Der kann den Kaiser davon überzeugen, ihm auch das Recht auf Dithmarschen zu übertragen. Dass das Land eigentlich dem Bremer Erzbischof untersteht, ist dem Kaiser offenbar unbekannt. Und obwohl er seine Zusage nach Bremer Protesten schon bald wieder zurückzieht, rückt die dänische Krone nicht mehr von ihrem Anspruch ab. Sie verlangt von den Dithmarschern Anerkennung der neuen Herrschaft sowie hohe Steuern und den Bau von drei Zwingburgen.

Die stolzen Bauern verweigern alles drei.

Daher entschließt sich Dänemarks König Johann, seinen Anspruch zu Beginn des Jahres

DIE DÄNEN feuern mit Kanonen und verfügen wie diese Kämpfer wohl auch über Büchsen

1500 mit Gewalt durchzusetzen. Er heuert die Schwarze Garde an, zieht Artillerie und Ritter zusammen.

Der Dithmarscher Rat sendet Hilfsgesuche an die Hansestädte der Region, die den Machthunger des dänischen Monarchen argwöhnisch verfolgen. Es geht um die Hegemonie über die Handelswege: Hamburg etwa fürchtet, der König könnte die Elbmündung kontrollieren und die Stadt von ihren Warenströmen abschneiden. Und doch schicken die Hanseaten nur wenig Verstärkung: 25 Armbrüste, vier Geschütze und 500 Gulden.

Auch sonst kommt kaum Hilfe. Dithmarschen ist auf sich allein gestellt.

Die Bauern diskutieren, wie mehrere Chronisten berichten, ob sie kapitulieren, auf die nahe gelegene Insel Büsum fliehen oder kämpfen sollen. Am Ende ist es wohl ein Einwanderer aus Holland, der Schwiegersohn eines Dithmarscher Bauern, der die Einheimischen vom Widerstand überzeugt: Wulf Isebrand.

IM MARSCHLAND nördlich der Elbmündung entsteht um 1300 die faktisch autonome Bauernrepublik

Nach der Dithmarscher Verfassung muss jeder Mann in den Krieg ziehen, der mindestens 14 Jahre alt ist und ohne Krückstock zur Kirche gehen kann. 6000 wehrfähige Kämpfer kommen so etwa zusammen – gegen mehr als 10 000 größtenteils kriegserprobte Feinde.

Eine militärische Ausbildung haben nur wenige der Dithmarscher. Immerhin sind sie unter anderem mit Armbrüsten, Spießen, Wurfbeilen und leichten Kanonen bewaffnet. Ihr größter Vorteil aber ist: Sie kennen die Gegend, wissen, wo der durchnässte Grund trägt, wo man selbst bei Überschwemmungen laufen kann – aber auch, wo durch einen falschen Tritt der Tod durch Ertrinken droht.

Als das dänische Heer unter König Johann am 11. Februar einfällt, ziehen sich die Bauern aus den höher gelegenen Landesteilen zurück. Selbst Meldorf, ihre einzige Stadt, geben sie auf. Nur einige angeworbene Söldner bleiben – und mit ihnen Alte, Kranke und Kinder.

Ein Fehler. Denn die Schwarze Garde metzelt die Zivilisten nieder. „Die Kinder an der Mutterbrust haben sie mit Spießen durchstochen, in die Höhe gehalten und Wohlgefallen daran gehabt“, so ein Lübecker Chronist.

Am Vormittag des 17. Februar 1500 zieht der größte Teil des dänischen Heeres weiter nach Norden – bis die zwei Späher auf die Bauern treffen.

°

ALS DIE ERSTEN KANONENSCHÜSSE verhallt sind, hastet einer der Kundschafter zur Schwarzen Garde zurück, die ein paar Dutzend Meter hinter ihm durch den Regen marschiert. Da treffen die ersten Geschosse bereits die dänische Armee, durchschlagen Harnische, reißen Söldnern Arme, Beine und Köpfe ab.

Die Soldaten reagieren sofort, einige ziehen ihre Feldgeschütze nach vorn und zielen auf die

OHNE ANFANGS auf Widerstand zu stoßen, durchstreifen die Invasoren mordend Dithmarschen

Erdschanze, die die Bauern in der Nacht aufgeschüttet haben. Währenddessen formieren sich die anderen Söldner zu einer Phalanx, recken ihre bis zu fünf Meter langen Piken nach vorn.

Wulf Isebrand, der die Verteidiger auf der Schanze kommandiert, stellt eine Gruppe Bauern für einen Ausfall auf. Sie sollen die gegnerischen Geschütze umkippen. Die Männer stürzen die Schanze hinab, werden aber meist von Landsknechten aufgespießt oder von Kanonenkugeln zerschmettert. Beim zweiten Vorstoß jedoch gelingt es ihnen, die Geschütze auszuschalten – auch, weil Sturm und Regen manche Lunten löschen und deshalb nicht alle Kanonen feuern.

Der Garde bleibt nun nur noch ein direkter Angriff der Fußsoldaten auf die Schanze. Unter dem Kanonenfeuer der Dithmarscher rückt die Phalanx der Landsknechte vor, die Offiziere marschieren in der ersten Reihe.

Die Dithmarscher verteidigen ihre Schanze nur mit vielleicht 400 Mann – alle anderen stehen im Hinterland. Die Bauern wissen: Kurz hinter der Schanze wird das Land trockener und fester. Dort könnte das dänische Heer seine Kampfkraft voll ausspielen. Fällt die Schanze, ist die Republik verloren. Wulf Isebrand befiehlt den Gegenangriff.

Die Kämpfer ziehen ihre Helme, Panzer und Stiefel aus, um so leicht wie möglich zu sein und nicht im Schlamm zu versinken. Einer trägt ein Kruzifix heran. „Hilf Maria, milde", rufen die Bauern und stürmen an der Schanze vorbei.

So tollkühn der Vorstoß der Dithmarscher auch ist, so klein sind die Chancen gegen die Phalanx der Söldner. Die Bauern rennen in die gegnerischen Piken, manche werden aufgespießt, die anderen zurückgedrängt. Gleichwohl wagen die Bauern wenig später noch einen zweiten Ausfall, der ebenfalls scheitert. Doch die Attacken verschaffen den Dithmarschern Zeit. Schon treffen mehr als 2000 Mann Verstärkung aus dem Hinterland ein.

Und dann entfaltet das Meer seine Macht.

KAUM EIN BAUER ist militärisch ausgebildet. Des Königs Männer hingegen sind professionelle Krieger

Denn schon am Morgen haben die Bauern die Schleusen an den Deichen geöffnet. Stetig treiben Sturm und Flut seither die Wassermassen ins Land, füllen erst die Gräben und überschwemmen nun auch das Gelände. Die Söldner stehen bald auf einem schmalen Damm inmitten einer scheinbar nicht endenden Wasserfläche. Vorn donnern feindliche Kanonen, von hinten drängt das eigene Heer.

Nun kommen die Bauern erneut angestürmt. Bei Johanns Kämpfern bricht Panik aus, ihre Formation löst sich auf. Die Dithmarscher stechen sie nieder. Offiziere fallen zu Boden. Da verlässt die Soldaten der Mut.

Sie wenden sich zur Flucht und schlagen sich den Weg für den Rückzug durch den Rest

IN OFFENER Schlacht hätten die Bauern keine Chance. Doch sie locken die Feinde in einen Hinterhalt

des Heeres frei. Wer sich nicht auf der Straße halten kann, droht ein Opfer der Nordsee zu werden, deren Fluten links und rechts des Wegdammes wogen. Viele Männer ertrinken.

Die Einheimischen setzen nach. Anders als ihre Gegner wissen sie, wo sich tiefe Gräben befinden und an welchen Stellen das Wasser flach ist; daher können sie sich auch abseits der verstopften Straße durch die Marsch bewegen. Um über Tiefen zu setzen, nutzen sie ihre Spieße als Sprungstöcke.

Und als sie auf die Ritter des dänischen Heeres stoßen, attackieren sie deren Pferde und bringen die schwer gepanzerten Gegner so zu Fall. Bewegungsunfähig versinken viele Panzerreiter in Schlamm und Wasser. Nach und nach metzeln die Dithmarscher die verhassten Adeligen nieder. Wohl mindestens 3500 Angreifer sterben; die Dithmarscher verlieren ein paar Hundert Bauern.

Die Flüchtenden lassen Kanonen, Kriegskasse und sogar die den Dänen heilige Staatsflagge zurück. König Johann schließt sich dem hektischen Rückzug an. Da es bereits zu dunkeln beginnt, lassen die Bauern ihn ziehen.

°

DER TRIUMPH ÜBER DIE Schwarze Garde ist so unerwartet, dass ihn sich die Geschichtsschreiber nur durch göttlichen Beistand erklären können – und so überliefern sie, dass eine Jungfrau auf der Schanze erschienen sei und die Bauern in die Schlacht geführt habe.

Der Sieg bleibt nicht ohne Folgen: Die Nachricht, dass der König von Dänemark besiegt und die Schwarze Garde aufgerieben ist, dringt bis nach Schweden. Dort erheben sich Separatisten und erkämpfen die Unabhängigkeit.

Diese zeitweilige Schwäche des dänischen Großreichs ändert aber nichts daran, dass in Europa endgültig die Epoche der fürstlichen Territorialstaaten angebrochen ist. Nach und nach werden fast alle Bauernrepubliken an der Nordsee von weltlichen oder geistlichen Landesherren unterworfen: Stadland und Budjadingen fallen 1514, Wursten wird 1525 erobert.

Dithmarschen hingegen bleibt nach der Schlacht von Hemmingstedt zwei Generationen lang unabhängig. Die Händler der Bauernrepublik umgehen Monopole der Hanse, ihre Fischer greifen fürstliche Schiffe an, und ihre Kämpfer starten sogar Plünderzüge nach Holstein.

Erst im Sommer 1559 wird Dithmarschen unterworfen. Ein neues dänisches Heer marschiert ins Land, und kein himmlischer Beistand hilft den Bauern. Sie unterliegen und müssen ihrem Landesherrn huldigen.

Der Triumph bei Hemmingstedt jedoch bleibt unvergessen. In den folgenden Jahrhunderten inspiriert er zahllose Künstler, wird der Mythos allerdings auch von Nationalisten und später den Nationalsozialisten für ihre Zwecke missbraucht.

Heute aber feiern die Dithmarscher die Schlacht von Hemmingstedt als das, was sie wirklich war: der Kampf einer frühen Republik – und der Sieg der Freiheit. ◊

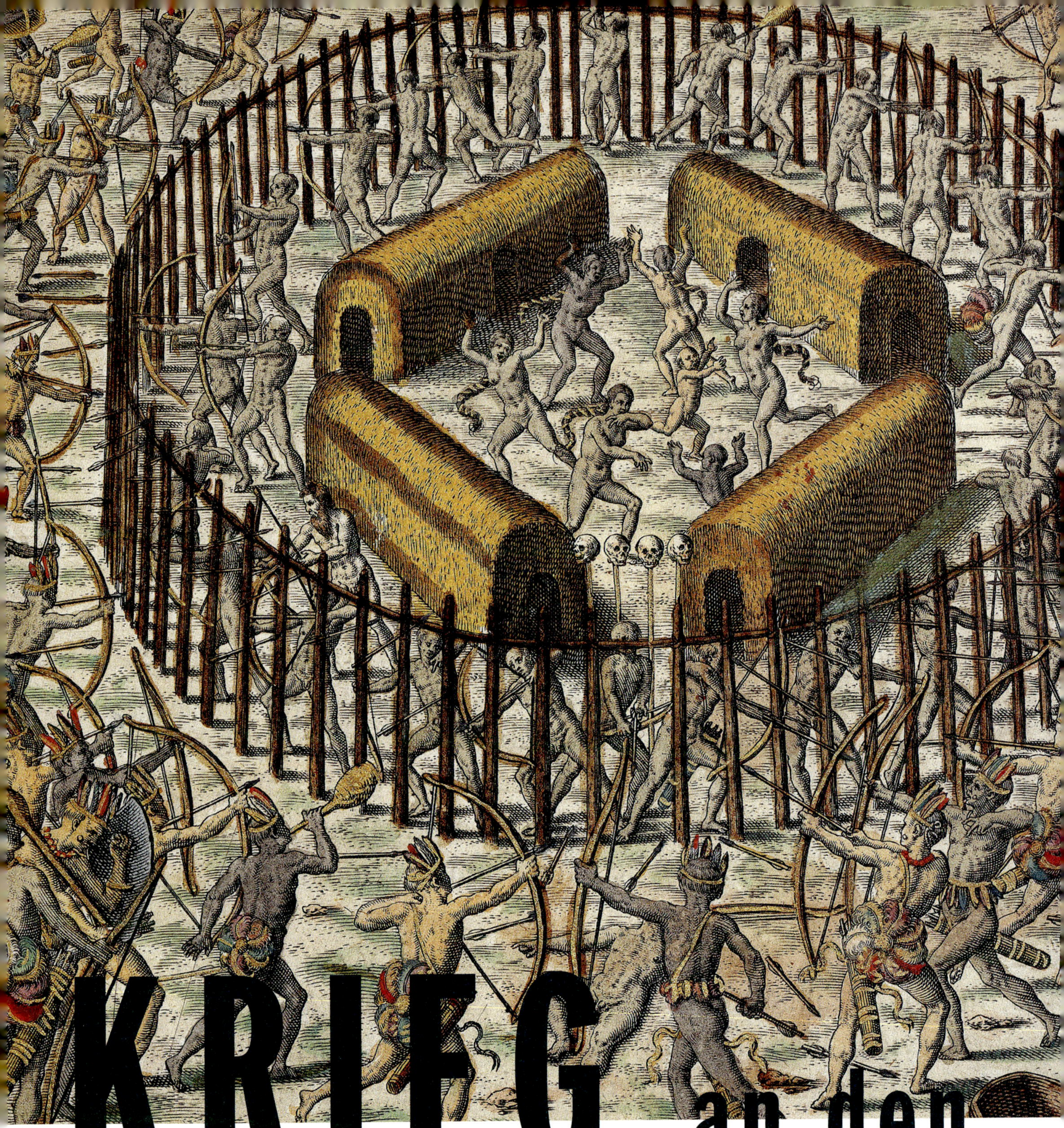

KRIEG an den

Um 1650 betreiben die Indianer im Süden des heutigen Kanada einen lukrativen Pelzhandel mit den Europäern. Doch dann entbrennt ein blutiger Streit zwischen Huronen und Irokesen, der eines der zwei Völker für immer auslöschen wird

1649 ATTACKIEREN Irokesen eine Siedlung der Huronen. Die Völker konkurrieren um das Pelzgeschäft mit den Europäern

TEXT: *Reymer Klüver*
ILLUSTRATIONEN: *Theodor de Bry*

Die laute Stille der Dunkelheit. Erst im Nachhinein ist klar, wie merkwürdig diese stockfinstere Winternacht eigentlich war, nur drei Tage nach Neumond. Der Schrei der Eule. Das Bellen des Fuchses in der Ferne. Und immer wieder dieses Scharren im Unterholz, die knackenden Zweige.

Das alles klingt vertraut in der verschneiten Ruhe der tiefen Wälder. Für sich genommen. Aber vielleicht hätte die Vielzahl der Geräusche die Bewohner des kleinen Indianerdorfes Taenhatentaron beunruhigen müssen.

Denn sind die Eulen wirklich Eulen? Und ist es für das Bellen des Fuchses nicht ungewöhnlich spät? Die Paarungszeit ist doch schon vorbei. Und dieses Scharren und Knacken – klingt das wirklich wie eine Elchkuh, die sich gerade über den knarzenden Firn entfernt?

Doch in Taenhatentaron wird niemand misstrauisch. Gut 400 Einheimische vom Volk der Huronen bewohnen das Dorf im heutigen Kanada zwischen Ontario- und Huronsee. Es ist von einer fünf Meter hohen Holzpalisade umgeben, errichtet aus tief in den Waldboden getriebenen Kiefernstämmen, verstärkt durch dazwischengesteckte Äste und Baumrinden. An drei Seiten wird der Schutzwall durch einen natürlichen Graben ergänzt.

Schon mehrmals ist es zu Angriffen der Irokesen gekommen – Todfeinden der Huronen –, die im Süden und Osten des Ontariosees leben. Aber nicht zu dieser Jahreszeit, im ausgehenden Winter, wenn der im Frost erstarrte Boden am nächsten Tag schon in tiefen Morast aufweichen kann und die noch unbelaubten Bäume keinen Sichtschutz geben. Daher hält im Dorf keiner Wache.

Und so sind die Menschen von Taenhatentaron ahnungslos, als in dieser eisigen Nacht des 16. März 1649 das Unheil über sie hereinbricht.

An jener Seite der Palisade, an der kein Graben verläuft, haben die Irokesen im Schutz der Dunkelheit eine kleine Bresche geschlagen. Gut 1000 Krieger stark ist ihr Heer. Einer nach dem anderen robben die Männer nun durch die schmale Öffnung unbemerkt ins Dorf.

Dann greifen sie an unter Kriegsgeschrei. Den im Tiefschlaf überraschten Bewohnern des Dorfes bleibt keine Zeit, Gegenwehr zu organisieren.

Männer, Frauen, Kinder – ohne Unterschied stechen die Irokesen die Menschen in ihren Hütten nieder, erschlagen sie mit Knüppeln oder Kriegs-

GROSSEN Seen

beilen. Die scharfen Klingen aus Stahl spalten Schädel, durchtrennen Sehnen und Knochen. Auch Flintenschüsse krachen durch die Nacht.

Ein paar Huronenkrieger springen noch von ihrem Lager auf, greifen zu Messern oder Tomahawks. Vielleicht bekommen ein oder zwei auch noch ihre Gewehre in die Hände. Etwa zehn Irokesen können die Verteidiger töten. Doch binnen Minuten haben die Angreifer fast alle Dorfbewohner in ihren Hütten gefangen oder massakriert.

Nur drei Männer entkommen dem Überfall, hasten panisch vor Angst und halb nackt in das benachbarte, einige Kilometer entfernte Huronendorf St. Louis (wie es die nahebei lebenden französischen Missionare nennen).

Dort schlagen sie sofort Alarm; daraufhin fliehen mehr als 500 Bewohner, machen sich auf den Weg zu der Missionsstation der Franzosen.

Die Jesuiten sind gut zwei Jahrzehnte zuvor aus Frankreich in das Gebiet gekommen, um den heidnischen Indianervölkern das Evangelium zu predigen, und haben ein stark bewehrtes Fort errichtet. Einige von ihnen wohnen in den Dörfern der Ureinwohner und sprechen deren Sprachen.

Auch in St. Louis leben zwei Jesuitenpater. Sie bleiben nun gemeinsam mit 80 der mutigsten Krieger zurück. Die Männer glauben, den gut befestigten Weiler gegen den zu erwartenden Ansturm ihrer Todfeinde verteidigen zu können.

Noch vor Sonnenaufgang kommen die Irokesen und rennen gegen die Holzpalisaden des Dorfes an.

Keiner der Kämpfer an diesem Morgen kann ahnen, dass eines der beiden Völker schon bald für immer untergehen wird. Und dass ein Grund dafür im fernen Europa zu finden ist. Genauer – in der dortigen Begeisterung für ein aus Nordamerika stammendes Produkt: Biberpelz.

Bei der Ankunft der ersten europäischen Siedler gut 50 Jahre zuvor herrscht zwischen Huronen und Irokesen noch weitgehendes Gleichgewicht. Beide Völker sind sesshaft, unterhalten sich in verwandten Sprachen und leben vom Maisanbau, Fischen und Jagen.

Ihre Territorien sind abgesteckt: Die Huronen siedeln nordwestlich des Ontariosees, im Süden und Osten des Gewässers leben die Irokesen.

Die sind im Streit mit zahllosen anderen Stämmen, denn in keinem anderen Volk gelten Erfolge auf dem Schlachtfeld so viel wie bei ihnen: Nur wer viele Gefangene oder Skalps getöteter Gegner nach Hause bringt, kann in den Kreis der Anführer aufsteigen.

MEHRERE DÖRFER fallen den Irokesen zum Opfer. Die Ankunft der Weißen hat das Gleichgewicht unter den Stämmen zerstört

Doch die weißen Eindringlinge werden alles verändern. Gleich drei Mächte gründen kurz nach 1600 im Norden der Neuen Welt erste Ortschaften – und suchen sich dabei Handelspartner unter den Einheimischen.

Die Engländer siedeln an der Atlantikküste, die Niederländer erkunden den Lauf des Hudson River und errichten mehrere Forts. Und französische Kaufleute segeln vom Atlantik den Sankt-Lorenz-Strom hinauf und gründen im Landesinneren drei Festungsorte: Québec, Trois-Rivières und Montréal.

Schnell finden die Franzosen Kontakt zu den Huronen – geschickten Händlern, die fasziniert sind von den Waren der Fremden: all den Glasperlen, Messingringen und Eisenbeilen, den Kochkesseln, Messern und Scheren, den Lupen und Trinkgläsern.

Im Tausch für die Importwaren wollen die Weißen vor allem Biberpelze. Die Häute sind in Europa hoch begehrt, da etwa Hutmacher den aus dem weichen Unterhaar der Biber gefertigten Filz für die Produktion hochwertiger, modischer Kopfbedeckungen nutzen.

Im Sommer 1633 bringen 500 Huronen mehrere Tausend Pelze an den Sankt-Lorenz-Strom; es ist der Beginn einer erfolgreichen Handelsverbindung. Allein im Jahr 1646 schicken die Franzosen bereits mehr als 30 000 Biberhäute ins Mutterland, die Hälfte sind wohl von den Huronen angeliefert worden (die viele Pelze von Nachbarvölkern weiter im Norden eingetauscht haben).

Auch die Irokesen machen Pelzgeschäfte – mit den Niederländern. Doch da sie die Nachfrage der Europäer durch die Jagd im eigenen Territorium nicht decken können, suchen sie woanders Nachschub. Sie beginnen, die Pelzhändler der Huronen zu überfallen.

Und weil ihnen die Niederländer im Tausch gegen Pelze auch Feuerwaffen verkaufen (während die Franzosen den Huronen nur wenige überlassen), sind die Irokesen allen anderen Stämmen an Feuerkraft bald klar überlegen.

MIT ROHER GEWALT gehen die Irokesen gegen ihre Feinde vor, massakrieren Männer, Frauen, Kinder, zerschlagen die Gemeinschaft der Huronen. Aber auch sie selbst werden einem noch mächtigeren Gegner erliegen: den weißen Kolonisatoren

Im Juli 1648 überqueren irokesische Krieger in Kanus den Ontariosee, überrumpeln die weiter nördlich lebenden Huronen und setzen zwei Siedlungen in Brand. 700 Dorfbewohner sterben oder geraten in Gefangenschaft.

Acht Monate später folgt die Attacke auf Taenhatentaron und St. Louis.

Zweimal können die Verteidiger von St. Louis die Angreifer abwehren. Doch dann gelingt es den Irokesen, mit ihren Streitäxten Öffnungen in den hölzernen Schutzwall zu hacken. Binnen Minuten haben sie das Dorf erobert. Sie zünden es an und kehren mit ihren Gefangenen zurück nach Taenhatentaron.

Dort binden sie die zwei Jesuiten an Pfähle und übergießen sie mit kochendem Wasser – als Spott über den Taufritus der Missionare. Einem schneiden die Sieger Lippen und Nase ab, dem anderen stechen sie die Augen aus und stopfen glühende Holzkohle in die blutigen Höhlen. Stunde um Stunde geht das Martyrium der Gequälten, ehe der Tod sie schließlich erlöst.

Am folgenden Morgen wollen die Irokesen die Missionsstation der Franzosen angreifen. Doch da nun Huronen aus anderen Dörfern zur Unterstützung gekommen sind, kann die Attacke verhindert werden.

Die Eindringlinge ziehen sich nach zwei Tagen zurück. Zuvor aber verbrennen sie etliche der gefangenen Huronen bei lebendigem Leib: Kinder in Gegenwart ihrer Eltern, Frauen vor den Augen ihrer gefesselten Männer. Zurück lassen sie verwüstete Dörfer und leer geraubte Vorratsspeicher.

Völlig demoralisiert verlassen die Huronen das Gebiet. Etliche von ihnen gründen mithilfe der Jesuiten auf einer Insel im Huronsee eine neue Siedlung. Doch Kälte, Hunger und Seuchen fordern bald Hunderte Opfer. Zudem attackieren Irokesen immer wieder die weit verstreuten Flüchtlinge.

Und so ziehen die Huronen im Frühjahr 1650 weiter: Einige Clans schließen sich Völkern an, die ebenfalls an den Großen Seen siedeln, andere wandern nach Süden zu den Susquehannock, wieder andere geben auf und laufen zu den Irokesen über. Und einige Großfamilien suchen Schutz in der Nachbarschaft von Québec. De facto gibt es das Volk der Huronen nicht mehr. Die Irokesen haben es ausgelöscht.

Doch dies ist nicht das Ende der Gewalt. Denn je größer die Nachfrage der Irokesen nach europäischen Waren wird, nach Waffen, Haushaltsgeräten, Kleidung oder einfach nur schmückenden Perlen, desto mehr Biberpelze müssen sie herbeischaffen.

Auf der Suche nach weiteren Jagdgründen attackieren sie etliche benachbarte Stämme. Und so gehen die Biberkriege weiter: gegen die Erie, die Neutrals, die Petuns, die Ottawa und Susquehannock. Der überlegenen Feuerkraft der Angreifer haben diese Stämme wenig entgegenzusetzen, und so müssen sich nach und nach alle unterwerfen.

Mithilfe der europäischen Waffen kontrollieren die Irokesen bald das gesamte Gebiet vom Osten der Großen Seen bis zur Michigan-Halbinsel und steigen zur indianischen Großmacht auf.

Die Ankunft der Weißen scheint für sie ein Glücksfall zu sein, der ihnen Einfluss, neue Territorien und Wohlstand beschert.

Doch das ist nur eine Momentaufnahme der Geschichte. Denn natürlich wird auch den Irokesen der ständige Zustrom der Europäer zum Verhängnis.

Und so werden auch sie, wie fast alle indigenen Bewohner Nordamerikas, am Ende des 19. Jahrhunderts in Reservate verteilt über die Weiten der USA leben – dezimiert und gedemütigt nach etlichen Niederlagen gegen die Partner von einst: die Händler mit den tödlichen Waffen. ◊

DIE ERSCHÜTTE Welt

RUNG DER

Am 1. November 1755 zerstört ein Erdbeben Lissabon, mehr als 60 000 Menschen sterben. Es ist wohl die erste Katastrophe, die von den gerade entstehenden Medien weltweit verbreitet wird – und sie nährt unter den Gläubigen eine alte Frage: Wie kann ein gütiger Gott so etwas zulassen?

NACH DEN ERDSTÖSSEN bricht Anarchie in der Stadt (oben: vor dem Beben) aus. Die Verwaltung lässt Plünderer umgehend hängen (Bildmitte), um wenigstens den Anschein von Ordnung zu wahren

Hasst Gott Lissabon?

TEXT: *Jörg-Uwe Albig*

Weshalb sonst hat er an jenem strahlenden Allerheiligentag des Jahres 1755 sein Erdbeben geschickt? Wieso hat er mit einer Gewalt von 32 000 Hiroshima-Bomben und mindestens 8,5 Grad auf der Richter-Skala die Stadt in Trümmer gelegt? Und warum mussten 18 000 Gebäude einstürzen, ist wohl jeder Vierte der 250 000 Einwohner gestorben?

Wollte Gott Lissabons Habgier strafen: die Jagd nach Gold und Diamanten in der Kolonie Brasilien, nach Sklaven aus Angola und Mosambik, die Portugal reich gemacht hat und Lissabon zu einer der glanzvollsten Städte Europas?

Wollte er die Unzüchtigen züchtigen: jene verderbten Nonnen von Lissabon, die sich in Korsett, Rouge und Puder an Edelmänner verkaufen, und die Klöster, die zu Bordellen geworden sind?

Wollte er die Todsünde des Jähzorns ausmerzen: die Horden streitsüchtiger junger Adeliger, die sich miteinander blutig duellieren, und all die anderen Bürger, denen Schwert oder Dolch so locker sitzen, dass, wie ein englischer Reisender feststellt, von einem Mord kaum noch jemand Notiz nimmt?

Oder wollte er die Götzendiener in die Schranken weisen: jene Hexer, Wahrsagerinnen und Scharlatane, die in der Unterstadt mit Zaubersprüchen und Geheimtinkturen Impotenz und Liebeskummer zu heilen versprechen?

Dabei sind es gerade die Guten, die das Beben getroffen hat. Das fromme Lissabon, in dem jeder sechste erwachsene Bewohner in Diensten der Kirche steht. Das im Takt der fast täglichen Prozessionen rotiert, beim Glockenläuten stets die Arbeit ruhen lässt, sich in der Passionszeit voll Inbrunst die Geißeln über den Rücken zieht und auf dem Hauptplatz Terreiro de Paço, zwischen Kai und Königspalast, unerbittlich die Ketzer verbrennt.

Jetzt liegt ausgerechnet der Inquisitionspalast in Schutt und Asche. Tausende Gläubige sind während der Allerheiligen-Gottesdienste gestorben. Dafür blieb die Rua do Capelão mit ihren vielen Bordellen verschont.

> Vielen gilt das Beben als **STRAFE** Gottes

Und nicht die Prasser und Verschwender sind es, die das Beben am unbarmherzigsten dezimiert hat. Sondern vor allem die Armen, die keine robust gebauten Häuser haben, keine Privatkapellen und Landsitze außerhalb der Stadt, um dort den Feiertag zu verbringen – und keine Kontakte, die ihnen anschließend beim Überleben helfen können.

Weshalb hat Gott das getan? Was hat das zu bedeuten?

Das sind die Fragen, die Portugal nach dem Beben erschüttern – und auch Europa, sogar Amerika. Die einflussreichsten Denker und Forscher der Epoche versuchen sich an einer Antwort, verfassen Hunderte Bücher, Traktate, Predigten und Gedichte. Und am Ende wird die Katastrophe helfen, Portugal in die Moderne zu führen.

°

AN JENEM 1. November 1755 spüren die Bewohner der Stadt gegen 9.45 Uhr zunächst nur ein Zittern unter den Füßen. Aus der Erde dringt ein dumpfes Donnern. Für manche klingt es wie das Rattern

einer Kolonne von Kutschen, für andere wie ein Trommelwirbel, wie ein Kanonenschlag.

Dann regnet es Steine.

Es sind drei Stöße im Abstand von jeweils kaum mehr als einer Minute, die Lissabon zerstören. Nach dem dritten ist die Stadt in Wolken aus Staub und Kalk gehüllt, durch die kein Sonnenlicht mehr dringt. Ein Augenzeuge muss an die „ägyptische Finsternis" denken, eine „Finsternis, die man fühlen kann". Binnen einer Viertelstunde legt das Beben die fünftgrößte Stadt Europas zu großen Teilen in Trümmer.

25 000 Menschen sterben gleich in den ersten Minuten. Wer noch kann, flüchtet durch Straßen voller Schutt. Jeder versucht erst einmal sich selbst in Sicherheit zu bringen: Eltern lassen ihre Kinder zurück, Ehemänner ihre Frauen, Brüder ihre Geschwister.

Die Verzweifelten steigen über Leichen und blutüberströmte Verletzte mit zerrissenen Kleidern. Sie umkurven zerschmetterte Kutschen mitsamt erschlagenen Fahrern, Passagieren und Pferden. Sie versuchen, den Schreien der Zermalmten, Verwundeten und Eingeklemmten zu entkommen, den Hilferufen der Verschütteten und Eingesperrten, die in ihren Häusern gefangen sind, den Stoßgebeten: „Misericórdia meu Deus", Gnade, mein Gott!

Als das Beben endlich zur Ruhe kommt, ist die Katastrophe noch längst nicht vorüber. Jetzt droht das Feuer: Es schlägt aus geborstenen Öfen, setzt Gebälk und Möbel in Brand. Starker Nord-

EINE ZWÖLF METER hohe Flutwelle trifft die Stadt gleich nach dem Ende des Bebens. Die Gewalt der Wassermassen zermalmt Schiffe, Bauten, Tiere, Menschen

ostwind drückt es durch die engen Gassen der Unterstadt, bringt die Luft zum Glühen, wirbelt Asche und Funken auf und treibt Hunderte von Bränden zu einem gigantischen Inferno zusammen.

Und an den Kais des Flusses Tejo drängen sich Menschen mit verkohlter Kleidung und versengten Gesichtern: Vergebens flehen sie die Seeleute an, sie an Bord ihrer Schiffe zu nehmen.

°

DANN KOMMT das Wasser: Auf dem Meer türmt es sich zur Flutwelle, zwölf Meter hoch, und rollt mit mehr als 600 Kilometern pro Stunde auf die Stadt zu. Schäumend schleudert es Boote an Land, überspült den Kai mit den Hunderten von Hilfesuchenden, wühlt sich in die Stadt, presst sich noch 200 Meter weit in Straßen, Gassen und Gärten.

FEUER lodern aus den Häusern Lissabons, entzündet etwa durch geborstene Öfen in Bäckereien. Wer kann, flieht aus der Stadt ins Umland

Als alles vorbei ist, steht das neue Opernhaus, eines der prächtigsten Theater der Welt und erst im März eingeweiht, nicht mehr. Auch der Königspalast mit seiner mehr als 70 000 Bände umfassenden Bibliothek, darunter die Original-Logbücher des Entdeckers Vasco da Gama, mit den Gemälden von Rubens, Rembrandt und van Dyck sowie seiner atemraubenden Sammlung seltener Uhren, liegt in Schutt und Asche.

Zollhaus, Handelskontore, Schiffswerften, Gefängnisse sind zerstört, zudem sämtliche Krankenhäuser. Experten werden die Schäden später auf fast 60 Prozent von Portugals Bruttoinlandsprodukt schätzen.

Den Menschen von Lissabon bleibt nichts, als sich unter freiem Himmel einzurichten. Viele kampieren in improvisierten Zelten, schnell zusammengebastelt aus Stöcken, Decken und Tüchern. Holz, mit dem man stabilere Unterkünfte bauen könnte, gibt es nicht: Fast alles, was Feuer fängt, haben die Flammen verzehrt.

Mehr als 100 000 Obdachlose drängen sich in Flüchtlingslagern, wo bald Läuse und anderes Ungeziefer über die Unglücklichen herfallen.

In den Gärten der königlichen Dépendance in Belém, sechs Kilometer westlich der Stadt, überstehen König Joseph I. und seine Familie die erste Nacht in Kutschen, vor denen die Pferde angespannt sind – um zur Not schnell flüchten zu können. Dann

ziehen sie in ein Zelt im Garten um, schließlich in eine riesige Holzbaracke. In einem klassischen Palast mit hohen Decken zu leben, verrät die Königin, werde für den Monarchen zeitlebens nicht mehr infrage kommen.

D

Die Stadt versinkt derweil in der Anarchie. Hunderte Verbrecher entweichen aus den zertrümmerten Gefängnissen und ziehen plündernd, mordend und vergewaltigend durch Lissabon. Sie überfallen Kirchen, Paläste und Bürgerhäuser. Manche schneiden auf der Jagd nach Schmuck Toten wie Lebenden Finger und Ohrläppchen ab. Andere fachen erloschene Feuer erneut an, um auch noch die restlichen Bewohner aus der Trümmerstadt zu treiben.

Die Regierung versucht, eine Illusion von Ordnung zu erzeugen. Plünderer werden umstandslos gehängt, gut sichtbar auf offener Straße, um Nachahmer abzuschrecken. Vorsorglich werden die kostbaren Löwen, Tiger, Bären und Leoparden der königlichen Menagerie geschlachtet – falls ein neues Beben die Käfige zerstört und dann nichts die wilden Tiere festhalten könnte.

Die Menschen hält schon jetzt nichts mehr. Wer kann, macht sich auf den Weg aus der Stadt, zumal das Gerücht geht, die Armee wolle Lissabon mit Kanonen beschießen, um die Ausbreitung des Feuers zu verhindern.

Panisch fliehen die Einwohner vom Ort ihres Unglücks,

NUR DIE Fassade bleibt von der Oper übrig. Das gerade erst eröffnete Haus gehörte zu den prunkvollsten Musiktheatern der Welt

trampeln sich hier und da gegenseitig nieder, um nicht zurückzubleiben. Und obwohl bald Dragoner die Ausfallstraßen sperren (damit man nicht die wertvollen Arbeitskräfte verliert, die für den Wiederaufbau gebraucht werden), verlässt etwa die Hälfte aller Überlebenden die Stadt am Tejo.

An Alltag ist nicht zu denken. Während der Messen erschüttern Nachbeben die Mauern der Gotteshäuser, treiben die Gläubigen in die Flucht und zwingen die Kirche, viele Gottesdienste ins Freie zu verlegen.

Noch neun Tage nach dem Unglück bergen Retter Lebende aus den Trümmern. Noch wochenlang rauchen die Ruinen, brechen vereinzelte Brände aus, verwesen Kadaver von Pferden und Maultieren in den Straßen. Und noch im Sommer liegt Leichengestank über Lissabon.

°

ES IST JA NICHT allein die Wucht der Tragödie, die dieses Ereignis unvergleichlich macht. Denn schwere Erdbeben sind in dieser Zeit keine Seltenheit: Noch erinnern sich viele an das Beben 1693 in Sizilien, bei dem mehr als 60 000 Menschen ums Leben kamen. Auch 1703 in Mittelitalien, 1726 in Palermo, 1727 in Neuengland oder 1746 in Peru haben Erdstöße jeweils viele Tausende umgebracht.

Doch nie zuvor hat eine Katastrophe ein solches Echo gefunden – reflektiert von einer neuen Medienwelt, die gerade entsteht.

„Vielleicht hat der Dämon des Schreckens zu keiner Zeit so schnell und so mächtig seine Schauer über die Erde verbreitet", wird über 50 Jahre später Johann Wolfgang von Goethe räsonieren, der zum Zeitpunkt des Bebens sechs Jahre alt ist.

Manche **KIRCHE** wird zur tödlichen Falle

S

Stetig reisen die Nachrichten von der Trümmerstätte um die Welt – befördert von Zeitungen, von privaten und öffentlichen Korrespondenten, von den Seeleuten der Handelsschiffe und berittenen Kurieren, die einen Brief in vier Tagen von Lissabon nach Madrid und in zwei Wochen von dort nach Paris bringen. Am 11. November, zehn Tage nach dem Unglück, ist ein Bericht über das Beben in der „Gaceta de Madrid" zu lesen, nach drei Wochen in der Pariser „Gazette de France", drei Tage darauf in der Londoner „Whitehall Evening Post" sowie in niederländischen Blättern.

Und am 2. Dezember reagiert auch der „Hamburgische unpartheyische Correspondent": Der Verfasser des Textes bedenkt besonders das bittere Schicksal der Königsfamilie, die „24 Stunden ohne Bediensteten gewesen" sei.

Das Wohl des Monarchen liegt den Hamburgern besonders am Herzen: Die Hansestadt pflegt enge Handelsbeziehungen zu Portugal. Bis zum folgenden Juni wird der „Correspondent" deshalb mehr als 3300 Zeilen Text zum Erdbeben drucken – das ist in einer Ära, in der eine Zeitung meist aus vier Seiten zu jeweils rund 60 Druckzeilen besteht, eine beträchtliche Menge.

Und der berühmte Komponist Georg Philipp Telemann, Kantor des Johanneums und Musikdirektor der Stadt, führt mit großem Erfolg ein eigens dem Unglück gewidmetes Oratorium auf, die „Donner-Ode": „Die Stimme Gottes erschüttert die Meere" heißt eine Arie.

Um die lukrative Freundschaft mit Portugal zu festigen (und zugleich Hamburger Händlern in Lissabon auf die Beine zu

helfen), schickt der Senat der Hansestadt umgehend 100 000 Taler sowie vier Schiffe mit Hilfsgütern: Bauholz, Ziegel, Steine und Werkzeuge für den Wiederaufbau, außerdem Pökelfleisch, Zwieback sowie, für den König, ein paar Fässer Rheinwein.

Andere Mächte nehmen das Unglück ebenfalls zum Anlass, dem Handelspartner Portugal ihre Verbundenheit zu zeigen. England liefert 200 000 Scheffel Weizen, 4000 Fässer Butter und 1200 Fässer Reis, entsendet Ärzte, angeblich auch Architekten für den Wiederaufbau. In Lissabon übernehmen vor allem Priester und Mönche die Verteilung der Hilfsgüter – was dazu führt, dass sich manche Bewohner als Geistliche verkleiden, um die Gaben für den eigenen Bedarf abzuzweigen.

Auch der Nachbar Spanien sendet eine Unterstützung von 150 000 Pesos in bar. Ein Hilfsangebot aus Paris lehnt König Joseph I. dagegen höflich ab – wohl um Frankreichs Rivalen England nicht zu brüskieren.

ALS DAS Beben begann, waren die Kirchen – hier die zerstörte Kathedrale – gut gefüllt. Viele Gläubige feierten gerade Allerheiligen

So wird die Krisenhilfe zum Faktor im diplomatischen und wirtschaftlichen Geflecht Europas und gibt dem Beben eine politische Brisanz, die kaum eine Katastrophe vor ihm hatte.

Vor allem aber befeuert es einen philosophischen Diskurs, der schon seit Langem Europas kluge Köpfe erhitzt: die Frage nach der Rolle Gottes in der Welt.

Die Antworten der Kirchen kommen prompt und routiniert. Für die Katholiken ist das Unglück ein Zeichen von Gottes

DIE WUCHT der Erdstöße reicht bis nach Nordafrika. So wird auch die Stadt Meknès in Marokko (o.) zerstört

Zorn, das Buße verlangt. Noch während die Erde bebte, trugen sie Statuen und Bilder von Heiligen durch die Straßen, sangen Litaneien, warfen sich zu Boden. Manche schlugen sich auf die Brust, rauften sich die Haare, beschworen die Ankunft des Jüngsten Tags. Andere machten Jagd auf jene, die unkatholisch aussahen, zwangen etwa einen Engländer mit Gewalt, das Kreuz zu küssen.

Noch immer ziehen Priester durch die Trümmer und rufen die Mitbürger zur Umkehr auf. Und die religiöse Obrigkeit verfügt zusätzliche Fastentage sowie spezielle Gebete und eine Bußprozession, an der auch die Königsfamilie teilnimmt, der gesamte Hofstaat und der komplette Senat.

Für die protestantische Konkurrenz sind es freilich die Katholiken selbst, die Gott mit dem Beben strafen wollte: jene Verbohrten, die in Lissabon „schlimmer als die Mohammedaner" hausten und das Volk mit „düsterer Gefangenschaft, unterirdischer Folter" und „Geißelungen" kujonierten, so ein methodistischer Kirchenchef aus London.

Mit Genugtuung weist ein prominenter britischer Anglikaner darauf hin, dass beim Erdbeben „nur etwa 20 unserer Landsleute" ihr Leben verloren hätten – und „die einzigen stehen gebliebenen Gebäude die englischen und holländischen protestantischen Kapellen" seien.

Gemeinsam ist der katholischen wie der protestantischen Kirche jedoch der alte Glaube an die „Straftheologie", der zufolge Gott schon im Diesseits, noch vor dem Jüngsten Gericht also, die Sünder zur Rechenschaft zieht – eine Idee, die auch unter aufgeklärten Zeitgenossen nicht ausgestorben ist: Noch 1734 erklärt „Zeidlers Universal-Lexikon", das umfangreichste Kompendium zeitgenössischen Wissens, Erdbeben nicht nur als Effekt natürlicher Phänomene, sondern auch als Zuchtrute des Himmels – als Folge von „übernatürlichen Ursachen", die „Gottes Werk" seien.

Europas Philosophen aber geben sich nicht damit zufrieden, Gottes geheime Botschaften zu entschlüsseln. Der französische Denker Voltaire geht sogar so weit, deren Absender selbst infrage zu stellen – oder zumindest die Weisheit von dessen Schöpfung.

Die Natur, schreibt er in einem „Gedicht über die Katastrophe von Lissabon" in 234 Versen, sei offenbar alles andere als sinnvoll eingerichtet. Sie sei vielmehr „das Reich, wo Zerstörung besteht". Wer jetzt noch sage „Alles ist gut", dem ruft der Dichter zu: „Lügen straft euch die Welt!"

Das ist ein Seitenhieb gegen Aufklärer wie Gottfried Wilhelm Leibniz, der die real existierende Schöpfung als „beste aller möglichen Welten" feiert, oder den englischen Poeten Alexander Pope, der in einem Lehrgedicht die Maxime des Deutschen noch zugespitzt hat: „Was immer ist, ist gut."

Voltaire, von Koliken geplagt, kann dies nur als Beleidigung verstehen: „Ihr Unmenschlichen mehrt höhnend noch meine Schmerzen", schreibt er. „Ihr sagt, dass alles gut, alles notwendig sei. Wäre schlechter die Welt, wenn der höllische Schlund / Lissabon nicht verschläng'? Wie? Und was wär' der Grund?"

Voltaire ist nicht der Erste, der das optimistische Verständnis der Aufklärung infrage stellt. Schon vor ihm haben es einige Denker kritisch erörtert, und die Königliche Akademie der Wissenschaften in Berlin hat sein Für und Wider sogar als Preisfrage ausgeschrieben. Das Erdbeben bietet dem Franzosen nun ein besonders schlagendes Argument – und sein Name ist so berühmt, dass niemand es ignorieren kann.

Er verliert keine Zeit. Gerade einen Monat nach dem Beben ist der erste Entwurf des Gedichts fertig. Allein im Jahr 1756 erreicht es mehr als 20 Auflagen. Und weil dessen Autor so berühmt ist, fühlt sich Europas Intelligenz herausgefordert, es zu kommentieren.

Eine der ersten Repliken kommt von dem Schweizer Philosophen Jean-Jacques Rousseau. Er sieht das Problem nicht in Gottes Natur, sondern in der des Menschen: „Die physischen Übel", schreibt er, seien „in jedem System, in dem der Mensch einen Teil darstellt, unvermeidlich".

Schließlich habe ja nicht die Natur in Lissabon „20 000 Häuser zu je sechs bis sieben Etagen erbaut" – sondern der Mensch. Und dessen Gier erst habe das Drama auf die Spitze getrieben. „Wie viele Unglückliche sind bei dieser Katastrophe umgekommen, weil sie etwas mitnehmen wollten: der eine seine Kleider, der andere seine Papiere, wieder ein anderer sein Geld!"

Zudem sei es kurzsichtig, die Weltgeschichte nur unter dem Eindruck aktueller Ereignisse zu beurteilen. Der Gott, der die Planeten geschaffen habe, verfolge einen höheren Plan: „Er kann also trotz seiner Güte oder gerade wegen seiner Güte für die Erhaltung des Ganzen etwas vom Glück der Individuen opfern."

°

NOCH EIN WEITERER Denker meldet sich zu Wort: der Königsberger Immanuel Kant, ein Verehrer Rousseaus, dessen Porträt über seinem Schreibtisch hängt. Eifrig hat er die Zeitungsberichte in der „Gazette de Cologne" verfolgt – und schreitet jetzt umgehend zur Verteidigung der von Voltaire geschmähten Natur.

Gerade in der Verschwendung von Leben, hat Kant bereits vor dem Beben behauptet, beweise die Natur ihren Reichtum; daher sollte der Mensch auch die „erschrecklichen Umstürzungen" der Katastrophen „in einer Art Wohlgefallen" betrachten.

Jetzt stellt er fest, dass „selbst die fürchterlichsten Werkzeuge der Heimsuchung" wie „die Erschütterungen der Länder" und „die Wut des in seinem Grunde

ANGESICHTS der Katastrophe zweifeln immer mehr Gelehrte am Konzept von Gottes Schöpfung und dem Optimismus der frühen Aufklärung (Stadtplan für den Wiederaufbau Lissabons)

LICHTE Ordnung bestimmt den Hauptplatz des neu erbauten Lissabon. Es ist ein steingewordener Ausdruck der menschlichen Vernunft

bewegten Meeres“ dem Menschen immer noch „zur Betrachtung“ dienten – auf dass er „den Schöpfer durch seine Einsichten“ preise.

Die Katastrophe von Lissabon nimmt er zum Anlass, über diese Gesetze auch wissenschaftlich zu spekulieren. Als Ursache des Unglücks vermutet er, irrtümlich, fatale chemische Mischungen im Erdreich. Immerhin aber verortet er den „Entzündungsplatz“ des Bebens auf dem „Boden der See“ – eine Annahme, die Geologen später mit der Lokalisierung des Epizentrums mehrere Hundert Kilometer vor Portugals Küste bestätigen werden.

Doch vor allem stellt Kant fest, dass keine übernatürlichen Gründe das Beben erzeugt haben, keine Sternkonstellationen und kein göttliches Strafgericht: „Wir haben die Ursache“, schreibt er, „unter unseren Füßen.“

Voltaire lässt sich von den Verteidigern der Natur nicht beirren. 1759 veröffentlicht er unter Pseudonym einen Roman mit dem Titel „Candide oder Der Optimismus“: Ein naiver junger Mann zieht mit einem leibnizianisch gesinnten Begleiter durch Europa, erlebt Krankheit und Schiffbruch, wird Zeuge von Ketzerverbrennungen, Mord und Vergewaltigung – und eines Erdbebens in Lissabon. Sein Begleiter aber quittiert sämtliche Schrecken mit dem stoischen Mantra von der besten aller möglichen Welten.

°

NOCH WÄHREND Voltaire den Glauben an den unaufhaltsamen Fortschritt der Welt verhöhnt, öffnet das zerstörte Lissabon ebendiesem Fortschritt den Weg.

Sein Herold ist ein Mann namens Sebastiao José de Carvalho e Melo, seit 1750 Minister für Auswärtiges und Krieg. Jetzt bekommt er zusätzlich das Innenministerium übertragen. Das zerstörte Lissabon nutzt der Politiker (der später zum Marques de Pompal geadelt werden wird) als Schlachtfeld für seinen Machthunger. Und für die Aufklärung.

Er setzt eine rationale Logistik ein, die in Portugal ohne Beispiel ist. Mit mehr als 100 Dekreten verwaltet er die Krise, dämmt Epidemien ein, lässt die Leichen im Meer oder in Massengräbern versenken – und sogar, gegen alle kirchlichen Traditionen, ohne individuellen Segen des Priesters.

Die wilden Neubauten, die in der Unterstadt entstehen, als es wieder etwas Holz gibt, lässt er abreißen: Niemand darf etwas errichten, ehe ein Wiederaufbauplan vorliegt. Anstelle des verknoteten Gassenlabyrinths der Unterstadt schwebt ihm eine rechtwinklige Schachbrettmetropole mit breiten Straßen vor – das modernste und erdbebensicherste Stadtzentrum Europas.

Eine Reihe von Neuerungen tragen dazu bei: Häuser dürfen nur noch vier Stockwerke hoch sein, und zum Abfedern von Erdstößen hat man elastische Holzgerüste in die Steinwände einzuzementieren. Gebäude werden mit Holzpfählen im sandigen Boden verankert und die Kirchen an die Peripherie verbannt.

Und weil die größte Feuergefahr von den Bäckereien mit ihren Öfen ausgeht, ordnet der Minister an, sie alle in einen einzigen Straßenblock hinter einer Mauer zusammenzupferchen.

Ganz nebenbei hilft Carvalhos Krisenmanagement zudem auch noch einer jungen Wissenschaft auf den Weg: der Seismologie. Denn erstmals in der Geschichte verschicken die Behörden Fragebögen an jede Kirchengemeinde, um die exakten Umstände des Bebens zu eruieren – die Dauer, die Nachbeben, die Zahl der Opfer und die Schäden an Gebäuden, auch auffällige Bewegungen von Wasser oder Tieren.

Aus Daten wie diesen entwickeln die Forscher neue Theorien – etwa der Engländer John Michell, der 1760 das Erdbeben als Wellenbewegung beschreibt, aus deren Verlauf das Epizentrum berechnet werden kann.

Mit seinem rigorosen Ordnungssinn räumt Carvalho nicht nur Trümmer beiseite, sondern alles, was seiner Idee von Fortschritt im Weg steht.

In erster Linie sind das die Jesuiten, die zu den heimlichen Herrschern am Hof und in der Kolonie Brasilien geworden sind.

Nach einem nie ganz geklärten Attentat auf König Joseph stellt Carvalho die Jesuiten als angebliche Hintermänner an den Pranger, vertreibt sie aus Portugal und lässt ihr Eigentum konfiszieren. Und die Inquisition verwandelt er in eine staatliche Geheimpolizei, die statt der Ketzer und konvertierter Juden jetzt politische Gegner verfolgt: Ihr letztes Opfer wird ausgerechnet ein Jesuit, der Pater Gabriel Malagrida, der im September 1761 auf dem Scheiterhaufen verbrennt.

Auch den Adel, die bis dahin unangefochtene Herrscherkaste, weist Carvalho in die Schranken: Viele der Posten, die zuvor für Aristokraten reserviert waren, besetzt er nun mit eigenen, bürgerlichen Parteigängern.

Unter seiner Herrschaft gewinnen die Händler an Renommee und formen eine Art Mittelstand – und bleiben dennoch an Carvalhos Kandare: Er nötigt sie, sich zu Kompanien zusammenzuschließen, wenn es sein muss, auch gegen ihren Willen: „Ich kenne ihre Interessen besser als sie selbst“, rechtfertigt er sich.

Auf diese Art erschüttert das Erdbeben nicht nur Portugals Boden, sondern auch dessen überkommenes System. Und mit dem Terror, den es verbreitet, revolutioniert es zugleich den ästhetischen Sinn: Die Idee von der Schönheit des Schrecklichen, von Philosophen wie Kant und dem Engländer Edmund Burke in den Begriff des „Erhabenen“ gefasst, hält Einzug in die ästhetische Theorie.

Bald feiern überall Künstler den schönen Grusel der höheren Gewalt. In Bildern und Guckkästen, die auf Jahrmärkten ausgestellt werden, führen sich Europas Ästheten die Trümmer von Portugals zerschmetterter Metropole zu Gemüte – üppig angereichert mit romantischer Fantasie: Der berühmte französische Kupferstecher Jacques Philippe Le Bas etwa, der die Stadt nie betreten hat, präsentiert mit großem Erfolg eine Serie der „schönsten Ruinen von Lissabon“.

Schon im Winter 1755 reisen die ersten englischen Touristen an den Tejo, um den Schauder hautnah zu genießen. Und noch Jahre später durchwandern Erlebnis-Pilger die Stadt wie die Überreste von Pompeji, erstehen in der Feuersbrunst geschmolzene Münzen als Souvenir und schwärmen, wie ein englischer Reisender, von den „außergewöhnlichsten Ruinen der Welt“, die eine „sehr durchschnittliche Stadt“ zu einer besonderen gemacht hätten: „seltsam und schrecklich schön“, wie ein Franzose frohlockt.

Die Frage aber, ob Gott oder die Menschen für das Unheil verantwortlich sind, verschwindet bald wieder von der Tagesordnung. Im Sommer 1756 beginnt der Siebenjährige Krieg – und löst umgehend das Erdbeben in den Schlagzeilen ab.

Dieser Konflikt, der auch in Amerika, Asien und Afrika geführt wird, ist der erste globale der Geschichte. In ihm sterben unter anderem preußische, österreichische, französische und portugiesische Soldaten – insgesamt mehr als 800 000 Männer; zudem werden Hunderttausende Zivilisten massakriert, misshandelt oder ausgeplündert.

Und der Urheber dieser Katastrophe ist eindeutig: der Mensch. ◊

Geburt einer Megacity

London ist um 1850 die größte und progressivste Stadt der Welt, Industrie- und Handelszentrum, Heimat der Reichen und Mächtigen – aber auch ein Moloch aus Chaos, Schmutz und Armut. Geprägt von solchen Gegensätzen, wird diese urbane Agglomeration zum Prototyp der modernen Millionenmetropole. Zeitgenossen berichten

ZENTRUM DES EMPIRE: Von Westminster aus herrschen die Briten zeitweise über ein Fünftel der Weltbevölkerung

London ist seltsames, ungereimtes Wirrwarr aus den erstaunlichsten Reichtümern und ungeheurer Armut; aus fiebriger Strebsamkeit und teilnahmsloser Verzweiflung; aus strahlendster Güte und düsterstem Verbrechen. Ein Ort, an dem die allerbesten und die allerschlechtesten Ausprägungen der zivilisierten Gesellschaft anzutreffen sind. Wo es mehr Wohnstätten und mehr Wohnungslose gibt, mehr Prasserei und mehr Hunger, mehr Menschenfreundlichkeit und mehr bittere Hartherzigkeit als an jedem anderen Fleck der Welt.

Henry Mayhew, Sozialforscher, 1862

Als wir eintrafen, lag die Stadt noch in tiefem Morgenschlummer. An den Straßenecken hielten Droschken, deren Führer eingeschlafen waren, hier und da erblickte man Polizeibeamte, in ihren Regenmänteln Wache haltend; denn die Stunden von morgens 3 bis 5 Uhr werden in der Regel zu den meisten Einbrüchen und Raubanfällen benutzt. Hin und wieder sah man auch Misstrauen einflößende Gestalten in zerlumpten Kleidern, mit Schuhen, aus denen die nackten Füße hervorblickten, mit unrasierten Bärten an den Häusern entlangschleichen oder herausgeputzte zweideutige Weiber mit trunkenen Männern am Arme durch die Straßen ziehen.

Ernst Merck, Hamburger Unternehmer, 1851

Man nimmt allgemein an, dass es 70 000 Menschen in London gibt, die jeden

ZWEI MILLIONEN Menschen leben um 1850 in der »Imperial City«, wenige Jahrzehnte später doppelt so viele. Von der Fleet Street sehen Passanten die himmelhohe Kuppel der St Paul's Cathedral

Morgen beim Aufstehen nicht die leiseste Ahnung haben, wo sie sich in der nächsten Nacht zur Ruhe legen werden.

George Augustus Sala, Journalist, 1859

Des Morgens, wenn all die Schornsteine der Häuser und Fabriken, der Lokomotiven und Dampfschiffe noch nicht beflissen sind, die Luft mit Kohlenrauch zu sättigen, hat London eine eigentümliche, wie abgewaschene Physiognomie. Mit dumpfem Gepolter bewegen sich die Kehrmaschinen durch die Stadt, dann kommen die Marktwagen mit Gemüse und Obst, um die ersten Käufer nicht zu versäumen, dann die großen Kohlen- und Bierwagen, denen es nur zu gewissen Stunden gestattet ist, ihre Ladung in den belebten Citystraßen abzusetzen; dazwischen die leichten zweirädrigen Fuhrwerke von Fleischern, Fischhändlern und Gasthofbesitzern. Hier und da steigen aus geöffneten Pflasterverstecken schmutzige Männer heraus; das sind die Arbeiter, die das unterirdische London bauen und in Ordnung halten und nur des Nachts hantieren können, um mit ihren schwarzen Maulwurfshügeln den Weg am Tage nicht zu verengen. Die Werkleute sputen sich, die Pflastersteine wieder in Ordnung zu bringen, denn die Sonne steigt höher, ihre Zeit ist zu Ende, und die Hacke auf der Schulter traben sie ihren Behausungen zu, um sich Ruhe zu gönnen, wo das Tagewerk der anderen beginnt.

Max Schlesinger, österreichischer Journalist, 1852

London ist erwacht, Wagen an Wagen jagt an unseren Fenstern vorüber, Omnibus folgt auf Omnibus, und alle sind gehetzt. Hier eine riesige Dampfmaschine auf Waggons geladen und mit 16 mächtigen Rossen bespannt; dort eine elegante Dame mit ihrem allerliebsten Pony-Phaëton, neben sich den Pagen in kurzer, reich mit silbernen Knöpfen besetzter Jacke, selbstfahrend; hier wiederum ein ungeheurer, mit Postpferden bespannter und von zwei Postillons geführter, auf sehr niedrigen Rädern ruhender Kasten, edle Rennpferde enthaltend, welche zu den Wettrennen geführt werden. Kurz: Jeder Augenblick bringt neue Szenen, neue Gestalten.

Ernst Merck

Hier spaziert niemand gemütlich auf und ab wie in Paris oder betrachtet, wie dort, staunend die ausgestellten Herrlichkeiten – hier rennt jeder mit wilder Hast vorwärts, seinem Ziel entgegen, mit den Blicken weit voraus, um zu berechnen, wo er durch die Menschenmenge vor sich hier oder da am schnellsten durchkommen kann. Weitere Strecken zu Fuß zurückzulegen, fällt ja keinem Engländer ein. Zeit ist Geld!, pflegt er zu sagen, und diese gewinnt er in der schnellen Droschke, ja schon im langsameren Omnibus. So eilt die ganze Masse: Reiter, Rad an Rad, Wagen an Wagen unaufhaltsam vorwärts, rasselnd und klappernd, lärmend und schreiend, eine einzige, eng zusammengekeilte Menge, brausend wie ein wilder Strom, der, zwischen Felswänden eingeengt, von den nachfolgenden Wassern unaufhaltsam vorwärtsgetrieben wird.

Friedrich Wilhelm Hackländer, deutscher Schriftsteller, 1851

Männer mit Kokosnüssen und Datteln, Weiber mit Orangen und Ananasschnitten drängten sich mit ihren Karren an uns; der eine pries uns seine Hundehalsbänder an, die er zu einer Kette ineinandergeringelt um den Hals trug, der andere erbot sich, unsere Wäsche zu zeichnen; hier produzierte einer seine Rasierriemen, dort ein anderer wohlfeile Notizbücher, Messer, Bilder, Karikaturen, Medaillen von der großen Ausstellung – und alles, alles für einen Penny. Es schien, als ob die Welt hier pennyweise verschachert würde.

Max Schlesinger

Da ist der Stuhlflicker, eingewickelt in Flechtrohr, gefolgt von seiner abgekämpften Frau mit einem Stuhl ohne Sitzfläche, den sie irgendwann zu früher Stunde aufgelesen hat. Da ist der Messerschleifer, der das Viertel aufschreckt, indem er die rostige Klinge eines alten Fleischerbeils an die raue Seite seines rotierenden Schleifsteins hält. Da ist der Schirmflicker, mit seinem Bündel von kaputten Regenschirmen auf seinem Rücken. Da ist der Korbmacher, der an diesem Morgen exakt 18 Fuß im Umfang misst und entsprechend den gesamten Gehweg in Anspruch nimmt, sodass man gezwungen ist, auf die Straße zu treten, um ihm auszuweichen.

Charles Manby Smith, Schriftsteller, 1857

LONDONS Wohlstand beruht vor allem auf dem Seehandel. Segler bringen Waren aus aller Welt: Holz aus Kanada, Tee aus China, Rinderhäute aus Südamerika

MONUMENT des Fortschritts: Die Tower Bridge, eine kombinierte Hänge- und Klappbrücke, festigt Londons Ruf als Hochburg der Technik

Der Crystal Palace ist ein wundervoller Ort – gewaltig, seltsam, neu und unmöglich zu beschreiben. Seine Pracht liegt nicht in *einer Sache* begründet, sondern in der einzigartigen Versammlung *aller Dinge*. Was immer menschliches Streben hervorgebracht hat, man findet es dort, von den großen Räumen gefüllt mit Eisenbahnmaschinen und Dampfkesseln, mit Mühlenanlage in vollem Betrieb, mit prächtigen Wagen aller Art und Schirrung jedweder Gattung – bis zu den glasbedeckten, mit Samt ausgelegten Ständen, beladen mit den großartigsten Werken von Gold- und Silberschmied, und den umsichtig bewachten Kassetten voll von echten Diamanten und Perlen.

Charlotte Brontë, Schriftstellerin, 1851

Viele Länder haben sich vereint, um den Crystal Palace zu schmücken. Herrliche Seiden sind aus dem Osten gekommen und Stoffe, Tücher, Teppiche etc. aus Deutschland. Schlichte, nutzvolle Materialien, Leder, Hanf, Taue aus Manilla-Gras und anderen faserigen Gewächsen sowie Glas und Töpferware in all ihrer Vielfalt wurden nicht vergessen. Um das Geschehen anschaulich zu machen, wird vor den Türen erzeugter Dampf durch verborgene Rohre nach innen geleitet und den Maschinen zugeführt. Schiffsmodelle werden in vielen Formen präsentiert, Rettungsboote und Rettungsgürtel auch, und in Eintracht mit ihnen Leuchtturmspiegel; im Gegensatz dazu aber ebenso Schwerter, Pistolen, Revolver, Gewehre, Dolche, lange wie kurze, sowie vielgestaltige Vorrichtungen mit dem Zweck, die größte Zahl an Männern in der kürzesten Zeit zu töten! Die Zeit würde mangeln, zu erzählen von den Möbeln, den Kutschen, den Musikinstrumenten, den Keramikwaren und all dem unzähligen und unbeschreiblichen Gewimmel von Gegenständen, die ihren Teil beitragen zum *tout ensemble* dieses riesigen Speichers der Nationen.

Benjamin Silliman, Chemiker, 1851

DIE THEMSE ist die Lebensader der Stadt – und ihre Kloake. Der Strom ist voller Exkremente und Abfall; sein Wasser schimmert dunkel, der Uferschlamm ist hochgiftig

Nahezu unendlich wäre die Aufgabe, die eleganten Läden aufzuzählen, die sich in London dem Blick bieten, und die blendende Vielfalt an Gütern, die in den Fenstern ausgestellt sind. Der Möbelschlosser setzt seine polierten Roste, Bleche, Kerzenleuchter etc. in Szene. Der Kunsttischler mit seinem ballenmattierten Mahagoni und den Chintz-Möbeln tut sein Bestes, den Passanten zu verführen. Der Tabakhändler stellt seine eleganten Schnupfdosen, Zigarrenkisten, Meerschaum- und Wasserpfeifen aus. Der Parfumhändler schmückt seine Fenster mit wächsernen Damen von unsagbar lieblichem Aussehen und mit Herren, deren Schnurrbärte gleichermaßen üppig sind wie der Ton der Wangen rosig, sowie mit Ölen, Cremes und Schönheitsmitteln; und so weiter geht die Liste derer, die die Bedürfnisse, wirkliche wie eingebildete, der Käufer zu erfüllen trachten.

George Dodd, Journalist, 1843

Mit ungemeiner Zuvorkommenheit wird man empfangen und umhergezeigt. Alles wird herbeigeschleppt, ohne dass man das Verlangen stellte, zu kaufen. Das Gewölbe zu ebener Erde, obgleich sehr groß, mit gutem Geschmack dekoriert, ist nur das Vorspiel zu der oberen Etage, in welcher die türkischen und persischen Schals ausgelegt sind. Das Mobiliar, Tische, Schränke, Stühle, alles ist japanisch. Echte Smyrna-Fußdecken

AUF LONDONS STRASSEN sind von Pferden gezogene Omnibusse das wichtigste öffentliche Verkehrsmittel, rund 7000 Fahrten machen sie Tag für Tag

bedecken den Fußboden, und riesige Spiegel strahlen das Bild der reizenden Käuferinnen zurück.

Ernst Merck

Pall Mall ist eine Straße der Paläste. Glücklicherweise liegt sie abseits von Lärm und Hektik des Verkehrs, und es gibt nichts, das die stille Pracht ihrer Erscheinung verrohen würde. Etliche feine Droschken setzen ihre Insassen bei den großen Clubs ab, und um die Essenszeit spazieren in ziemlicher Menge ziemlich gut gekleidete Männer die Straße entlang und werden von den stattlichen Gebäuden aufgesogen – unter ihnen wird man den größeren Teil derer von Stand und Vermögen im Lande finden.

Charles Dickens jr., Publizist, 1879

Ich kenne nichts, das mehr interessante Unterhaltung bietet, und nichts, das mehr geeignet wäre, jeder Empfindung von Menschlichkeit zuwiderzulaufen, als das Alltagsleben der Londoner Aristokratie zu beobachten. Zu Bett gehen, wenn der Morgen dämmert und die Gesetze der Natur sagen, dass es Zeit sei aufzustehen; aufstehen, wenn der halbe Tag verstrichen ist; in der Kutsche gesehen werden zur gewissen Stunde, den Weg einschlagen zu einem Ort, der gerade in Mode ist als Anziehungspunkt für die Grüße der *friends* (aristokratischer Freunde und Bekanntschaften mithin); vom gekünstelt warmen Händedruck, dem hochmütigen Verneigen, dem vertrauten Kopfnicken voller Überheblichkeit oder dem anhaltenden Lächeln von schierer Geringschätzung bis zur überaus bescheidenen Verbeugung voll der Unterwürfigkeit; dinieren, wenn andere ihr Abendbrot einnehmen; die Nacht verbringen mit dem Besuch der Oper, eines Maskenballs, einer Soirée. Das macht Tag für Tag das Leben aus, mit Variationen einzig am Sonntag.

William O'Daniel, US-Publizist, 1859

Unter den öffentlichen Vergnügungsorten zeichnen sich Vauxhall und Cremorne Gardens, die beiden Tiergärten diesseits und jenseits der Themse, das Colosseum und das Wachsfigurenkabinett der Madame Tussaud aus. Alle diese Orte sind prachtvoll, einzig in ihrer Art

PERMANENTER STAU: Wie hier in der Threadneedle Street verstopfen täglich Tausende Fahrzeuge die Wege, Kutschen kommen nur im Schritttempo voran

DA ES KEIN staatliches Gesundheitssystem gibt, bieten Quacksalber ihre vermeintlichen Heilmittel feil

VOR DEM DREIECKSGIEBEL der 1830 errichteten Markthalle von Covent Garden balanciert ein Händler Körbe

EINE FRAU fertigt mit Stroh gefüllte Matratzen. Die Masse der Londoner lebt in sehr einfachen Verhältnissen

und deshalb ungemein besucht. In den beiden Gärten werden allnächtlich große Feuerwerke abgebrannt, die Erleuchtungen sind zauberisch und neben diesen Herrlichkeiten zeigen sich Indianer, Kunstreiter, Zauberer und Propheten. Den Schluss des brillanten Feuerwerks bildet die in Brand gesteckte Fassade eines weitläufigen, natürlich durch Dekoration hergestellten Schlosses, zu dessen Zinnen eine Seiltänzerin hinanklettert, während des Brandes auf dem Seile kniet und dann von dem gesamten Publikum mit Beifallsbezeugungen für die Ausübung ihres halsbrechenden Handwerkes überschüttet wird.

Ernst Merck

Ich fuhr nach Vauxhall und kam daselbst in der Dämmerung an, als eben die Gaslichter in den Portalbögen und Rotunden angezündet worden waren. Die Menschen drängten nach der Wiese, die hinter dem Wasserfall liegt. Ich folgte. Ein Luftballon sollte aufsteigen. Ich sah den Ballon, von bengalischen Flammen erhellt, über dem mattgrünen Rasen schwanken. Auf einer Seite durchs Laub der Kastanien schien der Mond und auf der anderen eine elektrische Sonne. Dann stieg der Aeronaut ein, und der Ballon hob sich und schwebte bald hoch über den Bäumen und der elektrischen Sonne und all der bunten Menschentorheit im dunkelblauen Nachtäther – über London, dem Monde näher.

Julius Rodenberg, deutscher Schriftsteller, 1860

Vom Ballon aus gesehen, sind Ortschaften und Städte wie Bilder in Bewegung. Nie vergessen werde ich den Aufstieg am 9. Oktober 1863, als wir bei Sonnenuntergang über London zogen. Ein Anblick, 7000 Fuß hoch und direkt über London Bridge, dem wohl nichts gleichkommt auf der Welt. Wir waren noch nahe genug, um die Einzelheiten des Schauspiels zu erkennen, das sich unseren Augen darbot, und doch ließen sich mit einem Blick die Heime von drei Millionen Menschen erspähen. Und so klar war die Sicht, dass sich ein jedes große Gebäude einfach ausmachen ließ. Tat-

EIN ITALIENISCHER Messerschleifer: Die reichste Stadt des Erdballs zieht Einwanderer aus ganz Europa an

sächlich war ganz London zu sehen, und manche Teile äußerst deutlich. Auch die Vorstädte rundherum waren klar zu erkennen, mit ihren Linien von frei stehenden Villen, wie in ein Meer von Buschwerk eingebettet; weiter draußen lag das Land da wie ein Garten, kleiner und kleiner wurden die sich noch immer deutlich abzeichnenden Felder, als das Auge ferner und ferner hinwegschweif-

te. Aber wieder nach unten wandte sich der Blick, und da war die Themse, in ihrer vollen Länge, ohne den leichtesten Dunst, der gewundene Lauf übersät mit unzähligen Schiffen und Dampfboten, wie Spielzeuge zum Aufziehen.

James Glaisher, Meteorologe und Aeronaut

Zu den Straßen Londons kann man unbedingt auch die Themse rechnen – ja, das Leben und Treiben dort ist im Verhältnis noch viel gewaltiger als selbst auf den Hauptstraßen Londons.

Friedrich Wilhelm Hackländer

Die Themse ist der flüssige Grundstein Londons. Sie ist der Lebensquell, aus dem es geboren wurde, aus dem es noch heute alle seine Lebenskräfte saugt.

Ludwig Rellstab, deutscher Schriftsteller, 1851

Da sind die Fähren nach Greenwich und die Fähren nach Gravesend; es gibt Schiffe nach Dover, nach Boulogne-sur-Mer, nach Ostende und zum Rhein, ganz zu schweigen von den Küstenschiffen nach Ipswich, Yarmouth und Hull in der einen Richtung, nach Southampton, Plymouth and Land's End in der anderen. Da sind die Boote für die Binnenschifffahrt nach Kew, Richmond und Hampton Court – alle mit Musikbands und Truppen von Vergnügungshungrigen, mit schattenspendenden Markisen und behaglichen Kajüten, mit bekömmlicher Verpflegung und angemessenen Fahrpreisen. Hin und her schießen zudem die Omnibusse des feuchten Elements – die Half-Penny-Dampfer, Penny-Dampfer und Zwei-Penny-Dampfer – und transportieren die Massen von London vom einen Ende der Stadt zum anderen. Lastkähne, schwer beladen bis zur Kante, werden bei rückkehrender Flut mit starker Hand durch die Bögen etlicher Brücken gesteuert bis zu ihren Ankerplätzen bei den Kais; rasch zieht der Ruderer die abgedrehten Riemen über das sprudelnde Wasser.

Charles Manby Smith

Der Mastenwald an beiden Ufern verliert sich bald im Nebelgewölke. Allein auf dem breiten Wellenplan schießen die schwarzen Dampfbootschwalben, kreuz

AUSRITT IM HYDE PARK. Das Leben der Landadeligen ist das Ideal der vornehmen Gesellschaft in der Metropole

DER HYDE PARK im Herzen Londons war einst ein Jagdgelände des Königs. Im 19. Jahrhundert dient er als bevorzugte Bühne für elegante Flaneure

und quer herüber und hinüber mit überfüllten Menschenladungen. Wenn auch 2000 Omnibusse und doppelt so viele Droschken und andere Wagen Tag und Nacht durch die Gassen rollen – die Lebens- und Verkehrsader der Themse strömt doch unendlich reicher! An jeder Brücke ist ein Pier, an vielen anderen Punkten des Ufers auch. Steige hinab zu welcher Stunde des Tages du willst, nicht drei Minuten wirst du harren, so fliegt ein Dampfschiff heran, legt an, schüttet im Nu seine Menschenladung aus, nimmt die vom Pier ein und fliegt weiter. Dies geschieht schneller, als der Dampfwagen Kohlen einnimmt.

Ludwig Rellstab

CRYSTAL PALACE, ein 560 Meter langer Bau aus Eisen und Glas, ist im Jahr 1851 Schauplatz der ersten Weltausstellung

Ein Fremder, der mit einem der viertelstündlich verkehrenden Dampfer von London Bridge nach Greenwich fährt, wird erstaunt sein angesichts der scheinbar unendlichen Wälder von Masten, die sich zu beiden Seiten der Fahrrinne erstrecken – 300 Fuß *soll* deren Breite betragen, um sicheren Schiffsverkehr zu gewährleisten, aber das Gedränge von Wasserfahrzeugen aus allen Teilen der Welt, von Kohlenschiffen, Küstenfrachtern, Dampfbooten und Flussgefährten macht es den Hafenmeistern nicht leicht, das aufrechtzuerhalten. Steigt die Tide, drängen sich voll beladene Kohlenkähne in die Fahrrinne, unterwegs zu stromauf gelegenen Kais. Und die Kohlenschiffe an ihren Ankerplätzen im Fluss entladen zu jeder Zeit ihre Fracht auf längsseits liegende Kähne.

J. C. Platt, Publizist, 1842

Den Hafen zu überschauen ist eine Unmöglichkeit; aber man hat einen grandiosen Blick auf seinen Anfang – oder sein Ende, wenn man will – von London Bridge herunter. Da sieht man unter sich die schmutzige, tief beladene Themse, die Piers und die Flussdampfer, die Kohlenschiffe, die Kornschiffe, die Ostindienfahrer und das holländische Aalboot, die Lagerhäuser, die Docks, starrend von Masten, und das dunkle, schwere Customhaus mit den großen Dampfschiffen von Edinburgh, Ostende, Antwerpen und Deutschland, welche dicht an seinen Grundmauern Anker werfen. Farbe hat dieses Bild nicht. Hier ist alles Grau in Grau gemalt, oder Schwarz in Schwarz. Aber eine gewaltige Poesie hat es, und die Lautlosigkeit seiner Sprache erschüttert das Herz.

Julius Rodenberg, 1862

Flussabwärts ankerte eine Gruppe von irischen Schiffen, die Takelage verworren, die Masten dick wie Kiefern, die Segel bei manchen lose und schlaff herabhängend, bei anderen in kruden Girlanden um die Rahen geschlungen. An ihrer Seite lagen Kähne voll Bierfässern und Mehlsäcken; und ein paar Yards entfernt war ein gewaltiger Dampfer aus dem Ausland, mit einem kurzen, dicken Schornstein und blauen Schaufelradkästen. Dann kamen kleine Frachtsegler, beladen mit Stroh und Küstengütern und so tief im Wasser, dass man sehen konnte, wie die vorbeiflitzenden Dampfboote weißen Spritzschaum gegen die Planen schlagen ließen, mit denen die aufgehäufte Ladung abgedeckt war.

Henry Mayhew, 1850

Die Hafenanlagen von London: Was für gewaltige Sammelbecken von Reichtum, Tatkraft und Betriebsamkeit sie sind! Man schaue sich diese Zollspeicher an, voll mit den Erzeugnissen aus drei Welten, verstopft von Tabakballen und Gewürztonnen; von Packen des roten Farbstoffs Cochenille und düsteren, schal riechenden Opiumkisten aus Indien oder der Türkei; von Palmölfässern und von Paketen mit abscheulichen Chemikalien – übel riechenden Oxiden und Alkalien, gegraben aus dem Inneren von Tausende Meilen entfernten Bergen und bald schon verwandelt zu leuchtenden Pigmenten und vorzüglichen Düften. Von formlosen Haufen aus Kautschuk, der hier unfassbar schmutzig und unflätig aussieht; von Beuteln mit Reis und Pfeffer, von Barren aus Schokolade und Kakaobruch und Säcken mit gerösteter Zichorie. Oder jene großen Lagerhäuser, wo die Häute südamerikanischer Rinder gepackt sind, deren am Fell verbliebene Hörner einen alles andere als angenehmen Geruch verströmen. Man beachte die Zuckerspeicher, triefend, schwitzend, kristallisierend von Zucker in Truhen, Säcken und Kisten. Und die riesigen Teespeicher. Und die zahllose, kaum zu verzeichnende Masse an weiteren Waren: Schellack, Schwefel, Benzoeharz, Bohnen und andere Hülsenfrüchte aus Ägypten, Kupfer aus Kleinasien; Schwamm, Gummi arabicum, Seide und Musseline aus Smyrna; Mehl aus den Vereinigten Staaten; Häute, Schinken, Hanf, Lumpen und insbesondere Talg aus Russland und den baltischen Gouvernements; Berge von Holz aus Kanada und Schweden; Früchte, Florentiner Olivenöl, Zunder, Rohbaumwolle, Indigo, Safran, Bittererde, Blutegel, Flechtwerk und Waschleder! Die Schiffe speien all dies auf die Kais, und Ungeheuern gleich verleiben die Speicher es sich ein.

George Augustus Sala

Eben noch sieht man auf dem Kai Männer mit Gesichtern blau von Indigo, und nun Prüfer mit ihrem langen, messingbestückten Messstab, von dem noch der Branntwein tropft aus dem Fass, das sie gerade getestet haben; dann kommt eine Gruppe von flachshaarigen, Deutsch schwatzenden Seeleuten; und als Nächstes ein schwarzer Seemann, ein Baumwolltuch wie ein Turban um den Kopf gewunden. Jetzt ein blau bekittelter Schlachter, mit frischem Fleisch und einem Bund Kohlköpfe in dem Trog auf seiner Schulter, und kurz darauf ein Schiffsoffizier mit grünen Sittichen in einem hölzernen Käfig. Hier wird man eine kummervoll dreinblickende Frau auf einer Bank sitzen sehen, mit neuen, blanken Kochblechen zu ihren Füßen – eine Emigrantin, die sich auf ihre Reise vorbereitet. Während man den Kai entlanggeht, ist die Luft beißend vom Tabakrauch, wird man überwältigt von Schwaden von Rum. Geradezu übelerregend ist dann der Gestank von Tierhäuten und großen Behältern mit Hörnern, und wenig später duftet es nach Kaffee und Gewürzen.

Henry Mayhew, 1849

Das Aussehen und der Geruch des Wassers erregten sofort meine Aufmerksamkeit. Der Strom bestand aus einer undurchsichtigen, blassbraunen Flüssigkeit. Bei den Brücken wallte der Schmutz in so dichten Schlieren auf, dass sie an der Oberfläche sichtbar waren, sogar in Wasser dieser Art. Äußerst widerwärtig war überall der Geruch; der ganze Fluss war zu der Zeit ein wahrer Abwasserkanal.

Michael Faraday, Naturforscher, 1855

Es gibt den Stand der Flusssucher, die ihrer Tätigkeit an den Ufern nachgehen; gemeinhin sind sie unter dem Namen „Schlamm-Lerchen" bekannt. Denn um die Gegenstände zu erlangen, nach denen sie suchen, sind sie gezwungen, mitunter bis zur Körpermitte im Uferschlamm zu waten, der bei Ebbe vom abziehenden Wasser zurückgelassen wird. Man kann nicht sagen, dass sie in Lumpen gekleidet seien, da sie kaum zur Hälfte bedeckt werden von den zerfledderten, nicht zu beschreibenden Dingen, die ihnen als Kleidung dienen. Ihre Körper sind beschmutzt vom stinkenden Boden des Flusses, ihre verschlissenen Gewänder steif wie Bretter vom Dreck in allen möglichen Varianten. Sie sammeln Kohle, Stücke von Alteisen, Taue,

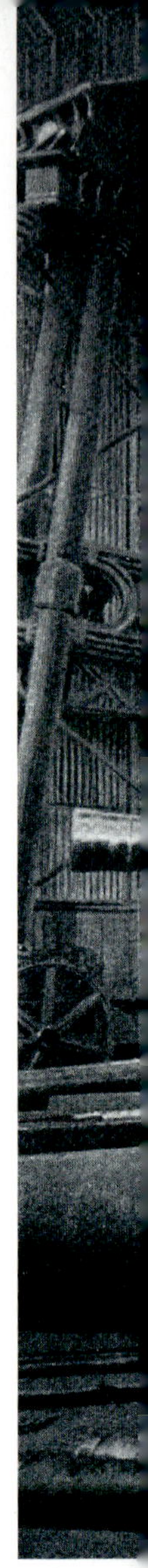

ALS INDUSTRIESTANDORT ist London bedeutender als alle anderen Städte weltweit: Mehr als 250 000 Menschen arbeiten in den Fabriken der Metropole (Bau einer Kanone)

Knochen und Kupfernägel, herabgefallen von Schiffen, die am Ufer liegen oder in Stand gesetzt werden. Unter den Schlamm-Lerchen kann man auch etliche alte Frauen sehen, die den feuchten Matsch durchackern nach kleinen Kohlestücken, Holzspänen und Abfall aller Art, der von den Gezeiten angeschwemmt wird. Immer haben diese Frauen einen alten Korb oder einen Blechkessel dabei, und was sie auch finden mögen, tun sie da rein.

Henry Mayhew

Der oberflächliche Beobachter mag glauben, die Hafenanlagen von London seien der Brennpunkt des Wohlstands. Die Kräne knarren unter der Last der Reichtümer. In den Speichern lagern Waren gleichsam wie Barren unermesslichen Goldes. Und doch muss man nur die Bruchbuden besuchen, die sich um all dieses erstaunliche Übermaß an Reichtum gruppieren, um Zeuge zu sein von einem ebenso erstaunlichen Übermaß an Armut. Wer sich vom Kai und den Speichern zu den engen Höfen und Gässchen rundherum begibt, wird gleichermaßen irritiert sein vom Elend des einen Orts wie vom Überfluss des anderen. Die Reichtümer des weithin berühmten Hafens von London zu schauen kommen viele – nur wenige hingegen die maßlose Armut.

Henry Mayhew

Ich wusste, dass sich hinter den prächtigen Quartieren, den stattlichen Palästen, Straßen und Marktplätzen ein Viertel verbarg, wo menschliche Zerlumptheit, äußere und innere, offen zur Schau getragen wurde. Und ich sah sie; sah

ganze Quartiere, Straßen und Gänge mit elenden halb eingestürzten Häusern, die Fenster mit Lumpen verstopft, Lumpen vor den Häusern hängend und im Winde flatternd gleich Fahnen, alles zerlumpt, schmutzig, abschreckend! Und Menschen mit den Spuren aller Arten von Lastern, Verbrechen, Not und Elend, große erwachsene Jungen und Dirnen, die mitten am Tage ohne Beschäftigung sich umhertrieben.

Fredrika Bremer, schwedische Schriftstellerin, 1852

Wir befinden uns in einem engen Hof, in den die Sonne nur für wenige Minuten gegen Mittag dringt. Die Häuser auf beiden Seiten stehen kaum mehr als sechs Fuß auseinander und erwecken den Eindruck, als seien sie gerade noch im Kampfe miteinander begriffen gewesen, so ramponierte und verstümmelte Angesichter zeigen sie. Lumpen und braunes Papier ersetzen in den Fenstern zur Hälfte das Glas, und was davon noch übrig ist, trägt eine solche Kruste von Dreck, dass es das Licht gerade ausschließt, das einzulassen eigentlich sein Zweck ist. Schlampige Frauen mit verschränkten Armen strecken ihre ungekämmten Häupter hinaus und beschimpfen einander in einer Sprache, die aufzuschreiben sich verbietet. Hagere, fahl ausschauende Männer, unreif noch, doch schon gealtert von lasterhaften Ausschweifungen, lungern in den Einfahrten und vertreiben sich mit Rauchen und Glücksspiel die Zeit. Blasse, gebrechliche Kinder jammern und quengeln in ihrer Mütter Arme oder kriechen und wälzen sich über die schmutzigen Fliesen – ein trauriger Versuch zu spielen wohl. Ein jedes Haus hier hat beständig die Tür geöffnet und bietet einer ganzen Welt von Herumtreibern Gastfreundschaft zum Kurs von zwei Penny die Nacht. Und entsprechend kommt und geht diese ganze Welt von Streunern, wie es ihnen beliebt, sie verfallen in Raserei und stumpfen ab, randalieren und rotten vor sich hin, und sie sterben in ihrem eigenen Dreck – niemand wagt es hier, irgendetwas sauber zu machen. Das Fleckfieber kam vor 20 Jahren an diesen Ort und ist seither nicht wieder gegangen, sondern lauert unbemerkt in Elend und Dunkel, um seine vom Hunger erschöpften, ermatteten, betrunkenen Opfer zu fassen und ins Grab zu befördern. Auch seine Helfershelferin, die Cholera, hat sich hier eingenistet und ihr Hauptquartier aufgeschlagen, von wo sie aufbricht, ihr mörderisches Werk zu tun.

Charles Manby Smith

An der Mauer des Arbeitshauses, auf dem matschigen Gehweg der dunklen Straße, wo der Regen auf sie niederprasselte, kauerten fünf Bündel von Lumpen. Regungslos wie sie waren, zeigten sie keine Ähnlichkeit zu menschlichen Erscheinungen. Fünf große Bienenkörbe, mit Lumpen bedeckt; oder fünf tote Leiber, aus dem Grab geholt, fest verschnürt und gleichfalls unter Lumpen verborgen, würden nicht anders aussehen als jene fünf Bündel, auf die der Regen prasselte in der öffentlichen Straße.

Charles Dickens, Schriftsteller, 1856

Es ist keine Übertreibung, wenn man von einer grauen dunstigen Wolke spricht, die fast immer auf den Dächern Londons ruht. Wenn auch die Luft um uns herum klar zu sein, nichts zu enthalten scheint, so sieht man auf wenige Hundert Schritte Entfernung schon einen feinen grauen Dunst, der sich auf der Themse, auf den Häuserreihen lagert. Durch diesen Dunst wirken die weiterhin liegenden Gebäude schon undeutlicher, und das geht, sich allmählich verstärkend, so fort, bis am scheinbaren Horizont eine dichte grauliche Wolkenschicht auf dem Häusermeer zu ruhen scheint.

Friedrich Wilhelm Hackländer

Das Phänomen des Londoner Nebels hat seine Ursache in den Millionen von lodernden Kohlenfeuern der Metropole, die in ungeheurer Menge Ruß beisteuern; der mischt sich mit dem Dampf, der unter anderem durch ungenügende Trockenlegung entsteht, und sorgt so für jene nebelige Düsternis. Manchmal ist der Nebel von einer flaschengrünen Farbe, aber wenn das Barometer steigt, verschwindet er entweder ganz oder verwandelt sich in einen weißen Dunst. Ein anderes Mal ist er gelb wie eine Erbsensuppe; das ist dann gerade der echte Londoner Novembernebel.

John Timbs, Schriftsteller, 1855

Die Luft ist kaum atembar; sie wird grau, gelb, orangefarben bis zum tiefen Schwarz; dabei feucht, dick, stinkend, erstickend. Die Nebel steigen oft langsam, wie bedächtig tragische Bühnengespenster auf oder überfallen die Straßen der Stadt wie der Samum die Wüstenkarawanen. Bald lagern sie sich gleichmäßig über das ungeheure Häusermeer hin, bald finden sie eine schwache Grenze an unsichtbaren Hindernissen und ballen sich dort zu hohen Wänden zusammen.

Max Schlesinger

In den Gemeinden Lambeth, Bermondsey, Rotherhithe sowie im Borough of Southwark ist der größte Teil der Faktoreien ansässig, etwa die der Gerber, Knochensieder und Brauer, Sägewerke, Mehlmühlen, sowie die Anlagen der Branntweinbrenner und Maschinenbauer. Deren wohlhabende Besitzer pflegen die Stadt mit dichtestem Qualm zu überschwemmen, während sie selbst sich jeden Abend mit wahrhaft philosophischer Gleichmütigkeit auf ihre Landsitze zurückziehen, weit entfernt von dessen verderblichem Einfluss.

Andrew Wynter, Arzt und Schriftsteller, 1861

Kurz nach Tagesanbruch beginnen die großen Schlote der Fabriken entlang des Flusses, unermessliche Mengen Qualm auszustoßen; bald schon fließen die

Rauchwolken zusammen und ein schmutzigbrauner Schleier überzieht den Himmel; umgehend fügen auch die Hauskamine ihren Beitrag hinzu, und wer sich gegen zehn Uhr morgens London von einem der Vorstadthügel nähert, vermag das gesamte Ergebnis dieses gigantischen Übels über der Stadt hängen sehen wie ein Leichentuch.

John Simon, Arzt und Gesundheitsbeamter, 1850

So ist es wahr, dass es auch bei klarem Wetter keinen größeren Feind von feiner Wäsche gibt als die Londoner Luft. Wenn man außerordentlich sauber seine Wohnung verlässt, so hat man nicht zwei Stunden die Straßen durchkreuzt, und schon sind Hemdkragen und Gesicht mit einem feinen schwarzen Staub bedeckt, der sich allerdings bei darauffolgendem Regen zu einer schwärzlichen Flüssigkeit konstituiert.

Friedrich Wilhelm Hackländer

Die Überfüllung der Straßen von London und die daraus folgende Beschwernis und Gefährlichkeit bei der Fortbewegung ist seit vielen Jahren ein Thema unablässiger Erörterungen in der Metropole. In aller Ausführlichkeit beschäftigten sich Projekte mit Möglichkeiten, den Verkehr durch unterirdische Führung zu entlasten. Und schließlich wurde ein Entwurf vorgebracht, „die Metropole mit einem Tunnel zu umkreisen, der in Verbindung zu sämtlichen Endbahnhöfen der Eisenbahnlinien stehen soll und es auf diese Weise ermöglicht, Passagiere aus jedwedem Teil des Landes zu jedwedem Viertel der Stadt zu befördern, das zu besuchen sie wünschen könnten, ohne dass sie dazu irgendwelche Straßen queren müssten".

Edward Walford, Publizist, 1878

Der Bau dieser bemerkenswerten Eisenbahnstrecke gestaltete sich einigermaßen anstrengend für die Anwohner der New Road. Als Erstes traten ein paar hölzerne Bauwagen in Erscheinung und setzten sich an der Fahrrinne fest; dann kamen einige Fuhrwerke, mit Bauholz beladen und begleitet von Männern mit Spitzhacken und Schaufeln. Ein, zwei Tage später wurden ein paar Hundert Yards der Trasse eingezäunt, was bedeutete, dass der normale Verkehr auf die Seitenstraßen ausweichen musste; Scharen von Bauarbeitern folgten, und Pferde wie auch Maschinen trafen ein, die hinunter in den Schächten verschwanden.

Frederick S. Williams, Autor, 1883

LEBEN IM SCHATTEN: Zu Zehntausenden hausen die Armen Londons in den Slums im Süden und Osten der Stadt, zumeist unter erbärmlichen hygienischen Verhältnissen

Die Ruhe auf der Hauptstraße ist bald gestört durch die Ankunft von Dampfmaschinen, Pferden, Zimmermännern und Truppen von Streckenarbeitern im eingezäunten Bereich. Das Getön von Spitzhacken, Spaten und Hämmern, das Schnauben des Dampfes und das Gemurmel von Stimmen setzen ein – um für etliche Monate nicht wieder zu verstummen, weder tags noch nachts. Entlang der Straßenmitte sprießen in regelmäßigen Abständen gewaltige Holzkonstruktionen aus dem Boden (dort, wo die Stellen zum Ausheben von Schächten vorgesehen sind), und nur wenige Stunden verstreichen, da sind schon Eiseneimer und Ketten im Einsatz, um die Innereien des Fahrwegs herauszuzerren. Der Abraum wird schnellstmöglich mit Wagen abtransportiert und in eine gähnende Grube gekippt, was ein Geräusch wie Donner in weiter Ferne erzeugt; dort unten in der Tiefe wird er über den bereits fertiggestellten Teil des unterirdischen Schienenwegs hinaus aufs Land transportiert.

John Hollingshead, Schriftsteller, 1861

Trotz einer Vielfalt von Erschwernissen, darunter ein Bruch des kanalisierten Flusses Fleet in der Gegend von King's Cross Station, wurde am 10. Januar 1863 die Gleisanlage für den Passagierverkehr von Paddington bis Farringdon Street eröffnet. Berechnungen zufolge wurden im Laufe jenes Tages mehr als 30 000 auf dieser Strecke befördert. Zum Abend versammelte sich beim Bahnhof Farringdon Street eine Menschenmasse wie an Theaterpforten bei der Premiere eines beliebten Schauspielers.

Edward Walford

Zweifelsohne zeichnet sich das Befahren der Linie durch allgemeine Bequemlichkeit aus, und die kürzliche Einführung von Gaslampen in den Wagons soll nun auch jene unangenehmen Empfindungen zerstreuen, die manche Passagiere, insbesondere Damen, angesichts der langen Strecke durch einen Tunnel hegen könnten. Gestern brannte durchgehend bei jeder Fahrt ein helles Gaslicht, und mitunter wurde es in den Waggons der ersten Klasse (die über je zwei Leuchter verfügen) so weit aufgedreht, dass man bei stehendem Zug mühelos eine Zeitung hätte lesen können.

„The Times", 11. Januar 1863

Bei Eröffnung von Londons unterirdischer Eisenbahn erstreckte sich die Linie anfangs nur von der Station Bishop's Road in Paddington zum Bahnhof Farringdon Street; dennoch belief sich die Zahl der Fahrgäste im Verlauf von zwölf Monaten auf nahezu neuneinhalb Millionen – das ist, grob gerechnet, mehr als das Dreifache der gesamten Bevölkerung der Hauptstadt.

Edward Walford

Mary Anne und ich erwarben Fahrkarten der ersten Klasse zum Bahnhof King's Cross (zum Preis von jeweils sechs Penny). Unangenehme Düfte nahmen wir keine wahr, außer dem allgemein in Tunneln üblichen Geruch. Die Waggons bieten Platz für zehn Personen, bei getrennten Sitzen, und werden mit Gaslampen (je zwei Leuchter) erhellt; dabei sind sie so hoch aufragend, dass ein sechs Fuß messender Mann aufrecht stehen könnte, seinen Hut auf dem Kopf. Von sechs Uhr bis Mitternacht verkehren die Züge alle 15 Minuten (gelegentlich mit gewissen Abweichungen), und ungefähr 30 000 Menschen werden pro Tag auf dieser Linie befördert: Die Anteilspreise sind gestiegen, und es besteht die Aussicht auf eine hohe Dividende.

William Hardman, Jurist, 1863

Die Frage der Belüftung der unterirdischen Eisenbahn gab Anlass zu beträchtlichen Auseinandersetzungen. Statt der auf normalen Eisenbahnlinien verwendeten Kohle nutzt die Gesellschaft Koks, der aus der besten und erlesensten Steinkohle von den Minen in Durham hergestellt wird und dabei über eine sehr lange Zeit in den Öfen verweilt, damit ihm jede Spur von Schwefel und anderen unerwünschten Ausdünstungen entzogen wird. Die Zugmaschinen sind so konstruiert, dass sie gewissermaßen „den Atem anhalten", während sie durch die tiefer gelegenen Abschnitte fahren – mit dem Ergebnis, dass wenige Schwefeldünste austreten.

Edward Walford

Die Zugmaschinen waren so eingerichtet, dass der von ihnen genutzte Dampf, zumindest der größere Teil davon, wieder zu Wasser kondensierte, wozu in speziellen Behältern Kühlwasser mitge-

DAS CHAOS auf den Straßen zwingt die Londoner in den Untergrund: Ab 1860 graben Bauarbeiter die Tunnel für die erste U-Bahn der Welt

TESTFAHRT auf einer neu gebauten U-Bahn-Strecke. Der erste Abschnitt wird am 10. Januar 1863 eröffnet

DAS WACHSTUM des U-Bahn-Netzes macht es immer mehr Menschen möglich, in die Vorstädte zu ziehen. London wuchert ins Umland – und wird zur ersten Megacity der Geschichte

führt wurde. Viele Jahre lang wurde am Ende einer jeden Fahrt beim Bahnhof Farringdon das dadurch erhitzte Wasser abgelassen und durch kaltes ersetzt. Aber nachdem die innere Ringstrecke fertiggestellt worden war und die Lokomotiven fortan immer in der Runde fuhren, befand man den ständigen Austausch und die Verschwendung von Wasser für ärgerlich und kostspielig. Also verzichtete man darauf und führte nun nur noch so viel frisches Wasser mit, wie für den Dampfkessel benötigt wurde. Für die Kondensation des Abdampfs stand entsprechend kein Wasser mehr zur Verfügung. Die Widerwärtigkeit der Tunnel in den späteren Zeiten des Dampfbetriebs war mithin durchaus vermeidbar, doch die Gesellschaften hielten es für günstiger, der öffentlichen Meinung zu trotzen, statt sich um die gebotenen Vorkehrungen zu kümmern.

Alfred Rosling Bennett, Ingenieur

Das Abteil, in dem ich saß, war voll mit Passagieren, die nach britischer Gewohnheit Pfeife rauchten; als aber Qualm und Schwefel von der Zugmaschine den Tunnel erfüllten, mussten sämtliche Fenster geschlossen werden. Die Luft war eine Mischung von Schwefel, Kohlenstaub und dem widerwärtigen Qualm der Öllampen – mit der Folge, dass ich bei Erreichen der Station Moorgate Street dem Tod durch Ersticken und Hitze nahe war. Nach meiner Überzeugung sollte der Betrieb dieser unterirdischen Eisenbahnen zügig wieder eingestellt werden, da sie eine Bedrohung für die Gesundheit sind.

Ralph David Blumenfeld, US-Journalist, 1887

Die „Nerven von London" – das sind die Kabel des elektrischen Telegraphensystems, die sich entlang der großen Durchgangsstraßen erstrecken und die Stadt in alle Richtungen triangulieren. Über diese Kabel kann man Nachrichten mit einer Rate von 100 Buchstaben die Minute senden.

John Timbs, 1867

Was die größte Veränderung des alltäglichen Lebens der Londoner und ihrer Gewohnheiten bewirkt hat – ob die Gasbeleuchtung, die elektrische Telegraphie, das moderne Postsystem oder die unterirdische Eisenbahn –, ist schwer zu beurteilen. Können die heutigen Generationen sich ein Bild davon machen, was London war und wie die Stadt aussah zu Zeiten, als sie einzig von einigen flimmernden Öllampen erhellt wurde, die anscheinend keinem anderen Zweck dienten, als die Dunkelheit sichtbar zu machen? Können sie sich ein London vorstellen ohne jegliche Form von Polizei am Tage, zur Nacht beschützt hingegen nur von ein paar schwer bemäntelten Wachleuten, die allermeiste Zeit in ihren Boxen schlafend und mit einer gewaltigen Ratsche in der einen Hand sowie einer großen Stablaterne in der anderen ausgerüstet?

Die Briefbeförderung zum Tarif von zwei Penny galt seinerzeit als immense Wohltat für die Londoner mit ihrem Bedürfnis nach schnellem Austausch zwischen den verschiedenen Bezirken der auch damals schon überbordenden Stadt. Aber was hätten sie zu einer nahezu stündlichen Postauslieferung gesagt oder gar dazu, dass angesichts der unzureichenden Geschwindigkeit auf diesem Wege noch die telegraphische Nachrichtenübermittlung hinzukam, die dann ihrerseits vom Fernsprechwesen überflügelt wurde?

Und was würde der heutige Londoner davon halten, ohne alle diese Dinge auskommen zu müssen?

Thomas Adolphus Trollope, Schriftsteller, 1887

Anastasia Mattern hat die Zitate recherchiert, Michael Schaper die Collage zusammengestellt. ◊

Die Stimmen der Verdammten

SS-MITGLIEDER führen eine Gruppe jüdischer Männer, Frauen und Kinder im Warschauer Ghetto ab. Im November 1939 erklären die deutschen Besatzer den überwiegend von Juden bewohnten Teil der Stadt zum Sperrgebiet

Chaim Kaplan und Janina Lewinson sind zwei von Hunderttausenden Juden, die die Deutschen nach ihrem Einmarsch in Polen in das Ghetto von Warschau verschleppen. Der Lehrer und die 15-jährige Schülerin führen Tagebuch über ihr Leben hinter der Mauer. Es sind bedrückende Aufzeichnungen vom Schauplatz eines Jahrtausendverbrechens

TEXT: *Constanze Kindel*

Es ist der 21. Juli 1942. Nur wenige Straßen voneinander entfernt schreiben zwei Menschen in ihre Tagebücher.

Man kann nirgendwo hin, es ist unmöglich, allein zu sein. Die Straßen stöhnen und schreien mit tausend Stimmen, sie stinken nach faulenden Fischen und sterbenden Menschen, schreibt sie. *Wir werden zugrunde gehen,* schreibt er.

Janina Lewinson, 15 Jahre alt, wohnt in der Straße Leszno Nr. 15.

Chaim Kaplan, Anfang 60, lebt kaum mehr als einen Kilometer entfernt in der Nowolipki-Straße Nr. 20.

Zwei von 380 000 eingesperrten Juden in Warschau. Zwei von vielen hinter den Mauern des vom NS-Regime eingerichteten Ghettos. Zwei, die festhalten, was ihnen widerfährt.

Vielleicht lässt sich nur schreibend begreifen, was hier geschieht, an diesem Ort des Hungers und der Seuchen, der Gewalt, an dem am helllichten Tag Leichen in den Straßen liegen und die Menschen nachts in der stillen Dunkelheit auf die Tritte schwerer Stiefel lauschen.

Und so schreiben sie, ein junges Mädchen und ein alternder Mann.

Sie will nichts von dem vergessen, was sie fühlt und sieht, in diesem aufgezwungenen anderen Leben, immer nur eine Handbreit vom Tod entfernt.

Er will die Welt die Wahrheit wissen lassen – später, wenn es vorbei ist, an einem anderen Tag, den er selbst vielleicht nicht erleben wird. Also schreiben sie, jeder für sich. Zwei Menschen, die nichts gemein haben außer ihrer jüdischen Abstammung und diesem Gefängnis: dem Warschauer Ghetto.

Jenem Ort, der sich zum Vorhof der Hölle gewandelt hat. An dem sich das deutsche Jahrtausendverbrechen des Massenmords an den europäischen Juden auf winzigem Raum verdichtet: auf 3,07 Quadratkilometer, umschlossen von einer 18 Kilometer langen Mauer.

Im Sommer 1942 besteht das jüdische Ghetto in der polnischen Hauptstadt seit fast zwei Jahren, abgeriegelt von den deutschen Besatzern hinter drei Meter hohen Ziegelmauern, überzogen mit Stacheldraht und Glasscherben. *Grausamkeit ist eine Krankheit,* schreibt er. *Der Sadist ist ein armseliger Mensch.*

Ich glaube, ich kann wirklich froh sein, keinen Mann und kein Kind zu haben. Kein Kind vor allem, schreibt sie.

°

IM MORGENGRAUEN des 1. September 1939 hat der Überfall der Deutschen auf das Nachbarland Polen begonnen. Nach vier Wochen Bombenangriffen und Belagerung kapitulierte die Hauptstadt Warschau. Am 1. Oktober rückten Einheiten der Wehrmacht in die Stadt ein.

Noch während der Belagerung ist die Armee der Sowjetunion in Absprache mit Berlin im Osten des Landes einmarschiert. Die Besatzer teilten Polen auf. Knapp die Hälfte des Staatsgebiets fiel an Deutschland: eine Fläche von rund 188 000 Quadratkilometern, auf der etwa 22 Millionen Menschen leben.

Der Nord- und Westteil des eroberten Territoriums wurden dem Reich eingegliedert. Auf dem übrigen Gebiet richtete das NS-Regime das „Generalgouvernement“ ein – ein Besatzungsregime, auf Ausplünderung und Massenmord ausgerichtet. Polen und Juden sollten aus den neuen Reichsgebieten ins Generalgouvernement vertrieben und an ihrer Stelle Deutschstämmige aus Osteuropa angesiedelt werden.

Bei Kriegsbeginn war gut jeder Zehnte der 35 Millionen Polen Jude. Allein in Warschau lebten im August 1939 genau 380 567 Juden, das waren fast 30 Prozent der Einwohner. Das traditionelle jüdische Quartier lag im Norden der Stadt. Viele der Bewohner waren strenggläubige, schwarz gekleidete Orthodoxe, die Männer trugen Bärte und Schläfenlocken. Viele Menschen im Viertel sprachen Jiddisch und waren arm – so wie die Mehrheit der polnischen Juden.

Chaim Kaplan hat mehr als sein halbes Leben in Warschau verbracht. Geboren wurde er 1880 in einem weißrussischen Dorf; nach seiner Lehrerausbildung zog er in die polnische Hauptstadt, wo er eine moderne hebräische Grundschule gründete und nun als Rektor leitet. Er ist gläubig, introvertiert und belesen, er schreibt Bücher über jüdische Geschichte und Bräuche sowie für Zeitschriften Texte über die hebräische Sprache und jüdische Erziehung.

Seine Kinder, ein Sohn und eine Tochter, sind nach Palästina ausgewandert. Seit er sie 1936 in ihrer neuen Heimat besucht hat, denkt er darüber nach, sich selbst dort niederzulassen.

In Janina Lewinsons Familie spricht niemand Jiddisch, ist niemand religiös. Ihre Verwandten sind Ärzte, Rechtsanwälte, Ingenieure. In die Synagoge gehen sie nie. Nur zweimal im Jahr, an hohen jüdischen Feiertagen, versammelt sich die Familie im Haus der Urgroßmutter. Einer ihrer Onkel ist zum Christentum konvertiert, hat seinen Nachnamen geändert und eine Katholikin geheiratet.

Janina, ein wissbegieriges Mädchen mit großen dunklen Augen, ist die einzige jüdische Schülerin in ihrer Klasse am Lyzeum. Zu Hause stellen die Eltern im Dezember ganz selbstverständlich einen Weihnachtsbaum auf.

Der Vater ist Urologe, die Mutter stammt aus einer reichen Arztfamilie. Janina und ihre vier Jahre jüngere Schwester Zofia wachsen mit Hausangestellten und Privatlehrern auf. Der

Großvater hat in einem Warschauer Vorort eine große Villa bauen lassen, in der die Schwestern die Sommer verbringen.

Noch zwei Jahre zuvor hat dort niemand auf die Großtante aus Berlin gehört, die im Flüsterton über Adolf Hitler sprach und, wann immer sich das Gespräch der Zukunft zuwendete, seufzte: „Lasst uns vor allem überleben."

Im Spätsommer 1939, zwei Wochen nach ihrem 13. Geburtstag, hört Janina an einem Morgen gegen neun Uhr im Radio, dass der Krieg begonnen hat.

°

SCHON IN DEN ERSTEN WOCHEN nach dem Einmarsch verüben Wehrmachtssoldaten Massaker an Juden. Überall in Polen werden jüdische Bürger zwangsrekrutiert zu Aufräum- und Säuberungsarbeiten, zum Ausheben von Gräbern.

Im neu eingerichteten Generalgouvernement setzt die Verwaltung schnell Bestimmungen um, mit denen das NS-Regime seit seiner Machtergreifung im Jahr 1933 die Juden entrechtet hat. So dürfen sie über ihre Vermögen nicht frei verfügen, keine größeren Summen Bargelds besitzen, nur geringe Beträge von Bankkonten abheben und weder mit Textilien noch mit Leder handeln.

Am 26. Oktober 1939 führen die Besatzer in Polen die Zwangsarbeit für alle jüdischen Männer zwischen 14 und 60 Jahren ein. Vom 1. Dezember an müssen Juden ab zwölf Jahren an ihrem rechten Arm ein weißes Band mit dem blauen Davidstern tragen, dem Symbol der Juden.

Sogenannte „Judenräte" haben die Politik des Regimes durchzusetzen – dafür haften deren Mitglieder mit ihrem Leben. Jede jüdische Gemeinde muss Vertreter für diese Aufgabe bestimmen.

Der 24-köpfige Warschauer Judenrat soll als eine Art Selbstverwaltungsorgan vor allem das Leben im geplanten Ghetto organisieren, unterstützt von einem jüdischen Ordnungsdienst. Das Perfide daran: Indem Funktionäre aus der eigenen Gemeinde – und nicht SS oder Gestapo – die antijüdischen Maßnahmen verkünden und umsetzen, soll möglicher Widerstand der Betroffenen von Beginn an minimiert werden.

So sind es groteskerweise die Opfer, die die Zwangsarbeit organisieren: Um die gewaltsame Rekrutierung von Arbeitskräften durch die Besatzer zu beenden, richtet der Judenrat beispielsweise einen freiwilligen Arbeitsdienst ein, an dem sich bald mehrere Tausend entrechteter Warschauer beteiligen.

Dieser Zwiespalt zwischen Sorge und oft vorauseilendem Gehorsam wird die Arbeit der Judenräte in den folgenden Jahren prägen. Einige von ihnen berauschen sich an ihrer vermeintlichen Macht – andere verzweifeln daran.

Schon am 1. Oktober, dem Tag der Besetzung Warschaus, wird Chaim Kaplans Wohnung beschlagnahmt. Soldaten werden einquartiert. Nur mithilfe seines katholischen Dienstmädchens, das im Haus bleiben darf, kann er noch Geld und wichtige Dokumente retten.

Das Herz bricht mir, notiert er. *Die Arbeit eines ganzen Lebens steckt in dieser Wohnung: Ich lebte 24 Jahre lang darin; und ich verlor sie in den Wirren einer einzigen Stunde.*

Als Soldaten verlegt werden und er nach Wochen zurückkehren kann, ist ein Teil des Besitzes zerstört oder gestohlen.

Der Rektor schwankt in diesen Tagen zwischen Angst und Zuversicht. 21. Oktober: *Vor einiger Zeit sagte ich, dass unsere Zukunft umwölkt sei. Ich irrte mich. Unsere Zukunft wird immer klarer.*

25. Oktober: *Unübersehbare Zeichen weisen darauf hin, dass die polnische Judenheit einer furchtbaren Katastrophe entgegengeht, die in der jüdischen Geschichte ihresgleichen nicht gehabt hat.*

28. Oktober: *Wir gehen wie zum Tode verurteilte Menschen einher. Es ist uns klar, dass wir umkommen werden, aber wir wissen nicht, wann das Urteil vollstreckt wird.*

18. November: *Unsere einzige Hoffnung ist, dass die Niederlage der Nazis mit Sicherheit kommt. Wir haben nur einen Zweifel – ob wir diesen Tag erleben werden. Und ich sage: Ja, wir werden am Leben bleiben, dieser Tag wird kommen! Keine Macht ist von ewiger Dauer.*

Im Dezember richtet er in der Wohnung ein Zimmer mit fünf Pulten ein, in dem er und zwei Lehrerinnen der Schule heimlich unterrichten. Er weiß nicht einmal, ob verboten ist, was er tut.

Später wird Chaim Kaplan das Tagebuch sein Leben nennen, seinen Freund, seinen Verbündeten, ohne den er verloren wäre. Jeder Gedanke, jedes Gefühl findet hier Platz. Etwa die Überzeugung, dass der Krieg sich schon bald zum Weltenbrand auswachsen wird. *Von jetzt an wird sich der Krieg ausbreiten und neue Völker und Länder in sein Netz ziehen. Und das wird sein Ende beschleunigen.*

Oder das Staunen über die seltenen Augenblicke, in denen sich einer der Besatzer einem Juden gegenüber freundlich verhält, nahezu menschlich. *Ein Freund von mir, der zur Zwangsarbeit ergriffen wurde, bezeugte vor mir, dass der Aufseher ihm zu Beginn gesagt habe: „Haben Sie keine Angst vor mir. Ich bin nicht vom Judenhass infiziert."*

Oder die Wut über die Selbstverständlichkeit, mit der die Deutschen vorgehen. 7. Dezember: *Die Soldaten bezahlen in den Läden nach ihrem Gutdünken, und man kann nichts tun. Wenn man den Preis, den der Soldat vorschlägt, nicht annimmt, wird er die Ware ohne Geld nehmen. Man kann froh sein, wenn man keine Prügel bezogen hat; und der finanzielle Verlust ist das Sühneopfer.*

STIGMATISIERT: Wie dieses Ehepaar müssen alle Juden in den von den Deutschen besetzten Gebieten ein Kennzeichen tragen, meist den sechszackigen Davidstern, das Symbol des Judentums. Stets soll erkennbar sein, dass sie zu der entrechteten Minderheit gehören

DAS DEN JUDEN zugewiesene Areal in Warschau wird im Frühjahr 1940 mit einer drei Meter hohen, stacheldrahtbewehrten Mauer eingeschlossen. Die Kosten für den Bau haben die Ghettobewohner selbst zu tragen

ZEITWEILIG LEBEN
460 000 Juden in dem nur gut drei Quadratkilometer großen Sperrbezirk, in unerträglicher Enge – manchmal teilen sich mehr als ein Dutzend Menschen ein Zimmer (Mai 1941)

WACHPERSONAL kontrolliert die Papiere an einem der Ghettotore. Juden, die außerhalb der Mauern ohne gültigen Passierschein angetroffen werden, droht die Todesstrafe (1941)

27. August 1940: *Manche Cafés werden von Volksdeutschen übernommen. Eines schönen Tages spaziert einer vom Herrenvolk in dein Kaffeehaus und übernimmt deinen Platz. Weil du ihm gehörst – und alles, was du hast, sein ist.*

°

ANFANGS HABEN die Besatzer eine Teilung Warschaus in drei Wohnbezirke geplant: einen jüdischen, einen polnischen, einen deutschen. Schon im November haben sie das jüdische Viertel der Stadt zum „Seuchensperrgebiet" erklärt, um das der Judenrat im Frühjahr 1940 Mauern ziehen lassen muss – auf eigene Kosten. Das so entstandene Ghetto besteht aus zwei Teilen, getrennt durch die stark befahrene Chłodna-Straße.

Im Oktober 1940 setzen die Deutschen den Warschauern eine Frist: Juden und Polen, die außerhalb der ihnen zugewiesenen Bezirke leben, müssen binnen sechs Wochen ihre Wohnungen verlassen, sich neue Unterkünfte suchen.

Manche Juden können mit katholischen Polen die Wohnungen tauschen. Für Janina Lewinsons Familie aber kommt das nicht infrage. Die Wohnung im Stadtzentrum gehöre ihr nicht mehr, teilen die Besatzer mit, sie werde „von offizieller deutscher Seite" beansprucht.

Der Mann, der ihr Zuhause für sich will, ist der deutschstämmige ehemalige Chauffeur des Großvaters.

Zu dritt müssen sich Janina, ihre Mutter Alina und ihre Schwester Zofia eine neue Bleibe suchen. Der Vater ist als Offizier der polnischen Armee in den Krieg gezogen (erst viel später werden seine Frau und seine Töchter erfahren, dass er bereits im Frühjahr 1940 bei einem Massaker nahe dem russischen Katyn vom sowjetischen Geheimdienst ermordet worden ist).

Ein Pferdekarren bringt den Besitz der Familie ins Ghetto. Die drei gehen zu Fuß, ein Weg von zehn Minuten, von einer Welt in eine völlig andere.

Am 16. November wird das Ghetto abgeriegelt; nur mit ausdrücklicher Genehmigung der Besatzer dürfen seine Bewohner den Bezirk jetzt verlassen.

Isoliert vom Rest der Welt, leben dort nun fast 400 000 Menschen, verteilt auf weniger als drei Prozent des Warschauer Gebiets und 1483 Häuser.

Auch in anderen Städten Polens trennen die Besatzer die Juden von der übrigen Bevölkerung. In den Ghettos wird ein Fünftel aller Opfer der Shoah, des Völkermords an den Juden, sterben.

V

Vielleicht wird es gar nicht so schlimm, dieses neue Leben, glaubt Janina. Zu sechst wohnen sie in einer Zwei-Zimmer-Wohnung im 5. Stock: Janina, ihre Mutter und Schwester, ein Bruder der Mutter, dessen Verlobte und ihr Vater.

Sie leben von Ersparnissen aus der Vorkriegszeit. Janina geht wieder zur Schule, mit einer kleinen Gruppe von Freundinnen. Die Lehrer unterrichten in den Wohnungen der Mädchen, lassen lateinische Gedichte übersetzen und Geometrieaufgaben lösen – während sich die Deutschen darauf vorbereiten, die jüdische Bevölkerung Warschaus wirtschaftlich auszubeuten: Im Frühjahr 1941 werden im Ghetto Fabriken und Werkstätten eingerichtet.

Vor allem deutsche Textilunternehmen beschäftigen in diesen „Shops" Juden als billige Arbeitskräfte. Sie werden auch in Firmen außerhalb des Ghettos eingesetzt. Die Arbeit ist hart, die Bezahlung schlecht, aber eine Anstellung ist für viele die einzige Möglichkeit, unter ärmlichsten Bedingungen zumindest das Überleben zu sichern.

Immer mehr Menschen, die aus anderen Teilen Polens sowie aus dem Deutschen Reich nach Warschau verschleppt wurden, drängen sich hinter den Mauern des jüdischen Bezirks.

In Wirklichkeit haben wir kein Ghetto, sondern eher ein Irrenhaus, schreibt Chaim Kaplan. *11. März 1941. Wir sind hinter Mauern gesperrt und von der ganzen Außenwelt abgeschnitten. Kaum, dass jemand das Ghetto verlässt; aber man kann nicht sagen, dass niemand hereinkommt. Im Gegenteil, man kommt dauernd. Als keine Vertriebenen aus dem Warschauer Bezirk mehr kamen, trafen neue Flüchtlinge ein: aus Norwegen, aus Holland und aus der Tschechoslowakei.*

Bis zum März 1941 steigt die Einwohnerzahl des Ghettos auf 460 000 Menschen. Trotz des ständigen Stroms von Deportierten wird sie in den folgenden Monaten stetig sinken. In diesem Jahr sterben 44 630 Ghettobewohner, die meisten an Hunger und Mangelernährung, fast 16 000 an Typhus.

Auch die Wohnung von Janina Lewinsons Familie steht über Wochen unter Quarantäne, weil der Onkel an Typhus erkrankt ist. Als die 14-Jährige endlich wieder nach draußen darf, achtet sie nicht auf das Elend in den Straßen, die zum Skelett abgemagerten Bettler. *Freiheit, endlich Freiheit! Heute machte alles Spaß,* notiert sie am Abend des 16. April in ihrem Tagebuch.

Doch nur zwei Tage später holt sie die Wirklichkeit des Ghettos wieder ein: *Zwei kleine Jungen betteln auf der Straße neben unserem Tor. Ich sehe sie jedes Mal, wenn ich weggehe. Vielleicht sind es auch Mädchen, ich weiß es nicht. Ihre Köpfe sind kahl, ihre Kleider zerlumpt, ihre grässlich abgezehrten winzigen Gesichter scheinen eher Vögeln als menschlichen Wesen zu gehören. Das jüngere Kind mag fünf oder sechs sein, das ältere vielleicht zehn. Sie rühren sich nicht, reden nicht. Das jüngere Kind sitzt auf dem Bürgersteig, das größere steht einfach da, die Klaue von Hand ausgestreckt.*

Janina will helfen. Aber sie kann nicht mehr tun, als den zwei Kindern ihr Butterbrot zu schenken.

Sie zeigten keinerlei Aufregung oder Dankbarkeit; sie nahmen es einfach und begannen sofort zu kauen. Ich sah, wie andere Leute ihnen Brot oder etwas Geld gaben. Das hält sie am Leben. Aber, mein Gott, was ist das für ein Leben?

Mein Weg führte an vielen Verhungernden vorbei, die, zu schwach zum Gehen, an den Wänden lehnten oder auf den Bürgersteigen hockten; ich warf mir ständig vor, gut genährt und ihnen gegenüber völlig gleichgültig zu sein.

Wir haben unser Frühstück, unser Mittagessen, unser Abendessen, wir beschäftigen uns mit der Französischen Revolution oder mit polnischer Literatur; dann gehen wir mit einem guten Buch ins Bett und schlafen friedlich ein. Zur gleichen Zeit hungern sie und sterben.

Im Sommer schließt Janina sich einer Organisation von Freiwilligen an, die mit Unterstützung des Judenrats versucht, auf jedem freien Stück Land im Ghetto Gemüse anzubauen. Die Ernte wird an Hungernde verteilt.

SÜSSWARENLADEN im Ghetto. Die meisten Bewohner leben im Elend. Doch Schmuggler werden reich und können sich sogar Leckereien leisten

Scheinbar gewöhnt sie sich allmählich an die Schrecken auf dem Weg zur Arbeit. An die verzweifelten Bettler. Die Leichen auf den Straßen, die Verhungerten und Erschossenen, öffentlich hingerichtet von den Deutschen. Nimmt das Böse, das Elend hin wie das Wetter, wie Sommerhitze oder Winterkälte.

Die Arbeit lenkt sie ab.

23. Juni 1941: *Was für ein Tag! Acht lange Stunden harter körperlicher Arbeit unter blauem Himmel. Kann mir nichts Schöneres vorstellen. Wir sind zehn Mädchen und fünf Jungen. Der Ausbilder vom Judenrat ist ein strenger Bursche Anfang 20. Hübsch ist er auch, aber nicht sehr groß, blond und sonnenverbrannt.*

Die Mädchen, in zwei Reihen aufgestellt, hoben die Steine auf und reichten sie zu den Karren weiter, die Jungen schoben die Karren zum hinteren Ende des Geländes und leerten sie.

Später, zu Hause, war ich so müde, dass ich kaum den Mund aufbrachte. Meine Beine und Hände sind verkratzt und geschwollen. Wenn ich die Augen schließe, sehe ich Steine, Steine, Steine.

Ihrer Familie geht es besser als vielen anderen im Ghetto. Sie hat Freunde, Helfer auf der anderen Seite der Mauer. Marianna Bułat war früher Janinas Kindermädchen. Fast ein Familienmitglied. Jetzt verkauft sie nach und nach Wertsachen, die sie aus der alten Wohnung in Sicherheit bringen konnte, Silber und Gemälde aus dem Besitz des Großvaters.

Einige Male kann sie sich mit Janinas Mutter heimlich im Gebäude des Stadtgerichts treffen, das an der Grenze des Ghettos steht und zwei Eingänge hat, einen von der jüdischen und einen von der nichtjüdischen Seite der Mauer.

Manchmal bringt Mariannas Schwager, der als Elektriker wie andere Mitarbeiter des städtischen Wasserwerks und der Elektrizitätsgesellschaft Zugang zum Ghetto hat, der Familie Briefe und Geld. Nur dank dieser Zuwendungen kann sie sich den Einkauf auf dem Schwarzmarkt leisten.

Allein von den Lebensmittelrationen vermag niemand zu überleben. Kaum mehr als 1200 Kalorien am Tag bekommen etwa die Arbeiter der Shops zu festgelegten Preisen: Mehl, Brot, Marmelade, Kohlrüben.

Wer kein Geld hat und keine Arbeit, muss mit wesentlich weniger auskommen. Und da der Nachschub immer knapper wird, sinken die Tagesrationen bald auf unter 200 Kalorien.

Den weitaus höheren Anteil an Nahrung liefern Schmuggler an die Eingeschlossenen. Aber die Preise sind oft um 50 Prozent höher als auf der anderen Seite der Mauer, manchmal steigen sie plötzlich auf das Doppelte. Für viele ist selbst Brot unbezahlbar teuer.

Wer das Ghetto ohne Genehmigung betritt und verlässt, setzt sein Leben aufs Spiel. Einige Schmuggler sind in Gruppen organisiert und verkaufen, was sie mitbringen. Andere versuchen es allein, meist nur, um die eigene Familie zu ernähren – etwa Zwangsarbeiter, die in Werkstätten außerhalb des Ghettos arbeiten, und viele Kinder, die noch keinen Davidstern tragen müssen und deshalb leichter unbemerkt auf die andere Seite gelangen. Jungen und Mädchen, die sich durch kleinste Öffnungen in der Ghettomauer winden können.

Die Schmuggler kennen Löcher in den Mauern, Geheimgänge durch Häuser. Wachen an Toren, die sich bestechen lassen. Manche macht der Schwarzhandel reich. Andere kostet er das Leben.

Es wird Herbst, und Chaim Kaplan denkt über den Tod nach. *Unser Leiden wird schlimmer,* notiert er Anfang Oktober 1941 in seinem Tagebuch. *Selbst diejenigen, die das Ende erwarten und auf schnelle Erlösung hoffen, sind jetzt überzeugt, dass wir den Winter unter den Nazis verbringen werden.*

Das Sterben im Ghetto geht weiter, und der Tod ist zum Geschäft geworden. *Wohin man sich wendet, sieht man Beerdigungsinstitute.* Aber die Toten sind niemandem mehr heilig.

9. Oktober: *In einem Schlachthaus werden die Kadaver der geschlachteten Kälber sorgsamer behandelt als Menschen auf dem Warschauer Friedhof 1941.*

D

Das Jahr 1941 geht zu Ende. Die Meldung, dass der deutsche Angriff auf die Sowjetunion vor Moskau feststeckt, verbreitet sich rasch unter den Eingemauerten: Geheime Radios und Nachrichten von jenen, die außerhalb des Judenbezirks arbeiten, halten sie informiert.

Im Winter eröffnen im Ghetto Läden mit Luxusartikeln sowie Cafés und Restaurants. Denn obwohl die meisten Menschen hungern, haben die mörderischen Lebensbedingungen eine neue Geldelite hervorgebracht. Ihr gehören einige besonders gerissene Schmuggler an, der Inhaber des Beerdigungsunternehmens, Kriminelle und Kollaborateure. Sie können sich nahezu alles leisten.

Nur ein paar Häuser von der Wohnung der Familie Lewinson entfernt entsteht in einem früheren Kino eine Konzerthalle. Janina besucht jede Aufführung – bis die SS das Orchester verbietet, da die Musiker Stücke von nichtjüdischen Komponisten gespielt haben.

Von Marianna Bułats Schwager lässt sie ihr Grammophon ins Ghetto schmuggeln. An einem kalten Abend trägt sie es zu einem Treffen mit Freunden in der Wohnung eines Bekannten.

Sie sitzen in einem leeren, rußgeschwärzten Zimmer auf dem Boden, frierend in Mänteln und Handschuhen, und hören den Abend über jene zwei letzten Schallplatten, die der Gastgeber noch nicht verkauft hat. Den ganzen Winter über treffen sie sich so einmal

DEUTSCHE durchsuchen die Angestellten eines Unternehmens, das für die Wehrmacht Waffen in Warschau produziert. Etliche Fabrikanten nutzen die Not der Ghettobewohner, um sie für einen Hungerlohn schuften zu lassen

SOLDATEN treiben Ghettobewohner zum Sammelplatz; von dort aus werden sie in Vernichtungslager transportiert, etwa nach Treblinka, wo bis 1943 fast 900 000 Menschen ermordet werden

pro Woche und lauschen den vier Sätzen von Beethovens Fünfter Sinfonie.

Chaim Kaplan wütet in seinem Tagebuch gegen die Theater im Ghetto, die jeden Abend voll sind, gegen die Restaurants und Läden mit ihren astronomischen Preisen. Gegen die Menschen, die ihr Geld ausgeben, während um sie herum das Sterben herrscht.

Sollte irgendjemand ins Ghetto gelangen, ohne zu wissen, wo er ist, und eines der luxuriösen Cafés betreten, er wäre verblüfft. Wer würde glauben, dass die aufwendig gekleideten Menschenmassen, die Musik, Gebäck und Kaffee genießen, Opfer von Verfolgung und Tyrannei sind? Der nichts ahnende Besucher würde die Wahrheit nie für möglich halten, bis er sich auch draußen umsieht. Manchmal stolpert er vielleicht gleich am Eingang eines dieser eleganten Cafés über die Leiche eines Verhungerten.

Manchmal liegen morgens die Körper der über Nacht Erfrorenen auf der Straße. Kleine Kinder sitzen halb nackt im Abfall. Niemand schaut hin, niemand bleibt stehen. *Jeder eilt weiter und betet still, dass sein Schicksal kein ähnliches sein wird. Selbsterhaltung hat unsere Herzen hart gemacht und uns gleichgültig gegenüber dem Leiden anderer.*

In den letzten Januartagen des Jahres 1942 wird eine hölzerne Fußgängerbrücke über die Chłodna-Straße eröffnet, die den größeren, nördlichen Teil des Ghettos vom südlichen trennt. Von der Brücke, zwei Stockwerke hoch, geht der Blick weit über Warschau, vorbei an den Türmen der nahe gelegenen Kirche. Eine ganze Welt, nur ein paar Meter entfernt, unerreichbar.

Nachdem ich so weit gekommen bin, muss ich mich anstrengen, um weiterzumachen bis zum Ende des Spektakels, notiert Chaim Kaplan – schließlich dezimiert die gleiche Kälte, die den Menschen im Ghetto Krankheit und Tod bringt, auch Hitlers Armeen in Russland. Das ist die Hoffnung, an die sich alle klammern. Aber als der Frühling kommt, verliert die Hoffnung mit jedem Tag an Kraft.

Eine nicht ungewöhnliche Tragödie hat sich im Laufe der vergangenen Woche in meiner Familie ereignet, schreibt der Rektor Anfang März. *Die Schwester meiner Frau und ihr Ehemann sind in derselben Woche gestorben, im Abstand von vier Tagen. Tod durch Verhungern ist zur Alltäglichkeit geworden.*

Die Grenzlinie zwischen Leben und Tod ist sehr dünn. Wir strecken eine Hand nach dem Leben aus und versuchen mit der anderen, den Tod abzuwehren.

Aber es gibt nicht nur das langsame Sterben, an Hunger und Seuchen. Immer häufiger kommt der Tod plötzlich, als Terror, der jeden treffen kann: In der Nacht auf den 18. April dringen Männer der Gestapo zum ersten Mal in Wohnungen ein, um wahllos zu töten.

Fortan erschießen sie beinahe jede Nacht Menschen im Ghetto. Am Morgen liegen nackte Leichen in den Straßen. Einmal findet Chaim Kaplan zwei gleich unter seinem Fenster.

25. April: *Niemand weiß, wenn er sich zum Schlafen hinlegt, ob er noch leben wird, wenn der Morgen kommt.*

30. Mai: *Der fehlende Grund für diese Morde beunruhigt besonders. Um uns zu beruhigen, fühlen wir uns genötigt, eine Art System zu entdecken, das diese nächtlichen Morde erklärlich macht. Jeder, der um sein Leben bangt, sagt sich: Das ist planmäßig; jeder Mord muss eine Ursache haben. Wenn es eine Ursache gibt, dann wird mir nichts geschehen, da ich absolut schuldlos bin.*

°

DER SOMMER 1942 beginnt mit Gerüchten, flüsternd weitergetragen: Alle Juden aus dem Warschauer Ghetto sollen in Arbeitslager im Osten deportiert werden. Manche der Eingeschlossenen wollen nicht glauben, was sie hören. Andere denken, dass es ihnen im Lager nur besser gehen könne als im Ghetto.

Janina Lewinson und ihre Familie gehören zu keiner der beiden Gruppen.

DIE ESSENSRATIONEN decken nur einen Bruchteil des täglichen Kalorienbedarfs, viele Menschen hungern – wie diese Frau, die an einer Häuserwand entkräftet niedergesunken ist

EIN JÜDISCHER Mann hält seine Tochter im Arm. Kinder und Jugendliche, aber auch alte Menschen leiden besonders unter den mörderischen Lebensbedingungen im Ghetto

HUNGER, ENGE und katastrophale sanitäre Bedingungen zehren die Bewohner aus; dieser Junge ist zu schwach, um wieder aufzustehen. Krankheiten, wie Fleckfieber, Typhus oder Tuberkulose grassieren

Aber wie alle anderen können sie nur warten und weiterleben, Tag um Tag.

Die 15-Jährige ist verliebt, und ihr Glück passt nicht in diese Welt, in der es nur Hunger und Leiden gibt, zu viele verzweifelte Menschen und keinen Ort, um allein zu sein. Seit einigen Wochen verbringt sie jeden Abend mit Roman, den sie über Freunde kennengelernt hat, sie gehen spazieren in den Straßen des Ghettos, sitzen zusammen in ihrem Zimmer im fünften Stock, bis kurz vor Beginn der Ausgangssperre.

21. Juli: *Wohin wir gehen, wohin wir blicken – überall hässliches Elend. Also laufen wir weg und verstecken uns vor allem in der Wohnung.* Kurz darauf erhält Janina einen Brief, in dem Roman seine Flucht andeutet. „Verzweifle nicht, mein süßes kleines Mädchen, ich komme zu Dir, sobald ich kann."

°

JETZT BEGINNEN die Massendeportationen aus dem Ghetto. Schon Ende 1941 hat das NS-Regime beschlossen, in Polen Vernichtungslager zu bauen. Am 23. Juli 1942 nimmt das Lager im 100 Kilometer entfernten Treblinka den Betrieb auf, dort kommen die meisten Deportationszüge aus Warschau an. Bis zum August 1943 werden die Besatzer dort 870 000 Menschen ermorden.

Mit den Deportationen geraten die Bewohner des Ghettos in die Mordmaschine. Beginnt auch hier die systematische, akribisch geplante Umsetzung dessen, was die NS-Bürokraten die „Endlösung der Judenfrage" nennen: der Massenmord an Millionen, die Auslöschung der europäischen Juden.

Ein Verbrechen ohnegleichen. Aus fast ganz Europa verschleppen die Deutschen Männer, Frauen und Kinder in die Gaskammern der Vernichtungslager.

Die Deportationen im Warschauer Ghetto folgen oft dem gleichen Muster. Häuser werden umstellt, alle Ausgänge blockiert. Dann treiben die Besatzer und deren Häscher die Bewohner in den Hinterhöfen zusammen und prüfen die Papiere. Nur wer mit seinem Ausweis dokumentieren kann, dass er eine dem Regime nützliche Arbeit ausübt, darf bleiben. Die übrigen schicken die Uniformierten zum Umschlagplatz am Güterbahnhof, der an das Ghetto grenzt.

Finden sie bei der anschließenden Durchsuchung der Wohnungen noch Versteckte vor, werden die meist sofort erschossen.

Am Umschlagplatz werden die Menschen in Züge verladen. Einige bleiben in letzter Minute verschont, weil sie jüdische Polizisten bestechen oder weil Leiter der von Deutschen betriebenen Geschäfte oder Werkstätten intervenieren. Die anderen gehen in den Tod.

Freunde drängen Chaim Kaplan, sein Tagebuch aufzugeben, sie sehen keinen Sinn darin, keine Hoffnung, dass seine Worte jemals hinaus in die Welt gelangen, gehört werden, gelesen.

Aber der Rektor will nicht schweigen. Er lebt von Tee und einem halben Pfund Brot am Tag, kann kaum stehen vor Schwäche, kaum schlafen vor Angst. Aber er schreibt weiter. *Ich weiß, dass die Fortführung dieses Tagebuchs bis ans völlige Ende meiner körperlichen und geistigen Kräfte ein historischer Auftrag ist, dem ich nicht untreu werden darf.*

28. Juli: *Die Fortsetzung folgt morgen, wenn ich nicht abgeholt worden bin.*

31. Juli: *Die Treibjagd ist in vollem Gang. Die lebenden Leichenprozessionen nehmen kein Ende.*

4. August: *Mein Leben ist verfallen und schwebt über dem Nichts.*

Er hat seinen Besitz in Kisten verpackt, Kissen und Decken zusammengeschnürt, seine Bibliothek an einen Verwandten geschickt, der sich den Arbeiterstatus außerhalb des Ghettos durch Bestechung erkauft hat. Kaplan aber hat weder Geld, noch hat er Arbeit in einer Fabrik, und er glaubt nicht daran, dass er noch entkommen, fliehen, überleben könnte in einem Versteck.

An diesem 4. August hält er bis zum Abend mit seiner Frau abwechselnd Wache am Küchenfenster zum Hof. Und wünscht, er könnte sich dazu bringen, einfach zum Umschlagplatz zu gehen, wie die 5000 Menschen, die an diesem Tag freiwillig dort erschienen sind, weil sie genug hatten vom Leben im Ghetto.

Wenn mein Leben endet – was wird aus meinem Tagebuch?, notiert er.

Es ist sein letzter Eintrag.

M

Meist kommt es ab morgens um acht zu den Deportationen; sie enden um 16 Uhr. Seit Beginn der Verschleppungen haben die Besatzer alle Läden, Cafés und Restaurants geschlossen. Die Lebensmittel werden immer knapper. Abends verkaufen Händler in den Straßen Brot und Kartoffeln zu Höchstpreisen.

Die Bettler sind verschwunden. Die ärmsten und schwächsten Bewohner des Ghettos haben die Besatzer als Erste in die Züge getrieben: Alte, Kranke, Obdachlose, Waisenkinder sowie Flüchtlinge, die aus dem Umland ins Ghetto gebracht worden sind.

Janina Lewinson und ihre Familie warten auf den Tag, an dem der Tod auch ihr Haus erreicht.

Sie haben beschlossen, in ihrem Zimmer zu bleiben, wenn die Deutschen kommen und alle Bewohner nach draußen kommandieren. Nicht sofort in den Hof laufen, um sich festnehmen und fortbringen zu lassen. Sich lieber bei der Durchsuchung finden und erschießen zu lassen, als ins Ungewisse zu gehen.

Am frühen Morgen des 13. August 1942 wird das Haus Leszno 15 umstellt. In ihrer Wohnung im fünften Stock hört Familie Lewinson die Schritte der Truppen im Hof, den gellenden Pfiff, die gebrüllten Befehle auf Deutsch und Polnisch: „Alle Juden raus!"

Dann Schreie. Und zwei Schüsse.

Schließlich schwere Stiefel auf den Treppenstufen, Schlösser, die aufgebrochen, Türen, die aufgerissen werden.

Die Truppen durchsuchen alle Wohnungen, im ersten Stock, im zweiten, dritten, vierten. Sie sind schon ganz nahe, als plötzlich ein langer, schriller Pfiff und ein kurzer deutscher Befehl die Männer zurückbeordern. Janina Lewinson und ihre Familie bleiben unentdeckt.

Fünf Tage später wird das Mädchen 16. An seinem Geburtstag werden 3976 Menschen aus dem Ghetto nach Treblinka verschleppt, wie in den Listen der Mörder akribisch vermerkt ist.

Am 21. September verlässt der vorerst letzte Transport Warschau. 300 000 Menschen sind deportiert worden.

N

Nun leben im Ghetto nur noch 35 000 Juden, die die Deutschen als nützlich erachten – und 25 000 weitere, versteckt in getarnten Kammern, auf Dachböden.

Zu den akzeptierten Bewohnern zählen Arbeiter, deren Firmen für die Wehrmacht produzieren, sowie Angehörige des Judenrats und jüdische Ordnungspolizisten. Auch deren Ehefrauen sind von der Deportation ausgenommen – Eltern und andere Angehörige dagegen nicht. Wer nicht mit einer Nummer registriert ist, muss jetzt ein Versteck finden, wenn er überleben will.

Janinas Mutter besitzt eine der Karten mit Siegel und vierstelliger Kennzahl, die ihr ein Wohnrecht im Ghetto zubilligen. Ihr Schwager, der als Arzt für die jüdische Polizei arbeitet, hat ihr den lebensrettenden Ausweis durch Bestechung verschafft.

Für seine Nichten aber kann er nichts tun: Janina und ihre Schwester sind ohne Karte, ohne Existenzberechtigung. Lange werden sie so nicht überleben können. Die einzige, letzte Möglichkeit ist der Weg nach draußen – auf die andere Seite der Mauer.

Seit dem Sommer versuchen immer mehr Eingeschlossene, in den nichtjüdischen Teil der Stadt zu fliehen. Wer dort überleben will, braucht Geld, falsche Ausweispapiere, Kontakte und Helfer, zudem ein Aussehen, das ihn nicht leicht als Juden verdächtig macht.

Und selbst dann bleibt die Entscheidung meist unendlich schwer. Wer geht, muss bereit sein, Angehörige und Freunde zurückzulassen. Und die Flucht endet nicht, wenn die Wachen an den Toren bestochen oder getäuscht sind und polnische Freunde und Bekannte für gefälschte Dokumente und eine Unterkunft gesorgt haben. Wer das Ghetto verlässt, tauscht eine Gefahr gegen die andere, den ständigen Schrecken gegen die tägliche Angst vor Entdeckung, Erpressung, Verrat und Verhaftung.

Fast immer folgt das Entkommen dem gleichen Prinzip: Die Fliehenden schließen sich Zwangsarbeitern an, die unterwegs sind zu einer der deutschen Fabriken außerhalb des Ghettos, und nutzen einen günstigen Moment, um sich abzusetzen. Sie streifen an einer Straßenecke ihre Armbänder ab und verschwinden in der Menschenmenge.

Auch Janina und ihre Familie wollen in Warschau untertauchen. Marianna Bułat und einige Freunde versuchen, für die drei Frauen ein Versteck im nichtjüdischen Teil der Stadt zu finden. Der Bruder der Mutter und dessen Verlobte, denen es während der Deportationsaktion gelungen war, als Arbeiter in einer deutschen Fabrik unterzukommen, wollen das Ghetto ebenfalls verlassen.

In der Welt jenseits der Mauern geht der Krieg auf seine entscheidende Wende zu: Im August 1942 hat die Schlacht um Stalingrad begonnen. Im Ghetto rechnet Janinas Familie jederzeit damit, dass die Deutschen die Deportationen wieder aufnehmen.

Und sie weiß jetzt ganz sicher, was am Ende der Transporte steht: der Tod in den Gaskammern. Denn wenige Wochen nach Beginn der Vernichtungsaktion ist ein junger Flüchtling aus Treblinka ins Warschauer Ghetto zurückgekehrt, um die Menschen vor dem zu warnen, was sie erwartet – und den bewaffneten Widerstand zu organisieren.

Seit den Juden im Ghetto klar ist, dass sie zum Tode verurteilt sind, beschleunigen sie ihre bereits angelaufenen Vorbereitungen auf den Kampf gegen die Deutschen. Die meist jungen Mitglieder einer Untergrundorganisation schmuggeln Waffen ins Ghetto.

Manchmal wagt sich Janina jetzt mit einem Freund nachts durch ein Labyrinth von Kellern und unterirdischen Gängen zu einer geheimen Bäckerei in einer abgelegenen Gasse des Viertels. Schmuggler beliefern den Bäcker mit Mehl, er backt in der Nacht und verkauft das Brot vor Anbruch der Dämmerung.

Einmal sieht sie auf diesem Weg im schwachen Taschenlampenlicht an einer Kellerwand einen Zettel: „Brüder, sterbt nicht schweigend. Widersteht dem Naziterror. Lasst uns kämpfen."

12. November 1942: *Ich muss dauernd an Menschen denken, die mit ihrem Leben etwas anzufangen wissen: die kämpfen, im Ghetto und anderswo, für Gerechtigkeit, ein besseres Leben. Ich gehöre nicht zu ihnen. Ich gehöre nirgendwohin. Habe ich für etwas gelebt? Gibt es irgendeinen Grund, weshalb ich weiter um mein Leben rennen soll?*

Die meisten legalen Bewohner des Ghettos arbeiten nun in den Werkstätten und Firmen der Deutschen. Andere müssen für die SS den Besitz der Deportierten einsammeln und sortieren; anschließend wird er ins Reich geschickt. Auch Janina arbeitet mit der Kennnum-

IN MANCHEN Monaten sterben 5000 Menschen im Ghetto. Sie werden von den Wachmannschaften ermordet, erliegen Seuchen, verhungern. Viele trifft der Tod auf offener Straße, wie diesen Mann (Sommer 1941)

mer ihrer Mutter für diese „Werterfassung". Einmal findet sie in einem verlassenen Haus ein Zimmer voller Porzellan, Kristallgläsern und Vasen, zum Transport nach Deutschland bestimmt. Sie denkt an die Menschen, denen das Geschirr gehört hat, und an jene, denen es bald gehören wird.

Dann zerschlägt sie die teuersten Stücke. Niemand merkt es.

Die Gerüchte über das nahende Ende des Ghettos werden Anfang 1943 mit jedem Tag greifbarer. In der zweiten Januarwoche erklärt sich eine Familie in Warschau bereit, Janina und die anderen aufzunehmen; eine Frau will den Onkel und dessen Verlobte verstecken.

Die Helfer werden ihnen gefälschte Ausweise besorgen. Im Ghetto haben sich Fotografen darauf spezialisiert, Bilder für solche Dokumente zu machen.

Während Marianna Bułat im nichtjüdischen Teil der Stadt versucht, Gemälde und Silber zu verkaufen, um das Geld für die teuren gefälschten Kennkarten zusammenzubekommen, schaut Janina immer wieder auf ihr Porträtbild und denkt an die Flucht.

17. Januar 1943: *Ich werde hinter einer verschlossenen Tür leben, nicht hinauskönnen, niemanden sehen außer den Fremden, die ihr Leben riskieren, indem sie uns beherbergen. Und während ich dort lebe, sicher und stumpfsinnig, werden meine Freunde und Nachbarn hinter diesen Mauern nach und nach sterben. Und vielleicht kämpfen, ehe sie sterben. Ich weiß, ich sollte bleiben und ihr Los teilen.*

Doch bevor ihre Familie fliehen kann, beginnt am 18. Januar 1943 die zweite Deportationsaktion. Und zum ersten Mal wehren sich Menschen mit Waffen gegen die Deutschen, die im Ghetto aufmarschieren.

Janina und die anderen verstecken sich mit Nachbarn in einer Kammer hinter einem Eichenschrank. Hören, wie die Wohnung auf der anderen Seite des Schranks durchsucht wird, hören Schüsse und detonierende Handgranaten.

Am Morgen haben Mitglieder der jüdischen Untergrundorganisation die Deutschen angegriffen. Als die Versteckten am ersten Tag in der Dämmerung ihre Kammer verlassen, liegen auf dem Bürgersteig vor dem Haus zwei Leichen im Schnee. Die Toten, ein Mädchen und ein Junge, sind kaum älter als Janina.

°

VIER TAGE nach dem Ende der zweiten Deportationsaktion verlassen Janina,

Zofia und Alina Lewinson das Ghetto. In einer kalten Januarnacht marschieren sie mit einer Arbeiterkolonne durch das Tor, tauchen an einer Straßenecke in den Schatten einer Litfaßsäule, nehmen ihre Armbinden ab und verschwinden in einen dunklen Hinterhof, wo Marianna Bułat auf sie wartet.

Mit diesen paar Schritten beginnt ihr neues Leben.

Zurück in der Welt auf der anderen Seite der Mauer, weit weg vom alltäglichen Grauen des Ghettos. Aber kein bisschen weniger in Gefahr.

Eine Woche später erhalten die Flüchtlinge ihre gefälschten Kennkarten mit dem neuen Namen: Lubowicki.

Die Menschen, bei denen sich Janina und ihre Familie verstecken, entstammen dem polnischen Adel und lassen sich für ihre Hilfe bezahlen.

Marianna Bułat verkauft neben den Wertsachen der Familie auch ein eigenes Stück Land, um das Geld zu beschaffen, das jeden Monat fällig wird – unter Lebensgefahr: Denn auf „Hilfeleistung gegenüber Juden, die ohne Genehmigung die jüdischen Wohngebiete verlassen haben", steht die Todesstrafe.

F

Fast drei Monate lang lebt die Familie im Versteck, als am Morgen des 19. April 1943 Maschinengewehrfeuer und Explosionen in den Straßen widerhallen.

In der Nacht haben Uniformierte das Ghetto umstellt. Als die Truppen am Morgen einmarschieren, eröffnen die jüdischen Widerstandskämpfer das Feuer: Der Aufstand hat begonnen.

Die Rebellen werfen Molotowcocktails und schleudern selbst gebaute Handgranaten. Die Deutschen nutzen Flammenwerfer und bombardieren das Ghettogebiet.

ALS DIE Besatzer im April 1943 alle verbliebenen Juden Warschaus deportieren wollen, setzen sich die Eingeschlossenen zur Wehr. Um den Widerstand zu brechen, brennen die deutschen Truppen das Ghetto nieder

Tief in den Nachtstunden, wenn sie niemand sieht, lehnt Janina mit ihrer Mutter und ihrer Schwester nun oft in der Wohnung im zweiten Stock in der offenen Balkontür und schaut nach Norden, wo der Himmel glüht von den Flammen, die sich durch das Ghetto fressen. Der Wind fegt Asche und schwarz verbrannte Splitter über die Gehsteige.

Das jüdische Viertel brennt. Aber es ergibt sich nicht. Fast vier Wochen dauern die Gefechte an. Am 16. Mai sprengen die Deutschen die Große Synagoge als Zeichen, dass der Aufstand niedergeschlagen wurde. „Es gibt keinen jüdischen Wohnbezirk in Warschau mehr", meldet der Befehlshaber nach Berlin.

Aber in den Ruinen verbergen sich noch immer Menschen. Und im nichtjüdischen Teil Warschaus leben noch immer rund 27 000 Juden, versteckt in Kellern und auf Dachböden oder offen mit einer falschen Identität.

Alle müssen jederzeit damit rechnen, entdeckt zu werden. Verhaftet oder auf der Stelle erschossen von der Gestapo, erpresst oder verraten von Polen, manchmal auch Deutschen, die Geld verlangen, um untergetauchte Juden nicht den Besatzern auszuliefern.

Nach jeder dieser Erpressungen müssen die Opfer ein neues Versteck finden oder sich neue Dokumente unter einem anderen Namen besorgen.

Auch im Versteck der Familie Lewinson stehen plötzlich drei Männer, die ihnen befehlen, aufzustehen und mitzukommen – und sich schließlich auf einen Handel einlassen: Stillschweigen gegen Bezahlung. Sie fordern eine hohe Summe, um die drei Frauen nicht zu verraten, binnen weniger Tage soll die Familie das Geld beschaffen.

Wer die Erpresser sind, woher die Männer wissen, dass sie sich in diesem Haus verbergen, werden die Lewinsons nie erfahren. Noch am gleichen Tag verlassen sie ihre Unterkunft.

Immer wieder müssen sie so weiterziehen. An immer neuen Zufluchtsorten weiter warten. Mal getrennt, mal zusammen. Für Tage, Wochen oder Monate. Bei Menschen, die ihnen aus Idealismus helfen oder gegen Geld. Im Gebäude einer deutschen Handelsgesellschaft, deren polnischer Hausmeister im halb zerstörten ersten Stock Dutzende Juden versteckt. Im Haus eines Paares, das im Untergrund für den polnischen Widerstand arbeitet. Bei einer Arbeiterfamilie in einer Kleinstadt nahe Warschau.

Ohne Verbindung zur Außenwelt bleiben die Versteckten nichts als Zuschauer im Leben der Fremden, die sie aufnehmen.

Im Sommer 1944 verbergen sie sich zu dritt in der Wohnung einer alleinstehenden Frau mitten im Warschauer Zentrum. Gleich gegenüber auf der anderen Seite des Hofs wohnt Marianna Bułat mit ihrer Schwester und ihrem Schwager. Die drei Frauen sind davon überzeugt, dass der Krieg bald vorbei sein wird, und so winken sie Marianna aus dem offenen Fenster zu, wenn sie vorbeikommen soll, um ihnen zu berichten, was in der Welt geschieht.

Am 1. August 1944 eröffnen Kämpfer der Polnischen Heimatarmee (die bereits seit 1939 im Untergrund Widerstand gegen die Besatzer leistet) in Warschau den offenen Aufstand gegen die Deutschen. Die Kämpfer hoffen, die Kapitale noch vor dem Eintreffen der rasch näher rückenden Roten Armee aus eigener Kraft befreien zu können.

Doch die Wehrmacht kämpft die Soldaten der Polnischen Heimatarmee brutal nieder; am 2. Oktober müssen die Widerständler kapitulieren.

Die Besatzer vertreiben den Großteil der überlebenden Warschauer in andere Regionen des Generalgouvernements, verschleppen andere in Konzentrations- oder Zwangsarbeitslager.

Janina und ihre Familie sowie Marianna Bułat überleben die Kämpfe. Mit Dutzenden anderen Vertriebenen kommen die Lewinsons und ihr früheres Kindermädchen in einem Bauerndorf in der Nähe von Krakau unter – in einem Ort, der so friedlich und ruhig ist, dass die vergangenen Wochen, Monate, Jahre fast unwirklich erscheinen.

Wir leben also noch, schreibt Janina in ihr Tagebuch. Nachts liegt sie wach und denkt darüber nach, wie weit die Sicherheit noch entfernt ist. *Denn sie sind immer noch da, auch wenn wir nicht viel von ihnen hören. Sie sind da und herrschen über dieses stille Land, über diese Menschen, die uns unter ihrem Dach beherbergen.*

Verstecken müssen sie sich nun zwar nicht mehr – aber trotzdem oft ihr Innerstes verleugnen. Der Sohn der Bäuerin, bei der sie leben, ist ein katholischer Priester, und selbstverständlich haben die drei jüdischen Frauen die Messe zu besuchen.

Janina ist überwältigt von Orgelspiel und Weihrauchschwaden. Sie fühlt sich angezogen von den katholischen Riten, aber es erscheint ihr fast wie Verrat: *Ich gehöre zu den Juden. Nicht weil ich als Jüdin geboren wurde, nicht, weil ich den jüdischen Glauben teilte – das habe ich nie getan. Ich gehöre zu den Juden, weil ich als eine von ihnen gelitten habe.*

Währenddessen startet die Rote Armee eine Winteroffensive. An einem Morgen im Januar 1945 sieht Janina in der Dämmerung draußen vor dem Fenster Sowjetsoldaten. In dem Moment endet für sie der Krieg.

°

NACH DEM SIEG der Sowjetarmee über Polens deutsche Besatzer kehrt Janina mit ihrer Mutter und ihrer Schwester nach Warschau zurück. Im Mai 1945 findet sie dort in einem halb zerstörten Haus ihr Tagebuch wieder. Neun Monate zuvor hat sie die Hefte und losen Blätter in einem Loch im Fußboden versteckt, unter einem Klavier, das mit einem Bein über dem Abgrund schwebt.

Während ihre Schwester Zofia mit ihrer eigenen Familie Ende der 1950er Jahre nach Israel auswandert, bleibt Janina in Warschau und arbeitet in der Filmbranche als Redakteurin und Übersetzerin, ehe sie im Juni 1968 nach antisemitischen Kampagnen und Ausschreitungen ihr Heimatland doch noch verlassen muss.

Mit ihrem Mann und drei Töchtern zieht sie nach Israel und schließlich nach Großbritannien.

Über ihr Schicksal schweigt sie jahrzehntelang, doch dann schreibt sie mithilfe des Tagebuchs ihre Erinnerungen.

Und im Jahr 1993 sorgt sie dafür, dass die israelische Gedenkstätte Yad Vashem ihrer Lebensretterin Marianna Bułat posthum den Ehrentitel „Gerechte unter den Völkern“ verleiht.

Am 29. Dezember 2009 stirbt Janina Lewinson mit 83 Jahren in Leeds.

Auf einem Bauernhof in der Nähe von Warschau werden nach Kriegsende die Tagebücher von Chaim Kaplan gefunden, versteckt in einem Petroleumkanister. Ein Freund des Rektors, der als Zwangsarbeiter in einer Fabrik in Warschau eingesetzt war, hatte die Notizbücher zuvor einzeln aus dem Ghetto herausgeschmuggelt und an einen Polen weitergegeben.

Über Chaim Kaplans Schicksal ist nichts weiter bekannt. Er soll mit seiner Frau schon bald nach seiner Deportation im Vernichtungslager Treblinka gestorben sein – zwei von mehr als sechs Millionen Opfern der Shoah. ◊

QUELLEN (vergriffen)

JANINA BAUMAN
»Als Mädchen im Warschauer Ghetto. Ein Überlebensbericht«
Verlag Max Hueber.

CHAIM A. KAPLAN
»Buch der Agonie: Das Warschauer Tagebuch«
Insel Verlag.

DIE VERGANGENEN 2000 JAHRE WAREN DRAMATISCH, BEWEGT – UND ÜBERAUS DIVERS. DENNOCH LASSEN SICH KONTINUITÄTEN AUSMACHEN. ETWA DER SICH STETIG BESCHLEUNIGENDE TECHNISCHE FORTSCHRITT. ODER DIE ANFANGS GEMÄCHLICH, SEIT EINIGER ZEIT IMMER SCHNELLER VERLAUFENDE

GLOBALISIERUNG. UND NATÜRLICH DIE BEDEUTUNG VON RELIGIONEN, DIE ZU STAATSIDEOLOGIEN MÄCHTIGER IMPERIEN WURDEN – WIE JENE GLAUBENSRICHTUNG, DIE EIN MANN AUS NAZARETH BEGRÜNDETE, NACH DEM WIR SEIT GUT ZWEI MILLENNIEN UNSERE JAHRE ZÄHLEN.

GEO EPOCHE 20 JUBILÄUM

TE *der* *Menschheit*

der Weltgeschichte

Das neue Digitalangebot von GEO*EPOCHE* bietet einen einzigartigen Zugang in die Geschichte

Eine so umfangreiche digitale Bibliothek der Geschichte hat es in der deutschsprachigen Publizistik noch nicht gegeben: Zum 20. Jubiläum von GEO*EPOCHE* präsentiert die Redaktion GEO EPOCHE *plus* – eine Sammlung aller je in dem Magazin erschienenen Artikel, anzuwählen auf einer Online-Plattform oder mit der komplett überarbeiteten GEO EPOCHE App für Smartphones und Tablets. Die Leser haben Zugriff auf rund 2000 Texte zu nahezu allen Aspekten der Weltgeschichte – von der Entstehung der menschlichen Zivilisation bis zur Gegenwart. Sämtliche Artikel sind mit einer Volltextsuche recherchierbar. Dazu kommen die digitale Magazin-Ansicht von allen GEO*EPOCHE*-Ausgaben seit 2017 und exklusive Audio-Inhalte, etwa die eingelesenen Lieblingsgeschichten der Redaktion sowie Experten-Interviews, Hintergrundberichte und die neue Podcast-Serie „Verbrechen der Vergangenheit". Abonnenten haben für 60 Tage einen Gratis-Zugang zu GEO EPOCHE *plus*; nach diesem Zeitraum kostet das Angebot zwei Euro im Monat. Alle anderen Leser können 30 Tage lang kostenlos in der neuen digitalen Bibliothek stöbern, danach für 4,99 Euro im Monat. Sie erreichen GEO EPOCHE *plus* unter *www.geo-epoche.de/plus*

DIE GESCHICHTE DER DEUTSCHEN

Erstmals veröffentlicht GEO*EPOCHE* KOLLEKTION eine Serie: Beginnend mit der aktuellen Ausgabe, widmen sich vier aufeinanderfolgende Hefte der deutschen Geschichte – von Karl dem Großen bis zum Fall der Berliner Mauer

Die erste der vier Ausgaben erzählt die Geschichte der Deutschen im Mittelalter: von Karl dem Großen bis zu Martin Luther

Zum Jubiläum gibt es GEO**EPOCHE** KOLLEKTION zum Vorteilspreis: Die vierbändige Geschichte der Deutschen kostet nur 40 Euro und bietet damit einen Kostenvorteil von mehr als 25 Prozent. Zu bestellen unter: www.geo-epoche.de/jubiläum. Die erste Ausgabe von GEO**EPOCHE** KOLLEKTION über »Die Deutschen« ist am 11. Dezember 2019 erschienen